TEOLOGIA DO NOVO TESTAMENTO

Dados Internacionais de Catalogação na Publicação (CIP)
(Câmara Brasileira do Livro, SP, Brasil)

Dunn, James D.G.
  Teologia do Novo Testamento : uma introdução / James D.G. Dunn ; tradução de Karen Clavery Macedo e Leonardo A.R.T. dos Santos. – Petrópolis, RJ : Vozes, 2021.

  Título original: New Testament theology : an introduction.
  Bibliografia.
  ISBN 978-85-326-6406-8

  1. Bíblia. N.T. – Teologia. I. Título.

19-32140   CDD-230.0415

Índices para catálogo sistemático:
1. Novo Testamento : Teologia bíblica   230.0415

Cibele Maria Dias – Bibliotecária – CRB-8/9427

JAMES D.G. DUNN

TEOLOGIA DO NOVO TESTAMENTO

UMA INTRODUÇÃO

Tradução de
Karen Clavery Macedo e Leonardo A.R.T. dos Santos

EDITORA VOZES

Petrópolis

© 2009 by Abingdon Press.

Título do original em inglês: *New Testament Theology: An Introduction*

Direitos de publicação em língua portuguesa:
2020, Editora Vozes Ltda.
Rua Frei Luís, 100
25689-900 Petrópolis, RJ
www.vozes.com.br
Brasil

Todos os direitos reservados. Nenhuma parte desta obra poderá ser
reproduzida ou transmitida por qualquer forma e/ou quaisquer meios
(eletrônico ou mecânico, incluindo fotocópia e gravação) ou arquivada em qualquer
sistema ou banco de dados sem permissão escrita da editora.

CONSELHO EDITORIAL

Diretor
Gilberto Gonçalves Garcia

Editores
Aline dos Santos Carneiro
Edrian Josué Pasini
Marilac Loraine Oleniki
Welder Lancieri Marchini

Conselheiros
Francisco Morás
Ludovico Garmus
Teobaldo Heidemann
Volney J. Berkenbrock

Secretário executivo
João Batista Kreuch

Editoração: Maria da Conceição B. de Sousa
Diagramação: Sheilandre Desenv. Gráfico
Revisão gráfica: Alessandra Karl
Capa: Renan Rivero

ISBN 978-85-326-6406-8 (Brasil)
ISBN 978-0-687-34120-7 (Estados Unidos)

Editado conforme o novo acordo ortográfico.

Este livro foi composto e impresso pela Editora Vozes Ltda.

SUMÁRIO

Introdução, 7

1 O que é a teologia do Novo Testamento?, 11

2 Os fatores determinantes, 39

3 A teologia de Deus, 68

4 A teologia da salvação, 108

5 A Igreja de Deus, 143

6 As saídas éticas, 178

Conclusão, 213

Bibliografia selecionada, 221

Índice de citações da Escritura e de outros escritos antigos, 225

Índice geral, 251

INTRODUÇÃO

Como deve ser escrita uma teologia do Novo Testamento? A pergunta contempla uma série de questões que terão de ser abordadas antes de começar a tarefa em si. O título se refere à teologia defendida pelos escritores dos documentos do Novo Testamento ou à teologia dos próprios documentos? Deveríamos ainda falar de teologias (no plural) ao invés de teologia (no singular), ou o título (Teologia do Novo Testamento) estaria sugerindo uma busca pela teologia compartilhada pelos escritores do Novo Testamento, assumindo que eles tenham uma (singular) teologia? Ou a teologia do Novo Testamento seria sempre isso: uma teologia, em vez de "a teologia"? Quer dizer, uma/a teologia do Novo Testamento é sempre, em parte pelo menos, uma questão de interpretação dos escritores atuais dos documentos do Novo Testamento? Alguns, na verdade, talvez prefiram falar de uma teologia que emerge do encontro entre o leitor atual e o texto do século I – até mesmo de uma teologia criada por esse encontro.

O fato de a teologia do Novo Testamento ser escrita como parte de uma biblioteca de Teologia Bíblica adiciona uma outra dimensão. O que se entende por bíblica? Que Bíblia? Se a perspectiva de uma teologia do Novo Testamento levanta as questões delineadas acima, estas são agravadas quando se trata de uma teologia do Novo Testamento dentro do contexto da teologia bíblica que se tem em vista. O que seria uma teologia bíblica do Novo testamento ou um Novo Testamento bíblico teológico?

Tais questões exigirão atenção imediata no capítulo 1. Mas, uma vez que tenhamos obtido algum esclarecimento, como deveremos proceder? Sugiro a conveniência de explorar os fatores que inicialmente determinaram a teologia do Novo Testamento (cap. 2), que raramente são incluídos em obras que abordam a teologia do Novo Testamento. A ausência de tal abordagem me parece estranha, já que os fatores motivadores e inspiradores do falar sobre Deus e concomitantes crenças, e na realização prática destas, parecem-me fundamentais para uma apropriada apreciação dessas crenças e para o seu funcionamento.

Qual seria então a substância da teologia do Novo Testamento em si? Vários métodos e procedimentos foram praticados no passado. Alguns procederam da revisão de estudos anteriores sobre ou relacionados ao assunto[1]. E certamente nenhuma tentativa de escrever uma teologia do Novo Testamento pode prosseguir muito longe sem considerar ou pelo menos levar em conta as questões levantadas por grandes contribuintes para o assunto, como Gabler, Wrede e Bultmann[2]. No entanto, há algum perigo em tal abordagem, visto que a discussão é "pisoteada" na linguagem e nas propostas desses tratamentos. Prefiro tentar deixar que o material que está sendo examinado (os textos do Novo Testamento) sugira os principais temas e assuntos a serem discutidos e limite a interação com outros protagonistas às notas de rodapé. Mesmo assim, a interação teve de ser mais ilustrativa do que abrangente e foca principalmente na bibliografia recente, uma vez que as possibilidades de debater questões e pontos de exegese com os outros são quase infinitas.

Alguns desses pontos procedem sistematicamente dos documentos do Novo Testamento expondo a teologia de cada escritor ou mesmo de cada documento. Isso provou ser a maneira mais popular de hoje se fazer uma teologia do Novo Testamento e reflete até que ponto a tarefa passou a ser vista como histórica e descritiva[3]. Tal procedimento não é realista em um contexto da presente extensão e âmbito de aplicação, ou então provavelmente resultaria em uma pesquisa e resumo muito superficiais. A intenção, nesse caso, é fornecer um volume introdutório, que não pode e não pretende ser uma teologia muito aprofundada do Novo Testamento.

---

1. Cf. cap. 1, nota 5.

2. Para mais detalhes bibliográficos, cf. cap. 1, notas 1, 27 e 54.

3. P. ex., HAHN, F. *Theologie des Neuen Testaments*. Vol. I. Tübingen: Mohr Siebeck, 2002. • MARSHALL, I.H. *New Testament Theology*: Many Witnesses, One Gospel. Downers Grove: InterVarsity, 2004. • WILCKENS, U. *Theologie des Neuen Testaments* – Vol. 1: Geschichte der urchristlichen Theologie. Neukirchen/Vluyn: Neukirchener, 2005 [obra em 4 vols.]. • THIELMAN, F. *Theology of the New Testament*: A Canonical and Synthetic Approach. Grand Rapids: Zondervan, 2005. • MATERA, F.J. *New Testament Theology*: Exploring Diversity and Unity. Louisville: Westminster John Knox Press, 2007. Tanto Marshall quanto Thielman trabalham documento por documento, embora com capítulos sintetizadores.

Um terceiro procedimento tem sido adotar uma abordagem temática, com material reunido sob títulos como "criação", "cristologia", "salvação"[4]. Essa abordagem reflete mais a antiga abordagem dogmática usando categorias fornecidas pela teologia sistemática. No jargão contemporâneo a segunda abordagem é mais diacrônica e a terceira mais sincrônica[5]. O segundo procedimento pode correr o risco de deixar de lado o fato de que os escritos do Novo Testamento são documentos de fé e têm servido por quase dois milênios como escrituras cristãs. Mas o terceiro facilmente perde de vista a particularidade histórica dos escritos individuais e a peculiaridade desajeitada de cada documento na situação que evocou ou confrontou.

Meu desejo e preferência é entrar no processo pelo qual a teologia do Novo Testamento surgiu para ver e tratar a teologia dos escritos do Novo Testamento como algo vivo e em movimento, uma luta por questões de fé e vida que vieram a se expressar nesses escritos e foi tanto a razão pela qual eles foram escritos em primeiro lugar como também para que fossem mantidos como recursos vitais para uma vida de fé contínua, e assim serem considerados como Escritura.

Descrevo e caracterizo esse processo como teologização e sugiro que ver a teologia do Novo Testamento como teologização do Novo Testamento deve ajudar a apreciar tanto a produção histórica dos escritos do Novo Testamento quanto seu impacto contínuo no subsequente pensamento sobre a fé cristã e sua promulgação.

Como é apropriado para uma biblioteca de Teologia Bíblica, o assunto é determinado não apenas pelo Novo Testamento, mas também pelos temas

---

4. P. ex., RICHARDSON, A. *An Introduction to the Theology of the New Testament*. Londres: SCM, 1958. • SCHELKLE, K.H. *Theology of the New Testament*, 4 vols. Collegeville: Liturgical, 1971, 1973, 1976, 1978. • GUTHRIE, D. *New Testament Theology*. Leicester: InterVarsity, 1981. • CAIRD, G.B. *New Testament Theology*. Oxford: Clarendon, 1994. • VOUGA, F. *Une théologie du Nouveau Testament*. Genebra: Labor et Fides, 2001. As abordagens temáticas de Richardson e Schelkle foram descritas anteriormente em HASEL, G. *New Testament Theology*: Basic Issues in the Current Debate. Grand Rapids: Eerdmans, 1978, p. 73-82.

5. Tendo analisado outros quatro tipos de teologia do Novo Testamento (abordagem dogmática, abordagem cronológica, abordagem querigmática e abordagem "autor por autor"), Caird assume a abordagem de uma mesa de conferência em relação ao concílio apostólico (Gl 2,1-10) como seu modelo, e os diferentes participantes (os redatores do NT) contribuindo para cada tema discutido (*New Testament Theology*, p. 5-26). Marshall critica esse modelo: "Para Caird, não é realmente possível oferecer mais do que documentos da posição de cada um dos oradores sem qualquer indicação de como, digamos, João teria respondido a Paulo" (*New Testament Theology*. Op. cit., p. 25).

comuns ao Antigo e ao Novo Testamentos, as continuidades e descontinuidades entre ambos Testamentos. Para os propósitos da série [versão original] o assunto foi dividido em quatro segmentos que devem ser suficientes para dar cobertura geral: Deus, Salvação, Israel/Igreja e Ética[6]. Nesta introdução tento uma revisão preliminar do (mais importante do) material que cada volume terá de considerar e esboço as questões que terão de ser discutidas, focando particularmente nas tensões que os desenvolvimentos do cristianismo mais antigo provocaram dentro das tradições bíblicas do judaísmo do Segundo Templo. Se eu conseguir aguçar o apetite para os volumes subsequentes, considerarei meu trabalho bem feito.

---

6. Cf. esp. SCOBIE, C.H.H. *The Ways of Our God*: An Approach to Biblical Theology. Grand Rapids: Eerdmans, 2003, cujo "esboço" (mais de oitocentas páginas!) é dividido em "God's Order" ["Ordem de Deus"], "God's Servant" ["Servo de Deus"], "God's People" ["Povo de Deus"] e "God's Way" ["Caminho de Deus"].

1

O QUE É A TEOLOGIA DO NOVO TESTAMENTO?

1 Introdução

A teologia bíblica como uma disciplina distinta geralmente remonta ao ensaio de J.P. Gabler publicado em 1787[1]. A Bíblia, é claro, foi uma fonte e um recurso para a elaboração da teologia desde os primeiros séculos do cristianismo. Certamente Irineu pode ser considerado como um forte candidato para o título "o primeiro teólogo bíblico"[2]. Mas, antes de Gabler, tratava-se mais de uma questão da Bíblia a serviço da teologia sistemática ou dogmática do que de uma teologia bíblica como agora entendida. Foi Gabler quem iniciou a distinção e separação da teologia bíblica da teologia dogmática[3] e promoveu a compreensão da teologia bíblica como um exercício *histórico* para determinar quais eram as teologias (não apenas a teologia) dos escritores

---

1. GABLER, J.P. "Von der richtigen Unterscheidung der biblischen und der dogmatischen Theologie und der rechten Bestimmung ihrer beider Ziele" (1787). In: MERK, O. *Biblische Theologie des Neuen Testaments in ihrer Anfangszeit*. Marburgo: N.G. Elwert, 1972, p. 273-284. Cf. tb. STRECKER, G. (org.). *Das Problem der Theologie des Neuen Testaments*. Darmstadt: Wissenschaftliche Buchgesellschaft, 1975, p. 32-44 [em inglês, traduzido por J. Sandys-Wunsch e L. Eldredge: "J. P. Gabler and the Distinction between Biblical and Dogmatic Theology: Translation, Commentary and Discussion of his Originality". *SJT* 33, 1980, p. 133-158]. Em "The Meaning of 'Biblical Theology'" (*The Journal of Theological Studies*, 6, 1955, p. 210-225) G. Ebeling remonta ao uso primitivo da expressão "teologia bíblica" a um funeral oficiado em Tübingen em 1669 (p. 214). Mas Scobie (*The Ways of Our God*. Op. cit., p. 3) cita um livro agora perdido de W.J. Christmann (*Deutsche biblische Theologie*, 1629) e H.A. Diest (*Theologia Biblica*, 1643).

2. CHILDS, B.S. *Biblical Theology of the Old and New Testaments*. Londres/Mineápolis: SCM/Fortress, 1992, p. 30-33.

3. "Há uma verdadeira teologia bíblica, de origem histórica, que transmite o que os escritores sagrados sentiam sobre assuntos divinos; por um lado, há uma teologia dogmática de origem didática, ensinando o que cada teólogo filosofa racionalmente sobre as coisas divinas [...]" (SANDYS-WUNSCH, J. & ELDREDGE L. "J.P. Gabler and the Distinction between Biblical and Dogmatic Theology: Translation, Commentary and Discussion of his Originality". Op. cit., p. 137).

bíblicos[4]. Desde então, a disciplina da Teologia Bíblica tem tido uma história de altos e baixos, mas o interesse por ela ressurgiu recentemente com alguma força, o que torna oportuna a presente série[5].

O papel do Novo Testamento como parte ou em relação à teologia bíblica também ressurgiu como um aspecto importante da discussão mais ampla, como indicado pela sequência de obras na década de 1990 sobre a teologia do Novo Testamento[6], que reavivou o título do século XIX: "Teologia Bíblica do Novo Testamento"[7]. Robert Morgan pode até mesmo dizer que "uma Teologia do Novo Testamento é defensável apenas como parte de uma teologia bíblica"[8].

---

4. Gabler viu a tarefa da teologia bíblica como a coleta cuidadosa das opiniões dos escritores bíblicos "adequadamente digerida, cuidadosamente referida às noções universais e cautelosamente comparadas entre si", fornecendo assim os *dicta classica*, "como a base fundamental para um mais sutil escrutínio dogmático", "aquelas ideias universais certas e indubitáveis [...] que, isoladas, são úteis na teologia dogmática" (SANDYS-WUNSCH, J. & ELDREDGE L. "J.P. Gabler and the Distinction between Biblical and Dogmatic Theology: Translation, Commentary and Discussion of his Originality". Op. cit., p. 142-143). Em sua Theology (NT)" (In: FREEDMAN, D. N. et al. (orgs.). *The Anchor Bible Dictionary*. Vol. 6. Nova York: Doubleday, 1992), R. Morgan comenta: "As propostas de Gabler para a Teologia Bíblica como uma disciplina histórica, não dogmática, eram confusas, porque seu último passo foi mais teológico e menos histórico do que ele próprio reconheceu" (p. 476). Cf. tb. FREY, J. "Zum Problem der Aufgabe und Durchführung einer Theologie des Neuen Testaments". In: BREYTENBACH, C. & FREY, J. (orgs.). *Aufgabe und Durchführung einer Theologie des Neuen Testaments*. Tübingen: Mohr Siebeck, 2007, p. 21-24 [WUNT, 205].

5. Há diversas revisões da história do projeto de uma teologia bíblia. Cf. esp.: MERK, O. *Biblische Theologie des Neuen Testaments in ihrer Anfangszeit*. Op. cit. • MERK, O. Biblische Theologie II. *TRE* 6, 1980, p. 455-477. • MERK, O. Gesamtbiblische Theologie: Zur Fortgang der Diskussion in den 80er Jahren. *VF* 33, 1988, p. 19-40. • As partes I e II de RÄISÄNEN, H. *Beyond New Testament Theology*. Londres: SCM, 1990. • REVENTLOW, H.G. "Theology (Biblical), History of". In: FREEDMAN, D. N. et al. (orgs.). *The Anchor Bible Dictionary*. Vol. 6. Nova York: Doubleday, 1992, p. 483-505. Cf. tb. HASEL, G. *New Testament Theology*. Op. cit. • HASEL, G. *D.O. Via's wide-ranging What Is New Testament Theology?* Mineápolis: Fortress, 2002. • SCOBIE, C.H.H. *The Ways of Our God*. Op. cit., p. 9-45. • Mais recentemente, MEAD, J.K. *Biblical Theology*: Issues, Methods, and Themes Louisville: Westminster John Knox Press, 2007, embora este não se envolva com as contribuições alemãs da década de 1990 (cf. nota 6).

6. HÜBNER, H. *Biblische Theologie des Neuen Testaments*. 3 vols. Göttingen: Vandenhoeck & Ruprecht, 1990, 1993, 1995. • CHILDS, B.S. *Biblical Theology of the Old and New Testaments*. Op. cit. • STUHLMACHER, P. *Biblische Theologie des Neuen Testaments*. 2 vols. Göttingen: Vandenhoeck & Ruprecht, 1992, 1999.

7. Como é mais evidente em: BAUER, G.L. *Biblische Theologie des Neuen Testaments*. 4 vols. Leipzig, 1800-1802. • WEISS, B. *Biblical Theology of the New Testament*. 2 vols. Edimburgo: T & T Clark, 1882, 1883 [orig. alemão, 1868].

8. MORGAN, R. "New Testament Theology". In: KRAFTCHICK, S.J. et al. (orgs.). *Biblical Theology*: Problem and Perspectives. Nashville: Abingdon, 1995, p. 129.

Assim, o princípio e a tarefa de escrever uma teologia do Novo Testamento dentro da estrutura da teologia bíblica podem ser facilmente afirmados. Mas quando se começa a desmembrar o que está envolvido rapidamente emergem questões e problemas que logo se multiplicam. Quando, por exemplo, R.H. Fuller escreveu sua obra sobre a teologia do Novo Testamento para a Sociedade de Literatura Bíblica 1980, volume do centenário do Novo Testamento, a influência de Rudolf Bultmann ainda era grande e foram as questões que a teologia deste último continuou a colocar que foram importantes para Fuller: "(1) o lugar e o papel de Jesus histórico é uma teologia do Novo Testamento; (2) a adequação da interpretação antropológica de Paulo e da "desglobalização" como chave hermenêutica para João; (3) o problema da variedade e da unidade do Novo Testamento; (4) se o Novo Testamento contém um estrato a ser designado "catolicismo primitivo" e se isso for admitido, como esse estrato deve ser avaliado[9]. Ficará claro, a partir dos dois primeiros capítulos dessa obra que algumas dessas questões ainda estão vivas e que o debate avançou durante o último quarto de século.

A seguir tentarei dar uma nova perspectiva sobre alguns desses problemas afastando-me das formulações tradicionais e expressando os problemas em meus próprios termos[10].

---

9. FULLER, R.H. "New Testament Theology". In: EPP, E.J. & MacRAE, G.W. (orgs.). *The New Testament and its Modern Interpreters*. Atlanta: Scholars Press, 1989, p. 565-584 (aqui, p. 567). Para outras formulações e temas, cf., p. ex.: GRÄSSER, E. Offene Fragen im Umkreis einer Biblischen Theologie. *ZTK* 77, 1980, p. 200-221. • SÖDING, T. "Probleme und Chancen Biblischer Theologie aus neutestamentlicher Sicht". In: DOHMEN, C. & SÖDING, T. (orgs.). *Eine Bibel – zwei Testamente*. Paderborn: Ferdinand Schöningh, 1995, p. 159-177. • BALLA, P. "Challenges to Biblical Theology". In: ALEXANDER, T.D. & ROSNER, B.S. (orgs.). *New Dictionary of Biblical Theology*. Downers Grove: InterVarsity, 2000, p. 20-27. • JANOWSKI, B. "Biblical Theology". In: ROGERSON, J.W. & LIEU, J.M. (orgs.). *The Oxford Handbook of Biblical Studies*. Oxford: Oxford University, 2006, p. 716-731. • FREY, J. "Zum Problem der Aufgabe und Durchführung einer Theologie des Neuen Testaments". Op. cit.

10. Baseio-me em dois ensaios anteriores: "Das Problem 'Biblische Theologie'". In: DOHMEN, C. & SÖDING, T. (orgs.). *Eine Bibel*. Op. cit., p. 179-193; mais ou menos = "The Problem of 'Biblical Theology'". In: BARTHOLOMEW, C. et al. (orgs.). *Out of Egypt*: Biblical Theology and Biblical Interpretation. Milton Keynes/Grand Rapids: Paternoster/Zondervan, 2004, p. 172-184. • DUNN, J.D.G. "Not so Much 'New Testament Theology' as 'New Testament Theologizing'". In: BREYTENBACH, C. & FREY, J. (orgs.). *Aufgabe und Durchführung einer Theologie des Neuen Testaments*. Op. cit., p. 225-246. • O meu texto "New Testament Theology" (in: ROGERSON, J.W. & LIEU, J.M. (orgs.). *The Oxford Handbook of Biblical Studies*. Op. cit., p. 698-715) é uma abordagem resumida desse volume.

2 Qual "Bíblia"? A Bíblia de quem?

O problema inicial é colocado no título *Teologia bíblica do Novo Testamento*, mais especificamente na palavra *bíblica*. (1) O título assume uma perspectiva cristã na qual já existe uma entidade chamada *Novo* Testamento e, explícita ou implicitamente, outra entidade chamada Antigo Testamento. Nessa perspectiva, a *Bíblia* é a Bíblia cristã formada por esses dois testamentos. (2) Ao mesmo tempo, uma teologia *bíblica* do Novo Testamento é inevitavelmente uma tentativa de expor os escritos do Novo Testamento a partir de *dentro*, usando como chave explicativa principal o uso do Antigo Testamento pelos escritores do Novo Testamento[11]. Mas, uma vez que para os escritores do Novo Testamento ainda não havia o *Novo Testamento* como tal, a Bíblia aqui, isto é, da perspectiva dos escritores do Novo Testamento, pode denotar apenas as escrituras (judaicas)[12].

Assim, o próprio conceito de teologia bíblica imediatamente nos leva a reconhecer que os escritos bíblicos referidos são descritos como Bíblia/Escritura porque funcionam como *Bíblia/Escritura* para *duas comunidades religiosas diferentes*, a judaica e a cristã.

O ponto teria sido difícil de ser evitado, já que a interdependência de um texto particularmente religioso, com sua comunidade interpretativa, a comunidade da qual é a Escritura, é mais ou menos evidente (Escritura para quem?); e é justamente isso que tem sido uma ênfase na recente discussão hermenêutica mais ampla[13]. É este fato, no entanto, que causa tensão entre os usos da teologia bíblica. Pois, por um lado, o cristianismo é único entre as religiões do mundo no fato de ter absorvido as escrituras do que é universalmente entendido como uma religião bastante distinta e as ter reivindicado como suas próprias. Mas seria o Antigo Testamento apenas a Bíblia como Antigo Testamento, isto é, como interpretada e à luz do Novo Testamento? Se, por outro lado, as escrituras judaicas são bíblicas independentemente

---

11. Assim, particularmente Hübner, *Biblische Theologie*: "elaborar a relação teológica dos autores do NT com o AT é a tarefa primária e básica de uma teologia bíblica" (vol. 1, p. 28); cf. tb. a nota 9 ao cap. 2.

12. Cf. tb. RENDTORFF, R. "Die Bibel Israels als Buch der Christen". In: DOHMEN, C. & SÖDING, T. (orgs.). *Eine Bibel*. Op. cit., p. 103: "O Antigo Testamento é parte integral e indispensável de nossa Bíblia cristã, mas também é em primeiro lugar a Bíblia judaica" (p. 103).

13. Cf., p. ex., FISH, S. *Is There a Text in This Class?* – The Authority of Interpretive Communities. Cambridge: Harvard University, 1980. • SANDERS, J.A. *Canon and Community*: A Guide to Canonical Criticism. Filadélfia: Fortress, 1984. • SCOBIE, C.H.H. *The Ways of Our God*. Op. cit., p. 40-42.

dos escritos cristãos, não deveria ser permitido (!) que elas tenham sua própria voz independentemente do Novo Testamento? Uma interpretação teológica judaica de suas próprias escrituras não é igualmente teologia bíblica? Um dos pontos fortes da Teologia Bíblica de Brevard Childs é que ele vê a questão e a levanta várias vezes[14], mas entende claramente a teologia bíblica como um empreendimento cristão completo[15]. Meu ponto, no entanto, é que a teologia bíblica (não importa como seja definida) não pode ser levada adiante sem ter em conta as questões fundamentais da autoidentidade e do reconhecimento mútuo no coração do diálogo judeu/cristão.

Esse problema não pode ser ignorado. É de fato constitutivo da teologia bíblica propriamente dita. É claro que os cristãos poderiam ignorar o fato de que seu Antigo Testamento é também a Bíblia judaica e afirmar que sua teologia bíblica está preocupada apenas com sua Bíblia. Mas isso iria imediatamente contrariar as *preocupações centrais dos próprios escritores do Novo Testamento, já que as escrituras judaicas eram [para eles] a única Bíblia.* Consequentemente, tal teologia bíblica do Novo Testamento poderia ser considerada como um oxímoro, uma vez que vai contra o caráter histórico da teologia bíblica ao formular o assunto em termos e a partir da perspectiva dos próprios escritores do Novo Testamento. Como veremos mais adiante no capítulo 2, foi crucial para a mais antiga autocompreensão cristã, e para a apologética do Novo Testamento em geral, o fato de que o evangelho que eles proclamavam estava em continuidade direta com e validado por aqueles escritos que eram reconhecidos como Escritura pelos judeus em geral, e não apenas pelos cristãos[16]. Não só isso, mas se a *Bíblia* na *teologia bíblica* está preocupada com as escrituras judaicas apenas como Antigo Testamento, os judeus, por sua vez, na medida em que poderiam estar interessados em um assunto chamado *teologia bíblica*[17], também poderiam mais facilmente

---

14. CHILDS, B.S. *Biblical Theology of the Old and New Testaments*. Op. cit., p. 77-78, 91, 444-445.

15. Ibid., p. 85-88.

16. Uma vez que Peter Stuhlmacher considera como uma característica fundamental de sua *Biblische Theologie*: "A teologia do Novo Testamento deve ser concebida como uma teologia bíblica do Novo Testamento originária do Antigo Testamento e aberta a este, e deve ser compreendida como parte de um teologia bíblica do Antigo e do Novo Testamentos considerados como um todo" (1.5). Scobie (*The Ways of Our God*. Op. cit., p. 58-60) e Marshall (*New Testament Theology*. Op. cit., 38-39) concordam.

17. Mas cf. LEVENSON, J. "Why Jews Are Not Interested in Biblical Theology". In: NEUSNER, J. et al. (orgs.). *Judaic Perspectives on Ancient Israel*. Filadélfia: Fortress Press, 1987, p. 281-307. "Os judeus têm uma compreensão basicamente diferente de como as escrituras hebraicas são apropriadas religiosamente sem a necessidade da teologia bíblica" (CHILDS, B.S. *Biblical Theology of the Old and New Testaments*. Op. cit., p. 25).

ignorar os escritos acrescentados às suas escrituras pelos cristãos e limitar seus interesses apenas à sua Bíblia. Mas isso facilmente deixaria de lado a questão de saber se Jesus deveria ser contado como um dos seus próprios profetas (ou rabinos ou messias?). E uma vez que Jesus, o profeta de Nazaré, entra em cena, o diálogo com os cristãos torna-se inevitável e não pode ser facilmente excluído das preocupações próprias de uma teologia bíblica judaica. Aqui as questões de continuidade/descontinuidade estão no coração de qualquer teologia bíblica do Novo Testamento[18]. Conforme observado em outro lugar, "No coração da teologia bíblica está a interface entre uma teologia bíblica judaica e uma teologia bíblica cristã – a interface que é o próprio Novo Testamento"[19].

Em resumo, a dinâmica da teologia bíblica é que seu tema é determinado e definido por textos que são as escrituras de Israel (a Torá ou Tanak como um todo), e não *meramente* o *Antigo* Testamento, mas também são escrituras cristãs (as escrituras do Novo Testamento) e, portanto, têm algum tipo de papel definidor para os textos que se tornariam o *Novo* Testamento. Qual é a relação do Novo Testamento com o Antigo Testamento? Será que "Novo" indica movimento para um plano diferente de revelação, com "Antigo" subordinado a um papel meramente secundário? Ou "Novo" seria uma nova forma do "Antigo", cada qual vital para uma recepção e uma compreensão adequadas do outro? Ou têm de ser considerados, ao final, como dois corpos distintos e até mesmo descontinuados de escritos sagrados?[20] Esse é o problema fundamental da teologia bíblica, e seu impacto na tarefa da teologia do Novo Testamento é óbvio.

3 A questão do cânon

Uma segunda e inevitável questão é o cânon, pois ele define o conteúdo e o escopo da Bíblia, sendo particularmente urgente para aqueles que, como Childs, querem lidar com uma teologia bíblica *canônica*. A dificuldade neste caso, é que, durante o período crucial em que o Novo Testamento estava

---

18. Eu diria que isso vale para Paulo (cf. os meus textos: Paul: Apostate or Apostle of Israel? *ZNW* 89, 1998, p. 256-271. • "The Jew Paul and his Meaning for Israel". In: LINAFELT, T. (org.). *A Shadow of Glory*: Reading the New Testament after the Holocaust. Nova York: Routledge, 2002, p. 201-215), mas seria controversa essa alegação em relação a Jesus. Cf. item 6 deste capítulo.

19. DUNN, J.D.G. "Problem", p. 183.

20. Söding ("Probleme und Chancen Biblischer Theologie aus neutestamentlicher Sicht". Op. cit., p. 164) coloca uma série semelhante de perguntas.

sendo escrito, mas ainda não era "o Novo Testamento", os limites do cânon eram confusos. O que era entendido como lei (Torá) e a questão dos Profetas havia sido mais ou menos concordado a partir do século II a.C.[21] Mas o número de escritos estava longe de ser claro, incluindo o *status* de um importante escritor judeu do Segundo Templo como Ben Sirac. E estamos falando da Bíblia Hebraica ou da Bíblia Grega (LXX), esta última com vários textos bíblicos hebraicos elaborados e estendidos, e Ben Sirac e outras obras apócrifas incluídas?[22] Embora o cânon protestante estivesse do lado da Bíblica hebraica não pode ser sem significado que, como está claro nas citações do Antigo Testamento no Novo Testamento, a LXX era o texto principal para os escritores do Novo Testamento[23]. Esse fato, por si só, complica muito seriamente a questão da continuidade/descontinuidade entre a Bíblia Judaica e a Bíblia Cristã.

Com os escritos do Novo Testamento o problema é ainda mais sério, pois no século I não havia, propriamente falando, cânon algum do Novo Testamento. Podemos certamente falar de tradições de Jesus que foram valorizadas e funcionaram com autoridade, como também de cartas de Paulo que logo circularam e começaram a adquirir um tipo de *status* protocanônico para um círculo de Igrejas em contínua expansão. Mas de pouco mais do que isso. Também não devemos esquecer que o *status* canônico nunca realmente significou uma paridade de *status* nos escritos do Novo Testamento. Aqueles cuja autoridade apostólica foi posta em dúvida até o século IV são provavelmente mais bem-designados como deuterocanônicos[24]. E as questões sobre o *status* de elementos secundários nunca foram tratadas de forma satisfatória ou conclusiva[25].

---

21. Na Bíblia hebraica, Daniel está incluído nos escritos. Cf., p. ex., os tratamentos sumários em STUHLMACHER, P. *Biblische Theologie des Neuen Testaments*. Op. cit., vol. 1, p. 6-7.

22. Discussão em HÜBNER, H. *Biblische Theologie des Neuen Testaments*. Op. cit., vol. 1, p. 44-70.

23. Cf. esp. HENGEL, M. "Die Septuaginta als 'christliche Schriftensammlung, 'ihre Vorgeschichte und das Problem ihres Kanons'". In: HENGEL, M. & SCHWEMER, A.M. (orgs.). *Die Septuaginta zwischen Judentum und Christentum*. Tübingen: Mohr Siebeck, 1994, p. 182-284.

24. Os mais controversos foram Hebreus, Tiago, Judas e Apocalipse.

25. A consideração negativa de Lutero acerca de Tiago e o fracasso de Calvino em lidar com o Apocalipse em seus comentários do Novo Testamento são exemplos bastante conhecidos. Na gama de questões relacionadas com os cânones do Antigo e do Novo Testamentos, cf. McDONALD, L.M. & SANDERS, J.A. (orgs.). *The Canon Debate*. Peabody: Hendrickson, 2002. Uma abordagem clássica sobre o surgimento do cânon cristão é VON CAMPENHAUSEN, H. *The Formation of the Christian Bible*. Londres: Black, 1972.

O verdadeiro problema em vincular uma teologia do Novo Testamento ao cânon do Novo Testamento é que não se entende tanto os documentos do Novo Testamento como a norma para a teologia do Novo Testamento, mas sim a avaliação do século IV sobre o Novo Testamento e a aprovação do cânon do Novo Testamento. As vozes dos escritores do Novo Testamento são valorizadas não tanto por sua individualidade mas por sua concordância ou talvez, de maneira mais preocupante, por sua concordância com um credo ou regra ("a regra da fé") que tem sido parcialmente extraída de alguns dos escritos, mas que também tem sido imposta aos outros e reflete mais as prioridades dos séculos subsequentes do que as dos próprios escritores do Novo Testamento. Mas e se a conformidade com tal regra for uma imposição a padrões muito mais diversos de discurso, crença e prática? Em qual caso essa teologia é propriamente do Novo Testamento ou a teologia da Igreja do século IV? O fato, por exemplo, de que os herdeiros da primeira geração da Igreja de Jerusalém (dentro dos documentos canônicos quase certamente mais bem refletidos na Carta de Tiago) podem ser encontrados de maneira mais completa nas chamadas seitas judeu-cristãs heréticas destes últimos séculos levanta uma questão preocupante sobre se o cristianismo que Tiago reflete foi totalmente aceito por aqueles que autorizaram o cânon do Novo Testamento[26].

Essa questão destaca a importância da teologia bíblica como disciplina *histórica*: a importância de *ouvir os textos em seu contexto histórico*, como eles foram ouvidos ao serem escritos pela primeira vez ou quando escritos em sua forma duradoura; a importância de lê-los diacronicamente, levando em conta as influências que os moldaram, e não apenas sincronicamente, quando a complementaridade com outros textos canônicos torna-se o princípio hermenêutico primário.

O problema do cânon suscita também a questão dos textos não canônicos e sua relevância para a tarefa de elucidar a teologia do Novo Testamento. Aqui têm relevância os chamados escritos judeus intertestamentários ou, mais satisfatoriamente, os escritos judeus pós-bíblicos do judaísmo

---

26. Cf. DUNN, J.D.G. *The Unity and Diversity of the New Testament*. Londres: SCM, 1977, 1990, 2006, p. 54-55.

do Segundo Templo[27]. Eles são relevantes pela simples razão de que, como veremos, *muitas passagens do Novo Testamento não podem ser entendidas historicamente, exceto em algum grau de interação com vários desses textos.* Nenhuma teologia respeitável do Novo Testamento pode limitar sua investigação aos escritos canônicos, já que muitos dos escritos incluídos no cânon do Novo Testamento não podem ser adequadamente compreendidos sem apreciar a interação com questões e temas atestados em escritos extracanônicos que faziam parte de sua *raison d'être* [razão de ser].

Mais sensíveis são os chamados apócrifos do Novo Testamento, incluindo textos como o Evangelho de Tomé[28]. Um forte argumento tem sido considerado nos últimos anos em relação a alguns desses textos, sendo o Evangelho de Tomé o caso-modelo, tanto para uma corrente de tradição igualmente antiga quanto para uma versão diferente do cristianismo, com reivindicações iguais a partir de Jesus[29]. E certamente para a teologia bíblica como um exercício histórico é importante estar ciente do quanto a tradição de Jesus (a fonte Q em particular) provou ser fluida e aberta a diversas interpretações. No entanto, a dificuldade em defender que Tomé seja considerado como fonte de valor igual ao dos evangelhos sinóticos consiste precisamente que a sobreposição com a tradição sinótica dá à tradição de Tomé a sua credibilidade como fonte que nos leva de volta à fonte (Jesus) propriamente dita[30]. A explicação mais plausível, portanto, é que Tomé constitui uma clara evidência de como a tradição da fonte Q, em particular, foi desenvolvida e interpretada por uma ou mais vertentes emergentes do cristianismo embrionário do século I. Tal como a fonte Q, no entanto, ele revela uma fonte e um

---

27. Foi W. Wrede quem primeiro suscitou essa questão com força em seu "Über Aufgabe und Methode der sogenannten Neutestamentlichen Theology" (1897) (in: STRECKER, G. (org.). *Das Problem der Theologie des Neuen Testaments*. Op. cit., p. 81-154), traduzido por R. Morgan em seu *Nature of New Testament Theology* (Londres: SCM, 1974, p. 68-116). Os textos incluem o que geralmente são descritos como apócrifos e pseudoepígrafes do AT (cf. CHARLESWORTH, J.H. (org.). *The Old Testament Pseudepigrapha*. 2 vols. Londres: Darton, Longman & Todd, 1983, 1985).

28. SCHNEEMELCHER, W. & WILSON, R.M. (orgs.). *New Testament Apocrypha*. 2 vols. Cambridge: James Clarke, 1991. • ELLIOTT, J.K. *The Apocryphal New Testament*. Oxford: Clarendon, 1993.

29. Cf., p. ex., FUNK, R.W. et al. *The Five Gospels*. Nova York: Macmillan, 1993.

30. Cf. tb. HAHN, F. *Theologie des Neuen Testaments*. Op. cit., vol. 1, p. 734-742. • JOHNSON, L.T. "Does a Theology of the Canonical Gospels Make Sense?" (in: ROWLAND, C. & TUCKETT, C. (orgs.). *The Nature of New Testament Theology*: Essays in Honour of Robert Morgan. Oxford: Blackwell, 2006, p. 93-108) oferece uma concisa porém efetiva comparação entre os evangelhos canônicos e os apócrifos (p. 102-105).

desenvolvimento que foi descartado e posto de lado dentro de uma corrente dominante que se tornou o cristianismo. Torna-se, portanto, um importante ponto de dados para qualquer consideração sobre o que constitui um evangelho. O corpo principal de cristãos do século II chegou à conclusão de que apenas os relatos de Jesus e seus ensinamentos, que culminaram na narrativa da paixão da crucificação e ressurreição de Jesus, eram coleções evangélicas e rejeitadas de seus ensinamentos. O processo pelo qual essa conclusão foi alcançada parte do fato de que deveriam ser reconhecidos como os evangelhos canônicos, seguindo Marcos ao escrever os evangelhos como narrativas passionais com longas introduções. Uma teologia bíblica do Novo Testamento deve encontrar em todo esse problema uma questão a ser abordada como uma intrigante questão histórica e no processo um modelo de como a questão pode ou deve ser buscada.

O ponto importante para uma teologia bíblica, que desenvolverei no capítulo 2, é que a canonização, no sentido de formação do cânon, não deve ser vista simplesmente como o ponto-final na formação e da teologia do Novo Testamento. Pelo contrário, o processo canônico é em si mesmo uma expressão da teologia do Novo Testamento. Assim, o teólogo bíblico do Novo Testamento está ligado ao cânon do Novo Testamento, pelo menos aos seus principais componentes, simplesmente porque o cânon demonstra o poder inerente aos documentos em questão, isto é, a autoridade teológica que eles exerceram e como foram reconhecidos quando seu *status* canônico foi afirmado; ou melhor, confirmado[31].

4 Teologia ou teologias?

Se a relação do Novo Testamento com a Bíblia é um problema para uma teologia bíblica do Novo Testamento, também o é o próprio Novo Testamento. A particular maneira de se falar sobre o "Novo Testamento" e "teologia do Novo Testamento" como se cada um fosse uma entidade isolada e unificada coloca várias questões.

Uma delas é sinalizada pelo fato de que um termo *bíblico (bíblias)* do século I nunca se refere ao que hoje seria chamado de Bíblia, até mesmo

---

31. Cf. tb. SCHRÖTER, J. "Die Bedeutung des Kanons für eine Theologie des Neuen Testaments". In: BREYTENBACH, C. & FREY, J. (orgs.). *Aufgabe und Durchführung einer Theologie des Neuen Testaments*. Op. cit., p. 149-154.

à Bíblia hebraica ou à LXX como um todo. Quando usado em referência a escritos sagrados sempre se refere a um escrito particular: um dos pergaminhos da Torá[32]; o pergaminho de um dos profetas (Lc 4,17.20); ou o pergaminho apocalíptico[33]. Também é usado em Jo 20,30. Então, ao falar sobre a Bíblia não estaríamos impondo uma perspectiva unitária bastante desconhecida para os escritores do Novo Testamento?

Da mesma forma, ao falar sobre "o Novo Testamento" há o perigo de sugerir que exista a visão do Novo Testamento sobre qualquer questão, a crença do Novo Testamento sobre Jesus, a atitude do Novo Testamento em relação ao ministério feminino e coisas semelhantes. Pelo contrário, uma das principais preocupações de uma teologia bíblica do Novo Testamento deve ser permitir que cada um dos escritores do Novo Testamento fale com *sua própria* voz. Dado que a maioria desses escritores redigiu apenas um livro[34] devemos falar de uma afirmação teológica de apenas um deles como o que "o Novo Testamento ensina"? Coloca-se também a questão de saber se podemos falar da teologia de Paulo, a quem são atribuídas treze cartas diferentes, e não porque várias dessas cartas são amplamente consideradas como escritas por alguém que não seja Paulo[35]. Nesse caso, em que cartas podemos nos basear para compilar sua teologia? E, ainda, as cartas de Paulo são episódicas em sua maioria; isto é, escritas para comunidades específicas e tratando de questões particulares. Pode-se, então, extrapolar facilmente para uma teologia que Paulo reteve em sua mente, independente dessas cartas, para um tipo de reservatório sobre o qual nós o vemos desenhar para escrever cartas particulares[36]. Ou temos de nos limitar à teologia das cartas individuais?[37]

---

32. Gl 3,10: "o livro da lei ", i. é, Deuteronômio; Hb 9,19: "O livro da aliança". Cf. Hb 10,7, citando Sl 40,7; as escrituras judaicas como "os livros" (2Clem 14,2). Cf. tb. HAHN, F. *Theologie des Neuen Testaments*. Op. cit., vol. 2, p. 38-39.

33. Ap 1,11; 5,1-9; 10,8; 22,7.9-10.18-19. Cf. tb. "O livro da vida" (Ap 13,8; 17,8; 20,12; 21,27).

34. Mateus, Marcos, o desconhecido autor de Hebreus, Tiago, Judas e provavelmente o vidente do Apocalipse.

35. Efésios e as Cartas Pastorais são considerados como pseudepígrafos pela grande maioria nos estudos atuais, com opiniões mais igualmente divididas sobre Colossenses e 2Tessalonicenses.

36. Abordo o assunto em *The Theology of Paul the Apostle*. Grand Rapids/Edimburgo: Eerdmans/ T & T Clark, 1998, n. 1.

37. A principal crítica da minha teologia de Paulo foi nesse sentido. Escrever uma teologia de Paulo ajuda a focar muitos dos problemas abordados por aqueles que querem escrever uma teologia do NT. Por isso voltaremos ao assunto no item 6 deste capítulo.

E o que é verdade para aquele que escreveu uma série de documentos que agora fazem parte do nosso Novo Testamento aplica-se ainda mais veementemente aos escritores do Novo Testamento como um todo e como indivíduos. Eles falam de fato com uma só voz ou com vozes complementares que podem ser misturadas em um único ensinamento do Novo Testamento?[38] Ou podemos apenas esperar escrever as teologias (plurais) do Novo Testamento; isto é, de vários documentos do Novo Testamento?[39]

Consequentemente, deve ser uma grande responsabilidade da teologia bíblica do Novo Testamento tornar clara a *diversidade* do Novo Testamento; é uma responsabilidade que não se tem como evitar. A alternativa seria reduzir uma teologia bíblica do Novo Testamento ao maior denominador comum em que todos concordaram[40]; ou assumir sem crítica o que já se disse explicitamente e o que todos os demais também já afirmaram: uma teologia do Novo Testamento, e não simplesmente a teologia de Mateus ou Tiago, a teologia de Paulo ou Lucas-Atos, a teologia de João ou Hebreus. Em contraste, é importante que o teólogo bíblico deixe claras as visões divergentes ou discordantes de Mateus e Marcos ou de Paulo e Tiago, justamente porque tal discordância faz parte do testemunho do Novo Testamento, faz parte da teologia do Novo Testamento. *A diversidade da reflexão teológica cristã primitiva sobre Jesus, como aquela que unifica os diferentes documentos, é muito constitutiva da teologia do Novo Testamento*[41]. A unidade do Novo Testamento pode ser concebida e compreendida apenas como uma unidade

---

38. Em seu discurso de posse à Society of New Testament Studies [Sociedade de Estudos do Novo Testamento], "The Problem of a New Testament Theology" [O Problema de uma Teologia do Novo Testamento] (*NTS*, 19, 1972-1973) Ernst Käsemann apresenta como sua primeira tese a ideia de que "o Novo Testamento como o temos é um coleção fragmentária de documentos do período primevo [...]. De modo geral, não há coerência interna. As tensões evidentes por toda parte às vezes chegam a contradições" (p. 242).

39. Como mantido, p. ex., em POKORNY, P. The Problem of Biblical Theology. *HBT*, 15, 1993, p. 87-88.

40. "O Reino de Deus é o centro teológico dos evangelhos sinóticos, mas não de outros lugares [do Novo Testamento]; Paulo e João têm muito a dizer sobre o amor de Deus ao enviar seu Filho, enquanto os sinóticos Hebreus e 1Pedro silenciam esse tema; Paulo, que acredita no significado teológico da vida terrena de Jesus, revela singularmente pouca familiaridade com seus detalhes; João o Vidente, como João Evangelista, não retrata Jesus como o Salvador do Mundo. Parece, portanto, nunca ter havido um tempo em que a crença de alguém consistisse no mais elevado fator comum do ensino neotestamentário" (CAIRD, G.B. *New Testament Theology*. Op. cit., p. 17).

41. Essa foi uma das minhas principais descobertas em *Unity and Diversity in the New Testament*: An Inquiry into the Character of Earliest Christianity. Londres: SCM, 2006, item 76.

na diversidade; isto é, uma unidade como a do corpo, uma identidade única, composta e possibilitada pela integração e interação das diversas partes[42].

O assunto corolário pode ser colocado como *a questão ou a busca de um centro ou de um princípio unificador*; ou, alternativamente, de um "cânon dentro do cânon"[43]. É notável que a busca por uma formulação única em relação às escrituras judaicas nunca foi satisfatoriamente resolvida[44]. A revelação de Deus, ou mesmo a autorrevelação de Deus[45], é, sem dúvida, uma possibilidade; mas pode ser muito estreita (a *teologia* não é apenas *teo--logia*) ou muito ampla (a *teo-logia* abrange toda a *teologia*). Para o Novo Testamento certamente é possível afirmar que o próprio Jesus, a nele como Cristo e Senhor ou alguma outra formulação podem servir[46]; afinal, todos

---

42. O tema da unidade e diversidade tornou-se proeminente nas recentes teologias. Cf. esp. HAHN, F. *Theologie des Neuen Testaments* – Vol. 1: Die Vielfalt des Neuen Testaments; Vol. 2: Die Einheit des Neuen Testaments – "A unidade só pode ser unidade na diversidade" (p. 1.770). Os dois volumes da coletânea de estudos de Eduard Lohse sobre a teologia do Novo Testamento tomam os títulos *Die Einheit des Neuen Testaments* (Göttingen: Vandenhoeck & Ruprecht, 1973) e *Die Vielfalt des Neuen Testaments* (Göttingen: Vandenhoeck & Ruprecht, 1982). O subtítulo do segundo volume da obra póstuma de L. Goppelt (*Theology of the New Testament*) é "The Variety and Unity of the Apostolic Witness to Christ" [A variedade e a unidade do testemunho apostólico de Cristo] (1976; Grand Rapids: Eerdmans, 1982). Cf. tb. MARSHALL, I.H. *New Testament Theology*: Many Witnesses, One Gospel [Diversas testemunhas, um evangelho]. Op. cit. • MATERA, F.J. *New Testament Theology*: Exploring Diversity and Unity. Op. cit. p. xxviii–xxx e cap. 31. • VOUGA, F. *Une théologie du Nouveau Testament*. Op. cit. • "Nos escritos do Novo Testamento nos deparamos com uma multiplicidade de concepções teológicas" (STRECKER, G. *Theology of the New Testament*. Berlim: de Gruyter, 2000, p. 2-3). Cf. tb. BARTON, J. "Unity and Diversity in the Biblical Canon". In: BARTON, J. & WOLTER, M. (orgs.). *Die Einheit der Schrift und die Vielfalt des Kanons* [A unidade das escrituras e a diversidade do Cânon]. Berlim: de Gruyter, 2003, p. 11-26 [BZNW, 118].

43. Revisão da discussão mais antiga em HASEL, G. *New Testament Theology*. Op. cit., cap. 3; a discussão mais recente pode ser encontrada, p. ex., em HAHN, F. *Theologie des Neuen Testaments*. Op. cit., vol. 2, p. 9-12.

44. REVENTLOW, H.G. *Problems of Old Testament Theology in the Twentieth Century*. Londres: SCM, 1985, cap. 4. • REVENTLOW, H.G. "Theology (Biblical), History of". Op. cit., 493-494. • Cf. tb. LEVENSON, J. "Why Jews Are Not Interested in Biblical Theology". Op. cit., p. 283-284, 292-293, 296-297.

45. P. ex., HASEL, G.F. The Problem of the Center in the OT Theology Debate. *ZAW*, 86, 1974, p. 65-82. • REVENTLOW, H.G. *Problems of Old Testament Theology in the Twentieth Century*. Op. cit., p. 131-133. • HÜBNER, H. *Biblische Theologie des Neuen Testaments*. Op. cit., vol. 1, p. 149-150, e adicionalmente p. 149-172; "A teologia começa com o Deus que se revela; a teologia 'termina' com o Deus que se revela – Principio et finis theologiae est Deus se relevans" (3.277). • JANOWSKI, B. "The One God of the Two Testaments: Basic Questions of a Biblical Theology". *Theology Today*, 57 2000, p. 316-321.

46. P. ex., STUHLMACHER, P. *How to Do Biblical Theology*. Allison Park: Pickwick Press, 1995, cap. 2. • MORGAN, R. Can the Critical Study of Scripture Provide a Doctrinal Norm? *JR*, 76, 1996, p. 206-232. • MÜLLER, M. Neutestamentliche Theologie als Biblische Theologie: Einige grundsätzliche Überlegungen. *NTS*, 43, 1997: "A fé em Jesus como o ressuscitado e o Cristo é o fator criativo e constitutivo na composição dos diferentes escritos do Novo Testamento" (p. 481). • U. Schnelle, em sua *Theologie des Neuen Testaments* (Göttingen: Vandenhoeck & Ruprecht,

os documentos do Novo Testamento são respostas de fé ao que por vezes é sumariamente referido como o evento de Cristo. Ainda que afirmar que Jesus é o centro unificador do Bíblia cristã como um todo reponha novamente o problema fundamental[47]. E a maneira pela qual Jesus atua como o centro do Novo Testamento é, em si mesma, dificilmente uniforme. A diversidade é tão constitutiva dos escritos e ensinamentos do Novo Testamento sobre Jesus quanto a unidade das crenças compartilhadas, e a maneira pela qual *Jesus* é apresentado nesses escritos é igualmente diversa[48]. Acima de tudo, nunca se deve esquecer que o cânon do Novo Testamento contém nada menos do que quatro evangelhos; não um, mas quatro evangelhos diferentes. Não foi um único evangelho que foi canonizado nem o *Diatessarão* como o de Taciano, como se só pudesse haver uma maneira legítima de expressar o significado teológico de Jesus. Não menos do que *quatro* evangelhos são apresentados como evangelho, não apenas as variações muitas vezes sutis entre os sinóticos, mas também a variação marcante ou alternativa que é o Evangelho de João.

O querigma, a pregação comum dos primeiros cristãos, tem sido frequentemente apresentado como o vínculo unificador[49]. Assim, em minha *Unity and Diversity in the New Testament* [Unidade e diversidade do Novo Testamento], uma das tarefas que me propus foi procurar o que poderia ser

---

2007) cita a famosa formulação de Lutero, que em todo caso prega o Cristo apostólico (p. 38); " Há diversidade no NT somente em uma base clara: as experiências das ações salvíficas escatológicas de Deus em Jesus Cristo na cruz e ressurreição" (p. 40-41).

47. Childs não tem dúvida de que o "objeto" da teologia bíblica é Jesus Cristo. O "objetivo fundamental" da teologia bíblica é "compreender as várias vozes em toda a Bíblia cristã, tanto no Novo quanto no Antigo Testamento, enquanto testemunho do único Senhor Jesus Cristo, da mesma realidade divina". "O núcleo dessa empreitada é cristológico" (*Biblical Theology*. Op. cit., p. 78-79, 85-86, 480). Da mesma forma, WATSON, F. *Text and Truth*: Redefining Biblical Theology. Edimburgo: T & T Clark, 1997, p. 13-14: "Do ponto de vista da fé cristã, deve-se dizer que o Antigo Testamento vem a nós com Jesus e a partir de Jesus, e nunca pode ser entendido abstraindo-se dele" (p. 182). Schnelle responde diretamente: "Uma teologia bíblica não é possível, porque o Antigo Testamento não fala sobre Jesus Cristo" (SCHNELLE, U. *Theologie des Neuen Testaments*. Op. cit., p. 40).

48. Cf. p. ex., DUNN, J.D.G. *Unity and Diversity in the New Testament*: An Inquiry into the Character of Earliest Christianity. Op. cit., cap. 10. E embora eu também conclua que "os diferentes fatores unificadores no cristianismo do século I se concentram sempre de novo em Cristo, na unidade entre o Jesus humano e o Jesus exaltado" ([2006] 405; cf. de maneira mais ampla, p. 403-413). Similarmente, THÜSING, W., apud FREY, J. "Zum Problem der Aufgabe und Durchführung einer Theologie des Neuen Testaments". Op. cit., p. 37.

49. O projeto de demitologização de Bultmann enfocou o querigma. Cf. tb., p. ex., as seções finais de KÜMMEL, W.G. *The Theology of the New Testament*. Londres: SCM, 1974. • LOHSE, E. *Grundriss der neutestamentlichen Theologie*. Stuttgart: Kohlhammer, 1974, p. 161. • STRECKER, G. *Theology of the New Testament*. Berlim: De Gruyter, 2000, p. 8.

chamado de querigma/evangelho que forma a unidade central do Novo Testamento[50]. Em resumo, os pontos que surgiram foram:

- que o querigma central é uma abstração e nunca será encontrado como tal no Novo Testamento, mas
- apenas nas formas ampliadas que se tornaram necessárias à medida que se abordava a particularidade das diferentes situações; ou seja,
- nas diferentes formas que as diferentes situações tornaram necessárias, e
- que as diferenças eram parte *integrante* das proclamações em e para essas diferentes situações.

A partir disso concluí que qualquer tentativa de encontrar um único querigma unificador, de uma vez por todas (o querigma do Novo Testamento), está fadada a falhar. Para situações concretas há sempre expressões mais completas, sendo nas expressões mais completas que reside a diversidade incluindo diferenças e desacordos; falso[51]. Isso, por sua vez, significa que uma abordagem teológica da questão sempre precisará reconhecer certa *superação*, uma incontrolabilidade por qualquer grupo particular ou tradição do evangelho central, do cânon dentro do cânon, da Palavra dentro e através das palavras; e também uma aceitação da inevitabilidade das diferentes formas pregadas, escritas e eclesiais do evangelho. Em outras palavras, o fator final unificador do Novo Testamento, ou na teologia do Novo Testamento, nunca pode ser reduzido a uma formulação particular, muito menos a uma formulação final. Ao mesmo tempo eu também devo repetir duas outras observações que fiz no mesmo volume: que *o Novo Testamento em si é unidade dentro da qual se manifesta a diversidade – a unidade na diversidade*[52], e que o Novo Testamento indica os *limites* da diversidade[53].

---

50. Em *Unity and Diversity*, cap. 2., identifiquei os elementos comuns na diversidade de querigmas como proclamação do Jesus ressuscitado e exaltado; o apelo à fé, à aceitação e ao compromisso com o anúncio de Jesus, como também a promessa mantida pela fé (Espírito, perdão, salvação, união com Cristo) (item 7.1). Cf. a crítica de Marshall à minha caracterização bastante esparsa do tema unificador (nota 48) (MARSHALL, I.H. *New Testament Theology*. Op. cit., p. 712-715).

51. O "Mitte der Schrift" de Stuhlmacher é, com efeito, uma miniteologia do Novo Testamento (*Biblische Theologie des Neuen Testaments*. Op. cit., vol. 2, p. 320).

52. Cf. tb. WOLTER, M. "Die Vielfalt der Schrift und die Einheit des Kanons". In: BARTON, J. & WOLTER, M. (orgs.). *Die Einheit der Schrift und die Vielfalt des Kanons*. Op. cit., p. 45-68. • MORGAN, R. "The New Testament Canon of Scripture and Christian Identity". Op. cit., p. 151-193.

53. Já observei que a imagem paulina da Igreja como o corpo de Cristo é o melhor modelo de unidade na diversidade – muitos membros, e todos diferentes, mesmo assim um corpo; e em si uma entidade limitada.

O mesmo se aplica a outras tentativas de encontrar uma única lente através da qual qualquer grupo de escritos do Novo Testamento seja lido. Seria o fator comum e unificador dado pela antropologia (autocompreensão individual), como sustenta Bultmann?[54] Isso implicaria um grau de individualismo existencialista, ou mesmo de autoabsorção, que poderia ser positivamente insalubre[55]. Ou deveríamos encontrar o foco unificador na doutrina da justificação pela fé, o artigo pelo qual a Igreja subsiste ou cai?[56] Isso também correria o perigo de estreitar um amplo canal de experiência e linguagem numa única metáfora[57]. Ou devemos encontrá-lo na Igreja ou num conceito de sucessão apostólica? Mas "a Igreja" era tão diversa no primeiro século quanto o Novo Testamento (escritos), e a sucessão apostólica é um conceito advindo de um ou dois escritos do Novo Testamento com mais ingenuidade do que a exegese. E a mais recente concepção popular de uma metanarrativa, pressuposta por mais ou menos todos os escritores bíblicos e vinculada entre si[58], simplesmente coloca de novo a questão: uma única narrativa ou narrativas diversas?

---

54. BULTMANN, R. *Theology of the New Testament*. 2 vols. Londres: SCM, 1952, 1955, p. 1.191, 2.251. Mais fortemente em BRAUN, H. The Problem of a Theology of the New Testament. *Journal for Theology and the Church*, 1, 1965, p. 169-183; cf. VOUGA, F. *Une théologie du Nouveau Testament*. Op. cit., p. 19.

55. "O programa interpretativo de Bultmann depende tanto de premissas filosóficas existenciais especificamente ocidentais que não pode ser considerado como a única maneira apropriada de interpretar o querigma do Novo Testamento acerca de Jesus Cristo" (STUHLMACHER, P. *Biblische Theologie des Neuen Testaments*. Op. cit. Vol. 1, p. 17).

56. Faço eco da clássica avaliação luterana da justificação pela fé (*articulus stantis et cadentis ecclesiae*). KÄSEMANN, E. (org.). *Das Neue Testament als Kanon*. Göttingen: Vandenhoeck & Ruprecht, 1970 – considerado justificação pela fé como o "cânon dentro do cânon" (p. 405). Cf. tb. HASEL, G. *New Testament Theology*. Op. cit., p. 160-162. Scott Hafemann vê "a justiça de Deus no pensamento de Paulo como o fundamento teológico para a teologia bíblica de Stuhlmacher" (in: STUHLMACHER, P. *How to Do Biblical Theology*. Op. cit., p. xv-xli).

57. Isso tem sido parte da preocupação expressa na "nova perspectiva sobre Paulo". Cf. DUNN, J.D.G. *New Perspective on Paul*: Collected Essays. Tübingen: Mohr Siebeck, 2005 [WUNT, 185] [ed. rev.: Grand Rapids: Eerdmans, 2008].

58. Como MATERA, F.J. *New Testament Theology*: Exploring Diversity and Unity. Op. cit., p. xxvii--xxviii. Aqui foi influente HAYS, R.B. *The Faith of Jesus Christ*: The Narrative Substructure of Galatians 3:1–4:11. Grand Rapids: Eerdmans, 1983, 2002. Cf. tb. WRIGHT, N.T. *The New Testament and the People of God*. Londres: SPCK, 1992, p. 69-80, 139-143, 215-223. • LONGENECKER, B.W. (org.). *Narrative Dynamics in Paul*: A Critical Assessment. Louisville: Westminster John Knox Press, 2002. • BARTHOLOMEW, C.G. & GOHEEN, M.W. "Story and Biblical Theology". In: BARTHOLOMEW, C.G. et al. (orgs.). *Out of Egypt*: Biblical Theology and Biblical Interpretation. Op. cit., p. 144-171. Essa abordagem poderia ser descrita como uma versão moderna da tentativa de localizar o centro unificador na "história da salvação", geralmente associada ao trabalho de O. Cullmann em *Christ and Time* (Londres: SCM, 1962) e também em *Salvation in History* (Londres: SCM, 1967). Cf. tb. REVENTLOW, H.G. "Theology (Biblical), History of". Op. cit., p. 497-498.

Assim, a questão da teologia do Novo Testamento como uma teologia ou como várias teologias não pode ser ignorada ou marginalizada e deve fazer parte da agenda de qualquer teologia do Novo Testamento, o que levanta uma quarta e última questão.

5 Teologia ou teologização?

Um debate proeminente na teologia bíblica e do Novo Testamento tem sido sobre se a tarefa é puramente histórica e descritiva[59], como Gabler assumiu e William Wrede e Heikki Räisänen argumentaram de maneira tão vigorosa[60]; se "o que significava" deve ser mantido nitidamente diferente do que "o que significa" (Stendahl)[61]. É um fato consagrado que o método crítico histórico, tão fundamental para o surgimento da teologia bíblica, foi moldado para o padrão da investigação científica, exaltando a observação exata e a objetividade desapaixonada em um ideal. O envolvimento pessoal no objeto resumido como "fé" era para ser colocado de lado como passível de distorcer a percepção. A descrição, em vez da prescrição, era a ordem do dia, e a teologia do Novo Testamento podia ser tratada como um subconjunto de uma sociologia histórica da religião[62].

---

59. Cf., p. ex., MERK, O. "Gesamtbiblische Theologie: Zur Fortgang der Diskussion in den 80er Jahren". Op. cit., p. 19-40. Sobre o método histórico-crítico, cf. DUNN, J.D.G. *Christianity in the Making*. Vol. 1: Jesus Remembered. Grand Rapids: Eerdmans, 2003, p. 27-29, 68-70, 101-111. • SCHNELLE, U. *Theologie des Neuen Testaments*. Op. cit., p. 17-29.

60. WREDE, W. "The Task and Methods of 'New Testament Theology'". In: MORGAN, R. *The Nature of New Testament Theology*. Londres: SCM, 1973, p. 68-116. • "A 'teologia do Novo Testamento' deve ser substituída [...] por dois projetos diferentes: primeiro, a 'história do pensamento cristão primitivo' (ou teologia, caso se queira), evoluindo no contexto do judaísmo primitivo; segundo, 'reflexão crítica filosófica e/ou teológica sobre o Novo Testamento'" (RÄISÄNEN, H. *Beyond New Testament Theology*. Op. cit., p. xviii). Caird, p. ex., concorda: "A teologia do Novo Testamento é uma disciplina histórica [...] sua finalidade é descritiva" (*New Testament Theology*. Op. cit., p. 1).

61. STENDAHL, K. Biblical Theology, Contemporary. *IDB*, 1, 1962, p. 418-432.

62. O papel "histórico-descritivo" da teologia bíblica tem sido a característica dominante do empreendimento desde Gabler; assim, p. ex., Reventlow encontra um exemplo clássico na *Biblical Theology of the New Testament* de Weiss, 10n.3 ("Theology (Biblical), History of". Op. cit., p. 487). • A revisão de VIA, D.O. *What Is New Testament Theology?* Mineápolis: Fortress, 2002, cap. 4: "New Testament Theology as a Historical Project". • ADAM, A.K.M. *Making Sense of New Testament Theology*: "Modern" Problems and Prospects. Macon: Mercer University, 1995 – Adam considera Wrede e Stendahl, juntamente com Gabler, como exemplos típicos da "Modernidade", todos enfatizando a lacuna cronológica e "a distância que separa o leitor moderno do texto do Novo Testamento" (cap. 2), e prossegue citando a crítica da introdução de Richardson por KECK,

Uma primeira resposta importante a essa tendência é observar que a fé é em si mesma parte dos fenômenos históricos a serem observados – a fé suscitada de que a missão, morte e ressurreição de Jesus é parte dos dados a serem descritos[63]. Assim, pelo menos, a teologia do Novo Testamento pode ser justificadamente definida como um relato descritivo do pensamento teológico, da fé dos primeiros cristãos[64]. Mas a verdadeira questão é se – ou melhor, até que ponto – o teólogo bíblico do Novo Testamento se permite interagir com o texto para trazer sua própria fé (de qualquer caráter) em interação com a fé expressa no texto[65].

L.E. Problems of New Testament Theology (*NovT*, 7, 1964-1965, p. 217-241) como um exemplo de crítica modernista (91-93). A tese de Adam é que a agenda modernista e histórica a agenda crítica histórica modernista foi profundamente prejudicial à teologia do NT e é a causa do declínio da teologia bíblica como área de pesquisa.

63. BALLA, P. *Challenges to New Testament Theology*: An Attempt to Justify the Enterprise. Tübingen: Mohr Siebeck, 1997 [WUNT 2.95] – embora ainda veja a tarefa em termos históricos e descritivos. Hahn começa sua Teologia com a afirmação: "A teologia do Novo Testamento se concentra no testemunho de fé do cristianismo primitivo, que, como tal, é o fundamento de todo anúncio e teologia cristã" (1.1).

64. Notavelmente, BERGER, K. *Theologiegeschichte des Urchristentums*: Theologie des Neuen Testaments. Tübingen: Francke, 1994. Cf. tb. BECKER, J. "Theologiegeschichte des Urchristentums – Theologie des Neuen Testaments – Frühchristliche Religionsgeschichte". In: BREYTENBACH, C. & FREY, J. (orgs.). *Aufgabe und Durchführung einer Theologie des Neuen Testaments*. Op. cit., p. 115-133. Strecker entende sua tarefa como "investigar as concepções teológicas defendidas pelos autores do Novo Testamento com base nas tradições teológicas (Igreja) que receberam"; mas ele também enfatiza "a função crítica do Novo Testamento" e que a Igreja hoje deve permitir-se ser medida pela fundamental reivindicação e demanda feita pelo Novo Testamento (*Theology of the New Testament*. Op. cit., p. 3-4).

65. A tensão é classicamente discutida por R. Morgan em uma série de contribuições começando com sua *The Nature of New Testament Theology* [Teologia da Natureza do Novo Testamento], na qual ele compara e contrasta as abordagens de Wrede e de Adolf Schlatter. Cf. tb. sua "Theology (NT)" (in: FREEDMAN, D.N. et al. (orgs.). *The Anchor Bible Dictionary*. Vol. 6. Nova York: Doubleday, 1992, p. 473-483) e vários comentários em "New Testament Theology" – "A teologia do Novo Testamento implica não apenas que ele fala de Deus, mas que afirma dizer a verdade, e não apenas a verdade histórica do que os textos estão dizendo, mas uma verdade religiosa válida hoje" (p. 105; similarmente, p. 108, 109-110 e 126). Cf. tb. WATSON, F. *Text and Truth*: Redefining Biblical Theology. Op. cit. E Wilckens, que não hesita em iniciar seu maciço projeto teológico confessando: "A realidade da ressurreição de Jesus dentre os mortos tornou-se o tema da minha vida" (1.1.v), e que, de acordo com Stuhlmacher, argumenta pela "necessidade de exegese histórica dos textos bíblicos sobretudo por motivos teológicos" (1.1.23); e P.F. Esler, que em seu prolegômeno ao tema, *New Testament Theology*: Communion and Identity [Teologia do Novo Testamento: Comunhão e Identidade] (Mineápolis: Fortress, 2005), quer usar "os resultados da pesquisa histórica no Novo Testamento para fortalecer e enriquecer as crenças, a experiência e a identidade dos cristãos no presente", "na crença de que os resultados de tal investigação histórica sejam, por si mesmos, portadores da verdade teológica" (20, 36), embora eu não esteja convencido de que seu apelo à "communion with the saints" [comunhão com o santos] (cap. 8-10) ajude a encaminhar a tarefa hermenêutica.

Vinculadas ao tema estão questões hermenêuticas clássicas, agravadas nesse caso pelo fato de os textos em vista não serem apenas escritos históricos, mas de terem funcionado como escrituras para comunidades de fé; algumas delas com mais de dois milênios[66]. Deve a teologia bíblica do Novo Testamento se preocupar apenas com a *Sprache* (a redação) do texto ou também/mais com a *Sache* (o objeto ou substância) do texto?[67] Deve a teologia bíblica ter em conta a maneira como o texto foi compreendido ao longo dos séculos que se seguiram (escritura e tradição), a maneira como o texto moldou os próprios pressupostos (linguísticos, culturais) que a maioria dos leitores do século XXI traz à sua interpretação?[68] Até que ponto uma leitura de hoje cria o sentido que se ouve do texto? – o desafio do Pós-modernismo. O teólogo bíblico pode realmente se envolver com o texto sem perguntar o que significa para si mesmo e para a sua comunidade – acima de tudo, acreditar em Deus ou em Jesus como eles acreditaram? Qual a diferença entre um ativista da fé que pratica uma metodologia crítica rigorosa e um crítico que

---

66. Cf. a ampla discussão indicada em: VANHOOZER, K.J. "Exegesis and Hermeneutics". In: ALEXANDER, T.D. & ROSNER, B.S. (orgs.). *New Dictionary of Biblical Theology*. Op. cit., p. 52-64. • CARSON, D.A. "Systematic Theology and Biblical Theology". ALEXANDER, T.D. & ROSNER, B.S. (orgs.). *New Dictionary of Biblical Theology*. Op. cit., p. 89-104.

67. Bultmann foi o grande expoente da *Sachkritik*; cf. MORGAN, R. *The Nature of New Testament Theology*. Op. cit., p. 42-52. Morgan conclui: "o risco envolvido na *Sachkritik* é um elemento necessário na pesquisa histórica", embora acrescente que tal interpretação crítica estará sempre aberta a críticas de colegas historiadores (p. 52). A preocupação de Morgan é elucidar "a atividade legítima da interpretação teológica do Novo Testamento, ou fazer a própria teologia por meio de uma interpretação histórica teologicamente motivada de certos textos" (p. 52), mas ele permite que a interpretação teológica possa ser descartada por descobertas históricas – "a teologia feita pela interpretação da tradição deve satisfazer a condição de que não contraria o que os historiadores podem dizer sobre a tradição" (p. 57). Similarmente, em seu artigo no *The Anchor Bible Dictionary*: "A história e a exegese retêm controles críticos sobre o que é dito na teologia do Novo Testamento, embora a interpretação teológica e a crítica (*Sachexegese* e *Sachkritik*) extrapolem o campo do discurso histórico" ("Theology [NT]", 483). Nisso ele ecoa Ebeling: para quem, "a teologia bíblica" como uma disciplina histórica exerce uma função normativa contra a dogmática em todos os assuntos concernentes à relação com a Bíblia. Os dogmáticos devem prestar contas de seu uso das escrituras diante do tribunal de estudo histórico da Bíblia" ("The Meaning of 'Biblical Theology'". Op. cit., p. 218).

68. GADAMER, H.-G. *Truth and Method*. Nova York: Crossroad, 1989. Sobre seu conceito de *Wirkungsgeschichte* ("história do efeito") de um texto, e sua frase mais elaborada *wirkungsgeschichtliches Bewusstsein* ("consciência histórico-efeitual"); cf. DUNN, J.D.G. *Christianity in the Making*. Vol. 1: Jesus Remembered. Op. cit., p. 122-123. Sobre a relevância e a importância da *Wirkungsgeschichte* ou história da recepção do Novo Testamento, cf. esp. LUZ, U. "The Contribution of Reception History to a Theology of the New Testament". In: ROWLAND, C. & TUCKETT, C. (orgs.). *The Nature of New Testament Theology*: Essays in Honour of Robert Morgan. Op. cit., p. 123-134.

procura entrar num texto de forma enfática?[69] Em resumo, pode-se "fazer" teologia bíblica do Novo Testamento sem teologizar com ou em reação aos escritores bíblicos do Novo Testamento como eles teologizaram? O "uma" em *"uma teologia bíblica"* é inevitável, já que a teologia em questão é necessariamente minha, ou sua teologia bíblica, ao invés de, no sentido mais apropriado, a teologia da Bíblia?

Sintomático do mal-estar é a fixação com o texto escrito. Naturalmente o texto é o foco e inevitavelmente e em grande medida o fator controlador da teologia do *Novo Testamento* – isto é, a teologia dos escritos do Novo Testamento –, como atestado e expresso em seus textos escritos. Mas é possível tratar o texto como uma espécie de ídolo no qual o nosso olhar se fixa unicamente no texto e não olha através dele. Podemos nos fixar na *Sprache* do texto e perder de vista a *Sache*. Como em muitos comentários do período clássico do modernismo, a exegese pode ser mais ou menos reduzida à análise das palavras e sintática. Ou em uma era mais orientada para a literatura, os críticos podem se contentar em descrever o texto dentro do seu próprio mundo textualmente determinado (e restrito). Novamente, a interação entre diferentes teologias dentro dos escritos bíblicos pode ser limitada por ser definida em termos de intertextualidade, como se tal interação operasse apenas em termos do conhecimento de um autor e uso de outros textos escritos. Ou o crítico canônico pode aproveitar o momento do texto e efetivamente reduzir todas as outras formas do escrito.

A alternativa para uma *teologia* do Novo Testamento entendida como primária ou mesmo exclusivamente descritiva, e restringida pelos ideais newtonianos e historicistas da investigação científica do século XIX, pode ser colocada em termos de *teologização* do Novo Testamento, em que a forma verbal de substantivo se destina a trazer algum sentido de movimento para a compreensão da tarefa[70]. Em parte, trata-se de levar a sério uma compreen-

---

69. Stuhlmacher pede que se tenha para com os textos "uma hermenêutica de 'boa vontade' (B.F. Meyer) ou 'simpatia crítica' (W.G. Kümmel)" (*Biblische Theologie des Neuen Testaments*. Op. cit.. Vol. 1, p. 11); seu próprio termo é "uma hermenêutica de consentimento" – *Historical Criticism and Theological Interpretation of Scripture*: Towards a Hermeneutic of Consent. Filadélfia: Fortress Press, 1977.

70. Cf. DUNN, J.D.G. "Not so Much 'New Testament Theology' as 'New Testament Theologizing'". Op. cit., p. 225-246. Num ensaio anterior, "The Task of New Testament Theology" (in: DUNN, J.D.G. & MACKEY, J.P. *New Testament Theology in Dialogue*. Londres: SPCK, 1987, p. 1-26) define "a tarefa da teologia do Novo Testamento" como "ouvir o que o autor do Novo Testamento pretendia que seus leitores ouvissem, e assim ouvir que a mensagem do texto ajuda a moldar nossa própria teologia" (p. 20). Minha preocupação é semelhante à de Esler, conforme

são da teologia não apenas como "falar de Deus" e certamente não como simples declarações teológicas ou pronunciamentos dogmáticos; mas também como incluindo os corolários imediatos de uma crença ativa em Deus, as implicações existenciais de entender o mundo como *criado*, de levar a sério as implicações da revelação divina e uma necessidade de salvação, de procurar viver responsavelmente na comunidade humana e diante desse Deus, e assim por diante[71]. Mas, em parte, é também um reconhecimento de que, para entrar na teologia do Novo Testamento precisamos ver o texto *como um testemunho e expressão do fluxo e movimento da experiência, apesar da prática no cristianismo mais antigo.* É claro que tudo isso está congelado no texto, mas o que está congelado não deve ser como um depósito final de algumas interações que aconteceram há muito tempo. O objeto da teologia do Novo Testamento não deve ser comparado a um artefato recuperado por uma meticulosa escavação de algum relato arqueológico. Em vez disso, o texto é teologizado congelado, o processo de engajamento teológico com algum assunto ou questão que está preso em um momento de um movimento contínuo. Em cada caso foi um momento culminante, presumivelmente o resultado de muita reflexão e uso. Mas não um ponto-final, pois o contexto logo mudou e a reflexão seguiu adiante. Além de qualquer coisa, isso é indicado pelo fato de que o texto não é tão fixo como tantas vezes se supõe. O trabalho recente dos críticos textuais nos recorda que as variações textuais não são simplesmente evidência de descuido dos escribas, mas evidência de que os textos reais que funcionaram como Escritura para diferentes assembleias eram verdadeiramente textos diferentes[72].

Assim, o típico estudo crítico histórico do texto é apenas o *início* da tentativa de entrar no processo de teologização que o texto incorpora e do qual

---

articulado em sua *New Testament Theology* [Teologia do Novo Testamento], na introdução e no cap. 1. Note-se também a insistência de Morgan "contra algum uso atual em inglês", "que a expressão *New Testament Theology* [Teologia do Novo Testamento] se refira à atividade do fazer (pensar, escrever, falar) teologia, ou aos resultados dessa atividade, não simplesmente à análise linguística, histórica ou filosófica de conceitos ou textos teológicos" ("Made in Germany: Towards an Anglican Appropriation of an Originally Lutheran Genre". In: BREYTENBACH, C. & FREY, J. (orgs.). *Aufgabe und Durchführung einer Theologie des Neuen Testaments*. Op. cit., p. 86).

71. O que se vê é mais do que o protesto *religionsgeschichtlich* (como em WREDE, W. "The Task and Methods of 'New Testament Theology'". Op. cit.) contra a teologia definida de modo muito estreito.

72. Cf. esp. EHRMAN, B.D. *The Orthodox Corruption of Scripture*: The Effect of Early Christological Controversies on the Text of the New Testament. Oxford: Oxford University, 1993. • PARKER, D.C. *The Living Text of the Gospels*. Cambridge: Cambridge University, 1997. • EPP, E.J. The Multivalence of the Term "Original Text" in New Testament Textual Criticism. *HTR*, 92, 1999, p. 245-281.

dá testemunho. Isso inclui algum sentido da *profundidade* do texto – não apenas as alusões e ecos da teologização anterior, mas também os modos de pensar e falar tal como foram moldados pelas tradições e cultura herdadas. Inclui algum sentido da *amplitude* do texto – do uso e da retórica da época, de ambiguidades possivelmente pretendidas (uma exegese sempre deveria assumir que um significado único e bem-definido era pretendido?), de formulações comparativas, alternativas ou mesmo concorrentes, do que poderia ter sido dito mas não foi, e (não menos importante) se o autor poderia ter se expressado de outra forma se tivesse previsto as inferências que seriam subsequentemente extraídas do que ele escreveu. E inclui, sobretudo, um sentido *do texto no contexto histórico*, das particularidades históricas que deram origem ao texto, mas também para a expressão no texto como parte de uma percepção em desenvolvimento ou parte de um diálogo, não algo estático e universal[73]. Entrar assim na teologia do Novo Testamento é começar a reexperimentar a teologia como teologização, é começar a imergir na corrente da teologia viva que brotou de Jesus e das reações a Ele, ler *com* o texto mais do que assumir que uma hermenêutica da suspeita será sempre mais produtiva para a interpretação contemporânea[74].

Essa abordagem não pressupõe ou exige que o teólogo do Novo Testamento só possa abordar efetivamente do ponto de vista da fé. Também não significa que o Novo Testamento só pode ser *ouvido* pela fé ou só pode ser entendido dentro do contexto de uma Igreja[75]. Compartilho com as preocupações recentemente expressas por John Barton, tanto o seu desejo de

---

73. Desenvolvi esse ponto em "What Makes a Good Exposition?" (*The Expository Times Lecture*, jun./2002). *Expository Times*, 114, 2002-2003, p. 147-157.

74. Para Räisänen, "os esforços de atualização do exegeta só podem resultar na teologização das fontes" (*Beyond New Testament Theology*. Op. cit., p. 137). Eu preferiria dizer "teologizar com as fontes". C. Kavin Rowe começa sua revisão das contribuições recentes para o campo da teologia do NT (New Testament Theology: The Revival of a Discipline. *JBL*, 125, 2006, p. 393-410) com uma citação de "The Meaning of 'Biblical Theology'" de Ebeling (Filadélfia: Fortress Press, 1963): "A teologia do Novo Testamento nunca será escrita. Nunca pode ser escrita, porque em princípio a disciplina [...] Teologia do Novo Testamento nunca será um livro finalmente fechado, mas constitui uma tarefa que continua conosco todos os nossos dias" (p. 94). Cf. tb. ROWLAND, C. & BENNETT, Z. "'Action Is the Life of All': New Testament Theology and Practical Theology". In: ROWLAND, C. & TUCKETT, C. (orgs.). *The Nature of New Testament Theology*: Essays in Honour of Robert Morgan. Op. cit., p. 186-206.

75. Debati com Robert Morgan sobre estes argumentos em resposta à sua recensão de meu Jesus Remembered: "On Faith and History, and Living Tradition" (in: Response to Robert Morgan and Andrew Gregory. *ExpT*, 116, 2004-2005, p. 13-19. • "A Letter to Robert Morgan". Ibid., p. 286-287).

"colocar de lado" (pelo menos inicialmente) a questão da verdade como uma tentativa de propiciar sentido a um texto bíblico e também a sua percepção do perigo de limitar ou constringir a Bíblia dentro de uma comunidade de fé[76]. É o último pensamento, de que a Bíblia não poderia falar com alguém fora da fé cristã que é chocante para mim[77]. Pelo contrário, um leitor que tenta alcançar uma irradiação empática (ou melhor, uma escuta) – e pelo menos um grau de empatia com as preocupações e intenções expressas num texto que considero quase indispensável para uma avaliação justa de qualquer texto por qualquer leitor ou ouvinte – deve ser capaz de ouvir o texto de forma responsável[78]. E um certo grau de abertura ao que o texto diz pode muito bem resultar em muitos leitores inicialmente agnósticos sendo persuadidos ou mesmo convertidos pelo o que é lido ou ouvido.

Para o teólogo do Novo Testamento em particular existe, no entanto, um meio-termo entre uma abordagem neutra e comprometida, entre uma leitura histórica e uma teológica, entre uma leitura moderna e uma não moderna[79]. Porque os teólogos do Novo Testamento podem e devem ler o texto criticamente e com conhecimento histórico, mas eles presumivelmente também vão querer ler com preocupação para aprender de maneira empática ou mesmo para experimentar novamente o que foi que tornou o texto tão importante e poderoso para aqueles que primeiro o ouviram e uma disposição para se envolver com as principais questões teológicas, sociais e éticas que eles encontram lá. São teólogos do Novo Testamento que entram tão plenamente quanto possível nas situações vivas dos textos do Novo Testamento, visto que aprendem como a teologia foi feita, como a teologização foi efetuada nos primeiros dias do cristianismo. Ao fazer isso eles se familiarizam com os modelos e precedentes para lidar com questões teológicas e sociais, potencialmente aprendendo a lidar com questões semelhantes ou equivalentes no

---

76. BARTON, J. *The Nature of Biblical Criticism*. Louisville/Londres: Westminster John Knox Press, 2007. Barton também protesta contra a sugestão da famosa distinção de Stendahl de que "o que o texto pretendia significar" agora estaria ultrapassada; "o que o texto quis dizer é o que ainda significa. O fato de que ele pode ser usado como um veículo para muitos outros significados não prejudica isso. [...] Um determinado significado no texto persiste ao longo do tempo, mesmo quando sua significância é percebida de maneira diferente" (citando E.D. Hirsch, p. 86-88).

77. Räisänen também enfatiza que a importância das preocupações da teologia do NT estaria além da Igreja (*Beyond New Testament Theology*. Op. cit., p. 93-100).

78. Um dos atrativos da "função descritiva" para Stendahl era que ela "pode ser realizada tanto por crentes quanto por agnósticos" ("Biblical Theology", p. 422).

79. A última referência a ADAM, A.K.M. *Making Sense of New Testament Theology*. Op. cit., cap. 6.

século XXI. Eles aprendem a nadar na corrente de teologização que flui do (e através do) Novo Testamento até os dias atuais.

6 Paulo, o teólogo do Novo Testamento por excelência

Um bom caso de teste para o que foi exposto acima é a teologia de Paulo[80]. Aqui não é preciso elaborar a maneira pela qual ele aborda os problemas de continuidade/descontinuidade com seu judaísmo nativo. Ou que muito do que ele escreveu depende da consciência do leitor sobre o caráter desse judaísmo, apenas acessível a nós a partir dos escritos judaicos pós-bíblicos. Ou ainda a questão da unidade e diversidade dentro dos próprios escritos de Paulo. Todos esses aspectos serão bem ilustrados e se tornarão mais claros à medida que formos examinando os temas dos capítulos 3 a 6.

Aqui, no entanto, quero enfatizar o ponto sobre a teologia do Novo Testamento como teologização, e é precisamente Paulo quem nos permite ver mais claramente o caráter da teologia do Novo Testamento como algo vivo e em movimento, pois ele é o autor de uma série de cartas que ainda temos[81]. E desde os grandes comentários do século XIX de J.B. Lightfoot tornou-se prática estabelecer cada uma dessas cartas dentro de seu contexto histórico de composição e recepção; ou seja, reconhecer o caráter ocasional das cartas. Assim, é inevitável que, quando se recorre a essas cartas rapidamente, é dado um sentido de uma grande mente teológica que aborda uma sequência de diferentes questões e situações. E porque as questões e situações eram diferentes a resposta teológica de Paulo era e é diferente; isto é, a teologia de Paulo era e é diferente. Somente quando abstraímos textos das particularidades de sua composição inicial e recepção é que as variações de conteúdo e ênfase se tornam problemas como "inconsistências" e "contradições"[82]. Ao contrário, como nas variações da tradição triplamente dita de Jesus (Mateus/Marcos/Lucas), deveríamos ver em tais variações a expressão de uma

---

80. "A posição-chave de Paulo para o estudo histórico do cristianismo, juntamente com a sua profundidade teológica, dá-lhe um peso indubitável em uma Teologia do Novo Testamento historicamente orientada" (MORGAN, R. "New Testament Theology". Op. cit., p. 125).

81. Meu argumento aqui não depende de quais ou quantas das cartas paulinas podemos rotular como "autênticas".

82. Um exemplo notável de uma crítica que falha por tratar os textos individual e atomisticamente, sem procurar ouvi-los dentro do fluxo de argumentos e contextos particulares de situações particulares é: RÄISÄNEN, H. *Paul and the Law*. Tübingen: Mohr Siebeck, 1983 [WUNT 29].

teologia viva, não tratar as cartas como cadáveres dispostos em laboratório de patologia para dissecação. Foi em reconhecimento a esse caráter vivo da teologia de Paulo que vários colaboradores dos seminários de uma década sobre a teologia das cartas paulinas se reuniram em encontros anuais da Sociedade de Literatura Bíblica; eles começaram a falar da *teologização* de Paulo em vez da teologia de Paulo[83]. As cartas de Paulo nos mostram teologia em movimento, teologia viva, teologização.

Um grande desacordo surgiu nesse seminário e nunca foi resolvido; ou melhor, nenhuma resolução alcançou um amplo consenso. O desacordo já aludido[84] era sobre se uma *teologia de Paulo* escrita hoje poderia lidar realisticamente com a teologia de *Paulo* ou apenas com a teologia de cada uma de suas *cartas*. O objeto é a teologia *por trás* das cartas ou a teologia expressa *nas* cartas? Eu era um daqueles que pensavam em termos da primeira, que uma descrição e análise da teologia de Paulo poderia e deveria ser tentada; apesar disso, consciente do problema de uma corrente em movimento da teologia de Paulo, propus-me a tentar formulá-la no momento em que ele escreveu sua carta aos cristãos em Roma[85]. Meu raciocínio foi e continua a ser bastante simples, e já foi indicado. As cartas de Paulo eram e não são dissertações abstratas ou tratados. Elas contêm tantas alusões a situações endereçadas, a formulações de outros cristãos anteriores, ao Antigo Testamento – ao menos como foi entendido em seu tempo –, que é impossível entrar na teologia de qualquer carta única sem levar em conta essas alusões e tentar se envolver com a urdidura e a trama das reações e interações que elas expressam. Em termos do presente trabalho, qualquer tentativa de entender uma carta de Paulo em seus próprios termos, desconsiderando essas alusões e a particularidade de seu contexto histórico, seria difícil de entender a teologia da carta como a teologia de Paulo, que foi escrita com todas essas alusões vivas em sua mente. E quando tal investigação é feita carta após carta, inevitavelmente somos levados a apreciar o homem que ditou ou escreveu

---

83. Os anais do Seminário são gravados em uma sequência de volumes intitulada *Pauline Theology*. Mineápolis: Fortress Press [3 vols. organizados por: J.M. Bassler (vol. 1, 1991); D.M. Hay (vol. 2, 1993); D.M. Hay e E.E. Johnson (vol. 3, 1995)] [o vol. 4 foi publicado por Scholars Press, Atlanta (1997) e organizado por E.E. Johnson e D.M. Hay]. Calvin Roetzel intitule o cap. 4 de seu *Paul: The Man and the Myth* (Columbia: University of South Carolina, 1997) "The Theologizer" [o teologizador].

84. Nas notas 36 e 37 acima.

85. DUNN, J.D.G. *The Theology of Paul the Apostle*. Op. cit., item 1.

essas cartas e a apreciar sua teologização – e também a sua teologia – ainda que em termos episódicos.

Escrever uma teologia de Paulo, em outras palavras, é como tentar escutar uma sequência de diálogos variados, dos quais podemos ouvir claramente apenas um lado do diálogo, mas devemos entende-lo como um diálogo; caso contrário, inevitavelmente entenderemos mal o que Paulo diz[86]. Não se pode esperar escrever uma teologia de Paulo a não ser ouvindo suas cartas como diálogo; escutando, por assim dizer, uma grande mente e espírito teológicos ao lidar com diversas situações e questões desafiadoras. Em outras palavras, as cartas de Paulo não são apenas pedras erráticas deixadas por alguma antiga geleira nem janelas em uma quase arredondada e completa teologia de Paulo; isso seria *teologicismo*, o equivalente teológico ao historicismo, a suposição de que a teologia de Paulo é como um objeto completo e intacto acessado por meio e atrás das cartas ou como um artefato sólido enterrado sob as camadas de suas cartas. Ao invés disso, em suas cartas vemos e somos privilegiados por ouvir *a teologia em formação*, a teologia vindo à tona, Paulo teologizando.

Em uma tentativa anterior de aprofundar na teologia de Paulo (cristologia) tentei lembrar aos leitores que muitas/a maior parte/todas as formulações de Paulo são exemplos de "conceitualidade em transição" e que nós devemos ter em mente os "horizontes limitados" dentro dos quais ele formou sua cristologia[87]. O ponto em ambos os casos, evidentemente, é que leitores posteriores das cartas de Paulo acham difícil libertar suas mentes das formas como suas formulações têm sido compreendidas por tantos séculos. A questão foi/é que as formulações que naturalmente falam à teologia posterior – por exemplo, de um conceito completo de preexistência ou de hipostatização – podem não ter sido assim compreendidas quando formuladas pela primeira vez. A hipóstase, em seu sentido técnico cristão, apesar de tudo, foi uma reminiscência do século IV para enfrentar o problema de formular um conceito de Deus como Trindade; antes dessa época esse sentido não havia sido

---

86. Parte do grande trabalho de J.L. Martyn sobre Gálatas (Nova York: Doubleday, 1997 [AB, 33A]) é que ele entra na natureza dialógica da escrita de Paulo, mesmo que (na minha opinião) ele atribua muito da teologia da carta ao outro lado do diálogo!

87. DUNN, J.D.G. *Christology in the Making*. Londres: SCM, 1980, 1989 [Grand Rapids, Mich.: Eerdmans, 1996], p. xii–xvi.

conceituado[88]. Da mesma forma, é certamente provável que uma preexistência *ideal* tenha sido pensada; mas a preexistência *real* de uma pessoa humana como tal já havia entrado na mente daqueles que falavam de alguém enviado por Deus? Não quero defender aqui as visões particulares expressas na minha *Christology in the Making* [Cristologia na criação]. O ponto é que o reconhecimento deve ser dado à probabilidade; pelo menos que o pensamento/teologia em desenvolvimento também significa novas conceituações e horizontes sendo afastados do que tinha sido anteriormente percebido e articulado em muitos objetos de preocupação e reflexão teológica. Havia percepções, formas de conceituação, argumentos teológicos que foram expressos pela primeira vez nas cartas de Paulo, talvez de forma exploratória e com Paulo inconsciente de seu potencial como recurso para teologização posterior. No entanto, o ponto colocado é que as descrições da teologia de Paulo não devem tratar suas cartas como os restos frios e petrificados de uma erupção vulcânica que ocorreu séculos antes, mas como riachos de lava ainda quentes e em movimento, ainda capazes de escaldar e queimar.

Quando vemos as cartas de Paulo como sua teologização, como expressões de teologia viva, torna-se também mais fácil levar em conta as cartas pós-paulinas e a representação da teologia de Paulo (e de Paulo) nos Atos de Lucas. Aqui os paralelos fornecidos pelo Antigo Testamento e pela tradição de Jesus se tornam relevantes. Como já sugerido, é importante reconhecer muitos escritos do Antigo Testamento não como o produto de um único ato de composição, do resultado de um processo tradicionalmente longo e como resultado completo e fechado como a LXX. Os Targumim e "a lei oral" dos fariseus e rabinos nos fazem lembrar disso. Similarmente, os evangelhos não são mais bem-entendidos quando criados *de novo* por indivíduos, mas como o congelamento de uma tradição viva de Jesus (em forma editada, é claro) em (várias) formas escritas. Assim, a teologia de Paulo, o movimento de teologização de Paulo, não terminou com sua prisão ou com sua morte. Se o trabalho de tradutores posteriores contribuiu para e moldou a Torá (que, sem dúvida, começou com Moisés), a sabedoria que começou com Salomão ensinando (que remonta a Jesus), então não deveríamos nos surpreender ao descobrir que os discípulos de Paulo continuaram a teologizar no espírito dele, como a corrente de teologização que começou com Paulo e continuou

---

88. Cf. cap. 3, nota 78.

avançando[89]. E muito pouco apreciado é o fato de que os Atos nos dão a possibilidade de ver Paulo como outros o viram, de ouvir o (ou um) outro lado das relações de Paulo com Jerusalém, uma interpretação diferente de suas afirmações de apostolado independente. Nada disso exime o teólogo do século XXI de avaliar esses diferentes tipos de teologização paulina, ou mesmo de tomar partido de um ou outro em questões controversas. Pelo contrário, para reconhecer tais fatores – o fato de que a lava continuou a fluir após a saída de Paulo da cena, o fato de que a teologia de Paulo sobre seu apostolado e suas relações fornecem apenas um lado de uma realidade histórica mais complexa – nós mesmos devemos entrar no diálogo, engajar-nos teologicamente com as várias teologizações que o material paulino, pós-paulino e lucano representam. Uma descrição histórica das várias teologias é apenas o começo do processo de fazer teologia do Novo Testamento.

---

89. Nesse ponto sou devedor de MEADE, D.G. *Pseudonymity and Canon*. Tübingen: Mohr Siebeck, 1986 [WUNT 39].

2

OS FATORES DETERMINANTES

1 Introdução

A teologia do Novo Testamento, a teologia dos escritos do Novo Testamento, é principalmente determinada por dois, senão por três fatores principais. Eu os listo em sequência cronológica e não por prioridade na influência.

1) O primeiro fator foram os escritos já considerados sagrados e autoritários pelos primeiros cristãos; ou seja, o que os cristãos passaram a conhecer como Antigo Testamento, ou menos anacronicamente, a Bíblia Hebraica ou a LXX. Como já indicado, para os escritores do Novo Testamento a teologia bíblica teria sido a teologia do Antigo Testamento/LXX.

2) O segundo foi o que Paulo descreveu como "a revelação de Jesus Cristo" (Gl 1,12). Uso a frase para abarcar tudo, o impacto feito por Jesus durante sua vida e missão e particularmente o impacto de sua morte e ressurreição como percebido por seus discípulos.

3) O terceiro, na medida em que pode ser distinguido do segundo, foi o impacto da nova experiência de Deus atribuída ao Espírito de Deus, trazendo nova percepção e revelação.

A dinâmica da teologia do Novo Testamento começa precisamente com a tensão entre esses três fatores determinantes, entre o que foi de modo geral concordado já ser revelação, mas revelação mais antiga, e o que foi dito ser nova revelação. Cada fator requer mais elucidação e reflexão.

2 Teologia do Novo Testamento e o Antigo Testamento
A) O Antigo Testamento como autoridade divina

É preciso repetir que a integralidade da teologia do Novo Testamento é a interação com o Antigo Testamento. Nas palavras de C.H. Dodd, o uso do

Novo Testamento pelo Antigo fornece a "subestrutura" da teologia do Novo Testamento[1]. Precisamos pensar apenas nas citações regulares das escrituras (judaicas) que apimentam as páginas do Novo Testamento[2]. O apelo a uma Escritura ou a escrituras específicas é uma característica regular nos evangelhos, nos Atos, em Paulo, em Hebreus e em Tiago e 1Pedro. "Como foi escrito" (*kathōs gegraptai*) é uma fórmula que ocorre regularmente como uma reivindicação é feita para o presente, citando a autoridade dos escritos sagrados de Israel[3]. Mateus em particular, mas ele não está sozinho, faz um grande jogo com suas citações de realização: certos eventos aconteceram "para que se cumprisse" e o texto revelador é citado[4]. Proeminentes exemplos de narrativas e argumentos que dependem inteiramente das escrituras citadas incluem os relatos da crucificação de Jesus nos evangelhos, construídos como parecem ser em torno de vários salmos, particularmente o Sl 22[5], Rm 9–11, Hb[6] e 1Pd 2,6-9, embora nós também devamos notar quão tensa pode ser o uso de algumas escrituras[7].

O que fica muito claro, até mesmo com uma breve familiaridade com esse material, é que os escritores do Novo Testamento dependiam muitíssimo do Antigo Testamento. Era essencial que eles reivindicassem, e de forma válida e eficaz, que seus escritos estavam inteiramente de acordo com suas escrituras, de cuja revelação de Deus e da sua vontade dependiam inteiramente[8]. Precisamos de exemplos de passagens como Lc 24,44

---

1. DODD, C.H. *According to the Scriptures*: The Substructure of New Testament Theology. Londres: Nisbet, 1952. "A recepção do conteúdo do AT pertence tão constitutivamente à teologia dos respectivos autores do NT, que perderia sua identidade sem as tradições do AT que estes receberam" (HÜBNER, H. *Biblische Theologie des Neuen Testaments*. Op. cit., vol. 1, p. 31-32).

2. Uma sequência detalhada pode ser encontrada nos índices no final da maioria dos textos em grego do Novo Testamento.

3. P. ex., Mc 1,2; Jo 12,14; At 15,15; Rm 1,17; 4,17; 15,19; 1Cor 1,31; 2Cor 8,15; 2Pd 3,15.

4. Mt 1,22; 2,15.17.23; 4,14; 8,17 etc. Cf. tb., p. ex., Mc 14,49; Lc 24,25; 27,44; Jo 13,18; 15,25; At 1,16; Rm 13,8; Tg 2,23.

5. Detalhes em DUNN, J.D.G. *Christianity in the Making*. Vol. 1: Jesus Remembered. Grand Rapids: Eerdmans, 2003, p. 777-781.

6. LINCOLN, A.T. "Hebrews and Biblical Theology". In: BARTHOLOMEW, C.G. et al. (orgs.). *Out of Egypt*: Biblical Theology and Biblical Interpretation. Op. cit., p. 313-338: "O escritor de Hebreus elabora sua teologia lendo as escrituras" (p. 330).

7. Penso em passagens como Gl 3,16-18; 4,22-31 e Hb 8.

8. Cf. HAHN, F. *Theologie des Neuen Testaments*. Vol. II. Op. cit., parte I: "O Antigo Testamento como a Bíblia do cristianismo primitivo". • CHILDS, B.S. *Biblical Theology of the Old and New Testaments*. Op. cit., p. 225-229. • FREY, J. "Zum Problem der Aufgabe und Durchführung einer

e Gl 5,14 para que o ponto fique claro: sem o apoio do Antigo Testamento, os próprios escritores do Novo Testamento não teriam sido capazes de fazer afirmações que fossem centrais e essenciais para sua fé e prática. É simplesmente inconcebível que os escritores do Novo Testamento tivessem continuado com suas reivindicações e parênese se pensassem que estavam indo contra o que a Bíblia (Bíblia Hebraica ou LXX) dizia. Se os primeiros cristãos tivessem sido incapazes de validar suas crenças e práticas no Antigo Testamento eles teriam se tornado algo bem diferente do que se tornaram, mais como um grupo gnóstico que rejeitou ou desconsiderou integralmente o Antigo Testamento. No entanto, uma teologia bíblica moderna pode avaliar a relação, continuidade e descontinuidade do Antigo e do Novo Testamentos; não pode haver dúvida de que para os escritores do Novo Testamento o Antigo Testamento foi um fator principal e determinante em sua teologização[9].

Todavia, uma teologia bíblica do Novo Testamento não é simplesmente uma questão de identificar onde e considerar como os autores do Novo Testamento trabalham com o Antigo Testamento[10]. Este, por sua vez, não deve ser comparado a uma pedreira da qual textos, motivos e temas foram

Theologie des Neuen Testaments". Op. cit., p. 48-49. Quando Morgan diz, "O que para o judaísmo é a revelação decisiva de Deus (Torá) é relativizado e relegado à tradição religiosa pelos cristãos por conta da vinda do Messias" ("New Testament Theology". Op. cit., p. 129) ele exagera; "relativizada" sem dúvida, mas dizer que [a Torá] foi "relegada à tradição religiosa" dificilmente faz jus à importância das escrituras judaicas para os primeiros cristãos.

9. Dos três autores mencionados na introdução do cap. 1 (nota 6), Hübner considera isso como a tarefa principal e fundamental de sua *Biblische Theologie des Neuen Testaments* (cf. acima, cap. 1, nota 11); mas ele está interessado no AT apenas enquanto retomado pelo Novo – *Vetus Testamentum in Novo receptum* (item 1.18, p. 62-70). • HÜBNER, H. "Eine hermeneutisch unverzichtbare Unterscheidung: Vetus Testamentum und Vetus Testamentum in Novo receptum". In: FORNBERG, T. & HELLHOLM, D. (orgs.). *Texts and Contexts*: Biblical Texts in Their Textual and Situational Contexts – L. Hartman Festschrift. Oslo: Scandinavian University Press, 1995, p. 901-910. Childs protesta: "O significado de enfatizar a integridade canônica contínua do Antigo Testamento está em resistir à tentação cristã de identificar a teologia bíblica com a interpretação que o Novo Testamento faz do Antigo, como se o testemunho do Antigo Testamento fosse limitado à maneira como foi ouvido e assumido pela Igreja primitiva" (CHILDS, B.S. *Biblical Theology of the Old and New Testaments*. Op. cit., p. 77), embora seja muito limitado pelas formas canônicas de ambos os Testamentos. Stuhlmacher, em sua *Biblical Theologie*, presta mais atenção ao movimento de pensamento envolvido. Caird está muito menos preocupado com esse aspecto da teologia do Novo Testamento.

10. HÜBNER, H. *Vetus Testamentum in Novo*. 2 vols. Göttingen: Vandenhoeck & Ruprecht, 1996. Para mais indicações bibliográficas sobre como o Novo Testamento usa o Antigo, cf., p. ex. CARSON, D.A. & Williamson, H.G.M. (orgs.). *It Is Written: Scripture Citing Scripture* – B. Lindars Festschrift. Cambridge: Cambridge University, 1988.

extraídos ou usados posteriormente[11]. Nem pode ser limitado à questão muito mais sutil da extensão com que os escritores do Novo Testamento aludem ou ecoam as passagens do Antigo Testamento[12]. Ainda mais importante é a forma como o Antigo Testamento tem influenciado e moldado a escrita do Novo Testamento, sem dúvida muitas vezes subconscientemente[13]. É claro que há uma intangibilidade em relação a grande parte dessa influência. Mas, a não ser que comecemos a sentir a maneira pela qual a escritura dos primeiros cristãos formou e moldou sua teologização, novamente confundiremos o caráter da teologia do Novo Testamento[14]. Veremos abaixo bons exemplos no discurso de Paulo sobre a "justiça de Deus"; outro exemplo é a maneira como Tiago se baseia na tradição da sabedoria judaica[15]. Mas, para apreciar o que está aqui envolvido é preciso estar tão imerso no material, tanto no Antigo como no Novo Testamento, que a audição se torne sintonizada com o motivo e o movimento do pensamento, bem como com a alusão e o eco mais perceptíveis.

B) O Antigo Testamento como revelação contínua

É igualmente importante reconhecer: o que chamamos de Antigo Testamento não era em si mesmo uma referência fixa. Sabemos, por exemplo, que o Pentateuco foi o produto de um longo processo que, sem dúvida, remonta a Moisés como fonte, mas que ganha a sua forma determinante apenas com Esdras; é ainda suficientemente fluido para permitir uma referência controversa como At 7,16 ou para que Jesus retirasse uma única frase (Lv 19,18) e lhe desse uma nova primazia para a conduta. Como veremos abaixo (cap. 6), a interpretação da Torá (a Halaca, a "Torá oral") foi uma questão viva de debate e desacordo entre os fariseus e Jesus. Sabemos

---

11. Marshall ainda usa essa imagem (*New Testament Theology*. Op. cit., p. 39).

12. Nos índices das edições do Novo Testamento em grego a lista de ecos e alusões é muito maior do que a lista de citações reais.

13. Os desafios e potencial da tarefa estão bem representados por HAYS, R.B. *Echoes of Scripture in the Letters of Paul*. New Haven: Yale University, 1989. • HAYS, R.B. *The Conversion of the Imagination*: Paul as Interpreter of Israel's Scripture. Grand Rapids: Eerdmans, 2005. • WATSON, F. *Paul and the Hermeneutics of Faith*. Londres: T & T Clark International, 2004.

14. Aqui sigo a observação de Morgan de que uma teologia do NT "deveria [...] incluir muito mais conteúdo do AT do que é habitual [...] a fim de sublinhar a importância do que é dado como certo no Novo Testamento e no cristianismo" ("New Testament Theology". Op. cit., p. 129).

15. Cf. abaixo, cap. 4, item 2C) e cap. 3, nota 90.

também, por exemplo, que os Salmos ainda não eram um livro fechado, com salmos mais recentes atestados entre os manuscritos do Mar Morto. Sabemos que escritos como Jubileus e o Pergaminho do templo de Qumran (11QT) foram, na verdade, reescritos de material bíblico. Sabemos que a tradução da Bíblia hebraica para o grego (a LXX) não se limitou simplesmente a traduzir o que já tinha sido escrito, mas também a elaborar escritos antigos e a incluir novos. Similarmente, os Targumim, como todas as traduções, não podiam simplesmente fornecer traduções diretas, mas aproveitaram a oportunidade para elaborá-las e explicá-las[16].

Então, quando falamos sobre o uso pelo Novo Testamento do Antigo Testamento, o que queremos dizer? Certamente não apenas a familiaridade com e o uso de alguns textos fixados por escrito vários séculos antes. Tampouco, tal uso pode ser reduzido a um simples processo de cumprimento de promessas ou análise tipológica, como se o Antigo Testamento servisse apenas como uma folha para o Novo Testamento. Digo isso sem querer negar ou diminuir a importância crucial dos *gegraptai* e do "a fim de que se cumprisse" como tema em muitos escritos. Ainda menos pode ser permitido que o Antigo Testamento sirva na teologia do Novo Testamento apenas como pano de fundo para preencher motivos que de outra forma seriam obscuros no Novo Testamento. Pelo contrário, o uso do Novo Testamento pelo Antigo Testamento tem de ser visto mais como um compromisso com o movimento, desenvolvendo tradições de pensamento e práticas expressas, *dentro e através* desses textos; sempre, é claro, à luz da revelação que os primeiros cristãos experimentaram através e em referência a Jesus, o Cristo. Isso certamente inclui o reconhecimento da autoridade escriturística dos textos da Bíblia hebraica. Mas também inclui uma entrada no processo que deu origem a esses textos, um processo que não terminou com sua fixação na forma escrita (canônica), mas que continuou (o mesmo processo) na tentativa de entender esses textos, de preencher seu significado, de explicar sua revelação. O uso pelo Novo Testamento do Antigo Testamento foi o início da teologia do Novo Testamento.

---

16. HAENCHEN, E. "Das alte 'Neue Testament' und das neue 'Alte Testament'". *Das Bibel und Wir*: Gesammelte Aufsätze. Vol. 2. Tübingen: Mohr Siebeck, 1968, p. 13-27. Essa obra traz o velho argumento de "que o AT entendido em seu sentido original nunca pertenceu ao cânon cristão" (p. 18) perde o ponto de que o "sentido original" nunca foi o fator determinante na compreensão desses textos durante o processo até e além da canonização de fato da Torá, dos Profetas e dos Escritos.

Nesse particular levo a sério o entendimento de James Sanders da "crítica canônica", diferente da de Brevard Childs[17] – isto é, reconhecendo que as tradições e o material que compunham a Bíblia hebraica eram canônicos não porque o texto final foi mais tarde decretado como tal, mas sim que eram canônicos porque em cada estágio do processo as tradições que duravam, que eram valorizadas e preservadas, levavam sua autoridade "em sua face"[18]. O que vemos da teologia do Novo Testamento, sugiro, é o reconhecimento dessa autoridade e a tentativa de ouvir e entender suas implicações – uma tarefa e um desafio que foram compartilhados com o comentarista de Qumran, com o fariseu e posteriormente com o sábio e o rabino. O Jesus que disputa com os fariseus sobre a observância do sábado[19] falando contra as prioridades de Qumran[20] e o Paulo que fala de "palavras da lei", em termos agora irreconhecíveis do 4QMMT[21], ou quem mostra conhecimento de elaborações targúmicas da Escritura[22] eram eles mesmos parte do fluxo vivo da tradição, engajando-se na arte da teologização, que consiste em lutar com a compreensão e proporções adequadas das escrituras nas circunstâncias mutáveis de seu tempo[23].

---

17. A primeira rodada do debate: CHILDS, B.S. *Biblical Theology in Crisis*. Filadélfia: Westminster Press, 1970. • SANDERS, J.A. *Torah and Canon*. Filadélfia: Fortress Press, 1972). • SCOBIE, C.H.H. *The Ways of Our God*. Op. cit., p. 38-39; p. 73-75, em concordância com Childs. Cf. tb. minhas reflexões anteriores sobre o assunto em "Levels of Canonical Authority". *Horizons in Biblical Theology*, 4, 1982, p. 13-60 [reimpresso na II parte do meu *The Living Word*. Filadélfia: Fortress Press, 1987, 2008].

18. Penso, p. ex., no Cântico de Moisés (Ex 15), no "Livro da Aliança" (Ex 21–23) e no credo de Dt 26,5-9, bem como oráculos proféticos individuais, e refiro-me particularmente ao tratamento clássico de VON RAD, G. *Old Testament Theology*. 2 vols. Edimburgo: Oliver & Boyd, 1962 [esp. vol. 1, p. 105-128 e vol. 2, p. 319-335]. Influente também foi GESE, H. *Essays on Biblical Theology*. Mineápolis: Augsburg, 1981 [cf. esp. o ensaio de abertura: "The Biblical View of escrituras"]. • GESE, H. "Über die biblische Einheit". In: DOHMEN, C. & SÖDING, T. (orgs.). *Eine Bibel*. Op. cit., p. 35-44.

19. As histórias de controvérsia de Mc 2,23–3,5 mostram a consciência não apenas das leis do Êxodo e do Deuteronômio, mas também da tradição desenvolvida atestada em Jub 2,17-33; 50,8-12 e CD 10,14–11,18.

20. Cf. DUNN, J.D.G. "Jesus, Table-Fellowship, and Qumran". In: CHARLESWORTH, J.H. (org.). *Jesus and the Dead Sea Scrolls*. Nova York: Doubleday, 1992, p. 254-272.

21. Cf., p. ex., DUNN, J.D.G. *The Theology of Paul the Apostle*. Grand Rapids/Edimburgo: Eerdmans/T&T Clark, 1998, p. 357-360 [trad. brasileira: *A teologia do Apóstolo Paulo*. São Paulo: Paulus, 2003].

22. P. ex., Rm 10,6-8 (Dt 30,12-14) e Ef 4,8 (Sl 68,18). Cf. McNAMARA, M. *The New Testament and the Palestinian Targum to the Pentateuch*. Roma: Biblical Institute, 1978, p. 70-81 [AB 27A].

23. Cf. MÜLLER, M. Neutestamentliche Theologie als Biblische Theologie: Einige grundsätzliche Überlegungen. Op. cit., p. 488-489. Nota-se que aqui se tem em vista é mais do que simplesmente levar a sério a tradição-história dos temas, uma perspectiva que corre o perigo de tratar o processo simplesmente como um fenômeno (meramente) literário.

É por isso que o teólogo do Novo Testamento não deve tratar o Antigo Testamento como um livro fechado, como uma entidade fixa[24]; muito menos sugerir que, avaliando, selecionando e escolhendo partes dele os autores do Novo Testamento o abusaram ou rejeitaram. A antítese evangelho/lei, que tem sido muito dominante em tanta teologia da Reforma, trata essa última como uma entidade limitada, como algo completo em si mesmo. Ao dizer isso não estou me referindo simplesmente ao fato (apontado anteriormente) de que ainda não havia cânon fixo, muito menos fechado, no tempo de Jesus e de Paulo. Minha questão é bem mais do que as traduções da LXX e os Targumim; as formulações que resultaram no Novo Testamento e Mishná foram elas mesmas parte do mesmo processo criativo e inspirado na teologização que antes tinha vindo à expressão nos escritos que agora compõem a Bíblia hebraica. Assim, a teologização que debate a relevância das leis do puro e impuro, que reivindica o advento da nova aliança, que disputa a relevância da circuncisão não é estranha ou essencialmente algo diferente de outros processos tradicionais que culminaram na Bíblia hebraica. Os processos que se cristalizaram nos escritos do Antigo Testamento continuaram e se cristalizaram novamente em escritos posteriores. E assim como os escritos anteriores exigiam a avaliação e priorização, a fim de continuar a falar sobre as mudanças das circunstâncias (p. ex., a mudança da sociedade nômade e agrária, a helenização da cultura, a destruição do Templo de Jerusalém), os primeiros cristãos e o Novo Testamento em particular estavam avaliando e priorizando dentro de suas escrituras sagradas e teologizando com o efeito que os seus escritos se tornaram (no devido tempo) o Novo Testamento.

O ponto que emerge disso é importante para uma teologia do Novo Testamento escrita dentro do contexto da teologia bíblica. A questão é: *a não ser que uma teologia do Novo Testamento reconheça e evidencie o grau no qual os escritores do Novo Testamento se viram como em continuidade ou completando essa revelação, ela dificilmente pode fornecer uma representação fiel do que eles mesmos entenderam ser*[25]. A menos que os escritos do Novo Testa-

---

24. Confronte com HÜBNER, H. *Biblische Theologie des Neuen Testaments*. Op. cit. Vol. 1, p. 17-18.

25. Não refundo nem ignoro o que disse anteriormente sobre a importância da literatura não canônica ("intertestamentária") para determinar muitos dos termos e atitudes atingidos no NT. O ponto é que a influência nesses casos é principalmente em termos de interação com ou reação a, ao invés de dependência e continuidade com, como geralmente é o caso da relação do NT com o AT.

mento possam ser entendidos como uma adição válida ou mesmo como uma conclusão do ainda não fechado cânon do Antigo Testamento, a teologia do Novo Testamento que resulta disso dificilmente pode ser descrita como teologia autenticamente bíblica[26]. Ou, para colocar o ponto como uma pergunta: os escritos do Novo Testamento podem ser considerados como válidos numa interpretação e elaboração da Bíblia hebraica como a Mishná?[27]

É a tensão que tal afirmação e tal pergunta estabelecem que deve fornecer o maior estímulo para uma teologia bíblica do Novo Testamento. Como correlacionar tais ênfases diferentes e não menos importantes como, por exemplo, as diferentes atitudes em relação à importância da circuncisão, às leis do puro e do impuro ou o sábado? Ou, mais centralmente, como incorporar as afirmações feitas por Jesus no âmbito da revelação do Antigo Testamento? Como integrar a escolha de Israel entre todas as nações, como um evangelho para todos os que creem? Essas questões já são parte integrante da diversidade dos escritos do Antigo Testamento? As questões debatidas com os fariseus e com "os judeus" nos evangelhos e outros escritos do Novo Testamento são simplesmente parte do debate sobre o significado da revelação anterior das escrituras de Israel? Ou será que "a revelação de Jesus Cristo" significa uma violação fundamental tanto da revelação mais antiga quanto dos termos em que ela estava sendo entendida no judaísmo do Segundo Templo?

Em resumo, o Antigo Testamento é um fator fundamental na construção e na formação da teologia do Novo Testamento. O sentido e a pretensão de realização e conclusão foram fundamentais. Nenhuma teologia do Novo Testamento pode ignorar o Antigo Testamento ou a profundidade de sua influência no Novo Testamento.

---

26. Cf. STUHLMACHER, P. *How to Do Biblical Theology*. Allison Park: Pickwick Press, 1995: "Deve-se falar de um processo canônico a partir do qual a Bíblia hebraica, a Septuaginta e o Novo Testamento procedem e que, apesar das várias camadas, representa um *continuum*" (p. 78). Cf. tb. a sua *Biblische Theologie*, 1.5.

27. Janowski nos lembra que nenhuma tentativa foi feita para "cristianizar" o Antigo Testamento, introduzindo intrusões redacionais. "O que deve ser reconhecido é precisamente a falta de uma redação cristã do Antigo Testamento. O Antigo Testamento não é "cristianizado" internamente, mas externamente; uma nova coleção de escritos é colocada ao lado dele, que juntos formam a Bíblia cristã" ("The One God of the Two Testaments: Basic Questions of a Biblical Theology". Op. cit., p. 303).

3 A revelação de Jesus Cristo

A) O impacto da Sexta-feira Santa e da Páscoa

O fator determinante mais importante para a teologia do Novo Testamento é Jesus, particularmente o impacto de sua morte e ressurreição. Foi a *primeira luta com o fato chocante da crucificação de Jesus* que transformou a compreensão dos primeiros discípulos sobre as escrituras – classicamente expressa novamente no relato da aparição de Jesus a dois discípulos no caminho de Emaús e como "começando por Moisés e todos os profetas, Ele interpretou para eles as coisas sobre si mesmo em todas as escrituras" (Lc 24,27). A história expressa bem o sentido de um amanhecer, de uma nova luz que ilumina e provoca uma reavaliação completa dos modos tradicionais de ler o Antigo Testamento. Jesus era realmente o Messias, e não apesar de ter sido crucificado; antes, seu sofrimento era prova de sua messianidade, como uma nova consciência de passagens como Is 53 trouxe para casa[28]. A morte de seu líder deu aos discípulos mais próximos uma perspectiva totalmente nova sobre suas escrituras.

Ainda mais com a *ressurreição*[29]. O porquê de os primeiros discípulos entenderem o que aconteceu com Jesus como "ressurreição", em vez de ser arrebatado para o céu, e assim, justificado, está provavelmente fora do alcance da investigação histórica[30]. O fato teológico, no entanto, é que eles pensaram nisso como ressurreição. E não apenas como uma ressurreição isolada de um indivíduo, muito antes da ressurreição de morte no fim dos tempos; essa última era uma expectativa familiar no judaísmo do Segundo Templo a partir de Dn 12,1-2. Surpreendentemente, no entanto, os primeiros discípulos entenderam claramente a ressurreição de Jesus como *o início da ressurreição dos próprios mortos*[31]. Aqui estava uma incrível mudança de

---

28. Cf. cap. 3, item 3B).

29. O estudo das tradições cristãs estabeleceu claramente a centralidade da crença cristã mais antiga na cruz e na ressurreição. Os dados são resumidos, com bibliografia, em minha *Theology of Paul*, p. 174-177. KRAMER,W. *Christ, Lord, Son of God*. Londres: SCM, 1996. Cf. tb. HAHN, F. *Theologie des Neuen Testaments*. Op. cit. Vol. 1, p. 134-140. • SCHNELLE, U. *Theologie des Neuen Testaments*. Op. cit., p. 166-170.

30. Cf. DUNN, J.D.G. *Christianity in the Making* – Vol. 1: Jesus Remembered. Op. cit., p. 866-879.

31. Rm 1,4; 1Cor 15,20.23; cf. Mt 27,53.

perspectiva, geralmente resumida no termo escatológico[32]. Eles acreditavam que o clímax de toda a história humana estava em processo de realização. E isso lhes deu uma perspectiva totalmente nova sobre todo o resto. A ressurreição de Jesus se tornou um ponto de apoio no qual a percepção da realidade se transformou em um novo plano. Por mais difícil que seja para um leitor a dois milênios de distância apreciar esses dias inebriantes do cristianismo primitivo, por mais difícil que seja dar uma importância plenamente existencial a um termo como *escatológico*, a menos que o atual teólogo do Novo Testamento tente fazê-lo, e o faça com algum sucesso, a teologia resultante do Novo Testamento carecerá seriamente da dinâmica das primeiras formulações[33].

Certamente para não ser minimizada ou simplesmente fundida com a fé na ressurreição adicionou-se a convicção de que Jesus não só tinha ressuscitado dos mortos, mas também tinha sido exaltado para o céu (a "ascensão" de Jesus). Se alguma vez uma escritura ajudou tanto a percepção cristã foi o Sl 110,1 – "o Senhor disse ao meu Senhor: 'Senta-te à minha direita'" –, como veremos mais detalhadamente abaixo, quando considerarmos a transformação na primeira apreensão cristã do próprio Jesus (cap. 3, item 3E)). A fé em Cristo não era simplesmente uma crença sobre um evento que tinha acontecido algum tempo antes, mas um sentido de Jesus como ressuscitado e exaltado, como Senhor, na vida diária contínua – incluindo sua teologização.

O que precisa ser apreciado, então, é que o Jesus ressuscitado e exaltado se tornou uma lente através da qual os primeiros cristãos viram a escritura e, na verdade, todo o resto. Jesus foi o Filho através do qual Deus falou com plenitude e integralidade, que completou todas as revelações anteriores dos

---

32. Räisänen vê sua fenomenologia do pensamento religioso cristão primitivo como início da escatologia (*Beyond New Testament Theology*. Op. cit., p. 118-119), ecoando a famosa caracterização de E. Käsemann: "Apocalyptic was the mother of all Christian theology" – "The Beginnings of Christian Theology" (1960). *New Testament Questions of Today*. Londres: SCM, 1969, p. 101-102. Uma indicação de seu proposto relato de "Wredean" sobre o cristianismo primitivo é dada em sua contribuição ao Festschrift de Morgan – "Towards an Alternative to New Testament Theology: 'Individual Eschatology' as an Example" In: ROWLAND, C. & TUCKETT, C. (orgs.). *The Nature of New Testament Theology*: Essays in Honour of Robert Morgan. Op. cit., p. 167-185.

33. Cf., p. ex., KECK, L.E. "Paul in New Testament Theology: Some Preliminary Remarks". In: ROWLAND, C. & TUCKETT, C. (orgs.). *The Nature of New Testament Theology*: Essays in Honour of Robert Morgan. Op. cit., p. 109-122: "Quando a ressurreição de Jesus é interpretada como sua ressurreição ou como a consciência dos discípulos do impacto contínuo de Jesus, torna-se impossível pensar com Paulo" (p. 112-116). Cf. mais adiante, cap. 4, item 3A).

profetas (Hb 1,1). Foi Ele quem tornou visível o Deus invisível (Jo, 1,18; Cl 1,15). Foi Ele quem desvendou o significado do passado, da Escritura (2Cor 3,14). Foi Ele quem desvendou o futuro (Ap 5). *É nesse aspecto que tudo finalmente faz sentido, à luz de Jesus, que faz dele um fator determinante e crucial na teologia do Novo Testamento.* Foi nesse sentido ou reconhecimento que, com Jesus, havia amanhecido todo um novo capítulo, havia chegado uma nova era, uma nova revelação que não dispensou a revelação anterior, mas a completou e iluminou o seu significado permanente, que foi tão fundamental e determinante para os primeiros cristãos e para a sua teologia.

É claro que a questão ainda permanece para a teologia bíblica: os escritores do Novo Testamento estavam certos, ou melhor, justificados em reivindicar essa continuidade e cumprimento, ou estavam torcendo as escrituras para seus próprios fins à luz de suas apreensões sobre Jesus? As afirmações atuais feitas por vários dos escritores do Novo Testamento – Mt 2,23, as exposições de Paulo em Gl 3 e 4 ou o uso do mesmo Sl 110 por Hebreus para avançar a apresentação de Cristo como "um sacerdote segundo a ordem de Melquisedec" (110,4) – certamente dão espaço para um debate muito vigoroso sobre o assunto. Mas a questão-chave ainda permanece: que para uma teologia do Novo Testamento a centralidade de Jesus como ponto de apoio sobre o qual gira a história da salvação, como a lente através da qual a Escritura deve ser lida é indiscutível.

B) A própria missão e a mensagem de Jesus são parte da teologia do Novo Testamento?

Na verdade, é muito fácil ver o efeito criativo e formativo na teologia do Novo Testamento da morte, ressurreição e exaltação de Jesus. Mas o que quer dizer a mensagem de Jesus pré-Sexta-feira Santa e pré-missão de Páscoa? Isso deve ser contado como parte da teologia do Novo Testamento? Rudolf Bultmann sabidamente respondeu a essa questão nas palavras iniciais de sua *Theology*[34]. Alternativamente existe uma acentuada falta de continuidade entre a missão de Jesus e a fé pascal dos primeiros discípulos? Os

---

34. "A mensagem de Jesus é uma pressuposição para a teologia do Novo Testamento, em vez de parte daquela teologia em si [...]. A teologia do Novo Testamento começa com o querigma da Igreja primitiva, e não antes" (BULTMANN, R. *Theology of the New Testament*. Op. cit., 1.3). H. Conzelmann (*An Outline of the Theology of the New Testament*. Londres: SCM, 1969, p. 7-8) concorda mas critica Bultmann por tomar muito pouco conhecimento da tradição sinótica. Confronte-se, ainda:

primeiros cristãos fizeram reivindicações para Jesus que Ele não teve ou não teria feito para si mesmo? Tem sido afirmado, mais de uma vez, que Paulo é o verdadeiro fundador do cristianismo; ou seja, dos dois fundadores, Jesus e Paulo, este foi realmente o mais influente[35]. Se a função do Antigo Testamento dentro ou em relação à teologia do Novo Testamento e a continuidade do Antigo Testamento com o Novo Testamento são problemas maiores para uma teologia bíblica do Novo Testamento, o papel da autoproclamação e do ensino de Jesus dentro da teologia do Novo Testamento tem sido ainda mais controverso. A questão não é de pouca importância para a teologia cristã. Pois se há falta de continuidade entre Jesus e a fé cristã, se Jesus não pensou e não teria pensado em si mesmo nos termos que vieram a ser usados dele, se o que aconteceu no início do cristianismo foi totalmente descontinuado da própria missão de Jesus, então isso deve ser de considerável preocupação para os que creem.

É verdade que a rejeição de Bultmann da própria teologia de Jesus na arena da teologia do Novo Testamento teve de ser altamente qualificada. Isso porque os próprios evangelhos são certamente centrais dentro da teologia do Novo Testamento e a própria missão de Jesus é central para o seu assunto[36]. O significado da Páscoa implica uma retrospectiva da própria missão terrena de Jesus; só assim podemos compreender por que os evangelhos foram escritos[37]. A questão não pode ser tratada como a antiga antítese

---

GNILKA, J. *Theologie des Neuen Testaments*. Friburgo: Herder, 1994, p. 11. • JEREMIAS, J. *New Testament Theology* – Vol. 1: The Proclamation of Jesus. Londres: SCM, 1971.

35. O mais famoso WREDE, W. *Paul*. Londres: Philip Green, 1907: "Esse segundo fundador do cristianismo exerceu – até mesmo em comparação com o primeiro –, sem sombra de dúvida, a mais forte – não a melhor – influência" (p. 180).

36. Uma das respostas mais eficazes a Bultmann foi a de DAHL, N.A. "The Problem of the Historical Jesus" [O Problema do Jesus Histórico]. In: JUEL, D.H. (org.). *Jesus the Christ*: The Historical Origins of Christological Doctrine. Mineápolis: Fortress Press, 1991, p. 81-111: "Embora os evangelhos possam ser proclamação e testemunho, seria contrário à intenção dos evangelistas declarar a investigação da historicidade das narrativas como irrelevante" (p. 103). Christopher Tuckett dá uma resposta fortemente afirmativa à sua pergunta: "Does the 'Historical Jesus' belong within a 'New Testament Theology?'" [Pertence o "Jesus Histórico" a uma "Teologia do Novo Testamento?"] (In: ROWLAND, C. & TUCKETT, C. (orgs.). *The Nature of New Testament Theology*: Essays in Honour of Robert Morgan. Op. cit., p. 231-247). "O Jesus histórico pertence inextricavelmente a qualquer tentativa de se engajar em uma interpretação 'teológica' do Novo Testamento; ou seja, de se produzir uma 'teologia do Novo Testamento'" (p. 244).

37. HAHN, F. *Theologie des Neuen Testaments*. Op. cit. Vol 1, p. 30-32, 40-43.

entre o Jesus da história e o Cristo da fé[38] – como uma antítese tão nefasta no século XX como a antítese evangelho/lei tem sido por muito tempo. Assim como o Antigo Testamento/Torá não pode ser considerado como uma entidade acabada a ser confrontada com o evangelho, pois tanto a lei como o evangelho são expressões do mesmo processo inspirador/teologizante, assim também o Jesus da história não pertence a um "quarto dos fundos" irrelevante, cuja porta foi fechada com o evento da Páscoa, e permanece sempre inacessível para nós, cegos como estamos pela luz da fé pascal. Porque os evangelhos são *evangelho*. E como evangelho contêm ricos relatos dos ensinamentos e obras de Jesus, da própria teologia de Jesus como foi vivida e ensinada[39]. Suas tradições faziam parte da teologia pré-pascal e pós-pascal dos primeiros discípulos. Desenvolverei esse ponto com certa extensão aproveitando outro trabalho recente meu, já que para mim é muito importante para a tarefa e o desafio da teologia/teologização do Novo Testamento.

Alguns comentaristas parecem pensar que houve – ou pelo menos agir como se houvesse – um hiato entre os episódios em que Jesus falou e agiu e o recolhimento e registro deles – um hiato que durou pelo menos além da primeira Sexta-feira Santa e do dia de Páscoa, mas que, para todos os efeitos, durou até que as tradições fossem escritas, pela fonte Q, por Marcos ou por quem quer que fosse. Como se os indivíduos simplesmente ouvissem ou testemunhassem o que Jesus disse e fez e armazenassem a informação em suas memórias, esperando o evento da Páscoa ou o inquisidor colecionador de tradições para refrescar suas memórias e trazê-las de volta à superfície, para ser (somente então) atestado ou registrado[40]. Não consigo encontrar credibilidade em tal reconstrução, pois certamente – o ponto pode ser dito em termos *a priori* – os primeiros discípulos falaram juntos sobre o que tinham visto e ouvido, o que os tinha levado ao discipulado, a um discipulado compartilhado. E quase tão certo quanto isso a conversa e a partilha das memórias mais imediatas e vitais de Jesus, do impacto que Ele

---

38. Com o impulso decisivo de STRAUSS, D.F. *The Christ of Faith and the Jesus of History*. Filadélfia: Fortress Press, 1977 [1. ed., 1865].

39. "Cada versículo dos evangelhos mostra que seus autores viram a origem do cristianismo não no querigma, mas no aparecimento de Jesus de Nazaré" (SCHNELLE, U. *Theologie des Neuen Testaments*. Op. cit., p. 32; cf. tb. p. 30-34).

40. Lembro-me do comentário de Vincent Taylor dos meus tempos de estudante: "Se os críticos da forma estão certos, os discípulos devem ter sido arrebatados para o céu imediatamente após a ressurreição" (*The Formation of the Gospel Tradition*. Londres: Macmillan, 1935, p. 41).

tinha tido sobre eles foi o início daquilo que agora chamamos de tradição de Jesus. Esse falar e partilhar, e depois repetir (executar) e comunicar essas tradições, faz parte da teologização cristã mais antiga para informar principalmente sobre a sua parênese e conduta[41]. A questão é que tal execução e comunicação envolveram inevitavelmente um elemento de interpretação, um elemento de giro que está indiscutivelmente envolvido na seleção, na ênfase e no agrupamento. E muito rapidamente as primeiras lembranças aramaicas foram traduzidas para o grego com a inevitável transformação e a comunicação que isso envolveu.

O que aparece agora nos nossos textos do evangelho não é, portanto, uma transferência direta de uma palavra ou de um ato de Jesus "intocado pela mão humana" (como poderíamos dizer) no pergaminho da fonte Q ou de Marcos. É o que se ouviu e viu de Jesus sendo filtrado pelas memórias, atuações e ensinamentos dos primeiros apóstolos e mestres. É uma expressão de sua apropriação e reflexão da tradição. É a teologização sobre Jesus, sobre o que Ele disse e quis dizer, sobre o que Ele fez e seu significado permanente. Como podemos começar a lidar com as discordâncias de conteúdo e ênfase entre os evangelhos a não ser que reconheçamos que eles são exemplos desse processo vivo? É o caráter variado da teologização que está por trás dos evangelhos que vem à expressão nessas diferenças e divergências. Assim, por exemplo, é infrutífero indagar se Marcos ou Mateus é mais preciso ou mais autêntico em suas diversas apresentações de Jesus em relação à lei, como em Mc 7/Mt 15. O que eles exemplificam é que os diferentes caminhos de Jesus foram ouvidos, isto é, as diferentes vozes nas quais o ensinamento de Jesus foi lembrado. O objetivo de teologizar a tradição de Jesus não pode ser adequadamente caracterizado como algum cristão/autor que mais tarde redigiu ou editou alguma tradição já fixada para seus próprios fins, pois a tradição não era fixa. Esse é o ponto! Ela era fluida, comovente, viva, chegando a se expressar em uma forma de palavras num ponto e em outra forma em outro ponto. E para apreciá-la temos de, na medida do possível, entrar nesse processo de teologizar em vez de simplesmente descrever a teologia.

---

41. Como evidenciam os vários ecos do ensinamento de Jesus nas cartas de Paulo, Tiago e 1Pedro (cf. p. ex., STUHLMACHER, P. *Biblische Theologie des Neuen Testaments*. Op. cit. Vol 1, p. 301-304. • DUNN, J.D.G. *Christianity in the Making* – Vol. 1: Jesus Remembered. Op. cit., p. 181-184) e pela bastante apropriada dedução da primitiva forma-crítica de que a configuração da tradição jesuânica reflete, pelo menos em certa medida, as formas nas quais a tradição de Jesus foi usada e delineada pelas primeiras comunidades cristãs em sua catequese e exortação.

No meu recente *Jesus Remembered* [Jesus lembrado], no qual me baseei para as reflexões feitas anteriormente, dois pontos se tornaram particularmente importantes para mim[42]. Um deles era refutar os pressupostos já referidos, visto que tanto a fé *impede* uma perspectiva histórica adequada de Jesus[43] como a única fé que devemos levar em conta na representação de Jesus pelos evangelhos é a fé pascal. É claro que não tenho o desejo de negar que os evangelhos são o evangelho, precisamente porque eles apresentam Jesus à luz da fé pascal, culminando cada um deles na paixão e ressurreição de Jesus, o Cristo. O meu ponto é, antes, protestar contra a inferência de que o processo de teologização da tradição de Jesus só começou *depois* da Páscoa. Pelo contrário, foi a atração dos primeiros discípulos por Jesus que os fez se tornarem tais. Um discipulado no qual eles abandonarem suas outras responsabilidades (ganhar a vida e cuidar de suas famílias) já era uma expressão de fé, de confiança nesse Jesus como porta-voz de Deus e um compromisso de vida para segui-lo. Ainda não é a fé pascal, com certeza; mas é seguramente merecedor da descrição da *fé*, confiança e compromisso[44]. O que pretendo dizer é que grande parte da tradição de Jesus reflete essa fé, muitas das tradições individuais refletem esse cenário de pré-paixão e um contexto Galileu[45], que podemos concluir com razão que a tradição de Jesus deve ter começado a tomar forma no discipulado pré-pascal galileu dos primeiros discípulos. De fato, estou preparado para argumentar que grande parte da tradição recebeu forma naquele período muito inicial, até mesmo pré-pascal, uma forma que perdurou nos nossos evangelhos.

Assim, o que chama a atenção é que, pelo menos para a tradição sinótica, essa fé pré-pascal não foi descartada nem retida apenas em uma forma

---

42. Concentro-me, mais especificamente em dois pontos, em *A New Perspective on Jesus*: What the Quest for the Historical Jesus Missed. Grand Rapids/Londres: Academic/SPCK, 2005. Cf. tb. meu debate com Robert Morgan (cap. 1, nota 75, acima).

43. Watson destaca enfaticamente: "Na costumeira oposição entre o Jesus histórico e o Cristo da fé, 'história' é considerada como sinônimo de realidade, enquanto 'fé' é identificada com ilusão ou, na melhor das hipóteses, com uma convicção não racional infundada" (*Text and Truth*: Redefining Biblical Theology. Op. cit., p. 38).

44. Compare-se o comentário de Strecker, típico daqueles influenciados por Bultmann sobre esse ponto: "A fé cristã ocorre somente sob o pressuposto material da cruz e ressurreição" (*Theology of the New Testament*. Op. cit., p. 242).

45. Tive várias influências do importante artigo de H. Schürmann, "Die vorösterlichen Anfänge der Logientradition: Versuch eines formgeschichtlichen Zugangs zum Leben Jesu" (in: RISTOW, H. & MATTHIAE, K. (orgs.). *Der historische Jesus und der kerygmatische Christus*. Berlim: Evangelische, 1961, p. 342-370).

retrabalhada pela fé pascal. O Evangelho de João e os chamados evangelhos apócrifos mostram claramente o que poderia ter acontecido se a fé pascal tivesse simplesmente se esquecido das impressões do impacto que Jesus teve em sua missão pré-pascal. Disso concluo que os primeiros cristãos viram *uma continuidade imediata entre essas lembranças arcaicas de Jesus e a plena fé pascal* – uma continuidade de teologização. Além disso, parece que eles poderiam integrar plenamente essas primeiras impressões feitas por Jesus e lembradas por aqueles que haviam sido seus discípulos "no batismo de João", em sua compreensão do evangelho de Jesus e de seu significado. Eles não dicotomizaram entre sua missão na vida e sua morte e ressurreição; tudo formava uma peça única. A teologização deles sobre Jesus – e aqui novamente está o ponto – foi um contínuo que se estende desde o primeiro impacto feito por Jesus até o Evangelho de João, uma corrente viva e em movimento[46]. Como isso se relaciona à questão da cristologia se os primeiros cristãos compreenderam Jesus pelo que Ele teria rejeitado ou não reconhecido é um assunto ao qual retornaremos no capítulo 3.

Outro ponto que se tornou importante como resultado do trabalho que levou ao meu *Jesus Remembered* [Jesus lembrado] é a diferença que faz quando podemos ver a maior parte dessa corrente viva da tradição da qual os evangelhos são "momentos congelados", como tradição *oral*[47]. Os estudiosos do Novo Testamento têm se deixado fixar demasiadamente na tradição escrita ou, para ser mais preciso, na tradição de Jesus, tal como está escrita. É isso, mais do que qualquer outra coisa, que turvou nossa percepção da tradição como viva e em movimento e nos impediu ver a teologia do Novo Testamento como teologização, pois o texto escrito é de fato fixo[48] em comparação com a tradição oral. E essa fixidez nos encoraja a pensar na tradição de Jesus como uma espécie de entidade sólida e firme que soma ou

---

46. É importante notar que não estou defendendo uma reconstrução histórica do que Jesus disse e fez como parte da teologia do NT (como Morgan adverte contra em "New Testament Theology", p. 114). O que tento fazer é minar a dicotomia do "Jesus histórico" e o "Cristo da fé" com base no fato de que a teologização evidente na própria tradição jesuânica fornece um *continuum* a partir do impacto histórico da missão de Jesus até o evangelho completo da fé dos primeiros cristãos.

47. Cf. tb. DUNN, J.D.G. Altering the Default Setting: Re-envisaging the Early Transmission of the Jesus Tradition. *NTS*, 49, 2003, p. 139-175 [reimpresso (utilizando tradução inglesa dos textos gregos) como um apêndice à minha obra *A New Perspective on Jesus*. Op. cit.] Esler também expressa a importância da dimensão oral na elaboração da Teologia do Novo Testamento, esp. Nos cap. 4, 6 e 7.

48. Cf. acima, cap. 1, nota 72.

subtrai. Pensamos em camadas da tradição na analogia de edições de um livro ou de camadas em uma escavação arqueológica. Presumimos que há algo firme lá no fundo, como um artefato sólido, físico a ser alcançado pela escavação através das camadas.

Mas a tradição oral é diferente. Uma *performance* oral não é como uma outra edição de um livro. Com um livro podemos fazer uma pausa para reflexão, rever algumas páginas ou antecipar sua leitura virando algumas delas. Também podemos fechá-lo, consultá-lo mais tarde ou editá-lo, mesmo que modestamente, eliminando incongluências, melhorando o estilo, acrescentando esclarecimentos. Nada disso é possível com uma tradição oral que vive apenas na *performance* oral. Isso é essencialmente evanescente. E o intérprete (apóstolo, mestre, ancião, discípulo) não armazenará necessariamente a tradição na memóri, como algo fixo para ser repetido em cada ocasião. Na tradição oral a história é tipicamente história – a *mesma* história é recontada várias vezes com ênfase e detalhes diferentes; o ensinamento – o *mesmo* ensinamento! – é reensinado em diferentes grupos e com diferentes nuanças e esclarecimentos interpretativos ou elaborações adequadas à ocasião, tanto quanto encontramos quando olhamos para a tradição de Jesus sinoticamente!

Talvez o mais importante de tudo seja a insistência dos tradicionalistas orais de que nós, que estudamos a tradição de Jesus como tradição oral, devemos abandonar a suposição crítica de uma *"versão original"*[49]. Essa é precisamente a cegueira que a nossa mentalidade literária nos impõe. Porque numa cultura da palavra escrita é natural que se pergunte após a edição original, a fim de verificar como as edições subsequentes mudaram em relação ao original. Mas na tradição oral não há original; ou, dito de outra forma, cada *performance* é um original. No caso de Jesus, é claro, podemos considerar como certo que Ele ensinou e testemunhou agindo. Mas temos consciência de que as testemunhas de um mesmo evento invariavelmente

---

49. Tem sido bastante influente a descoberta de LORD, A.B. *The Singer of Tales*. Cambridge: Harvard University, 1978, p. 100-101: "De certo modo, cada *performance* é 'um' original, se não 'o' original. A verdade é que nosso conceito de 'o original', 'a composição' simplesmente não faz sentido na tradição oral". FINNEGAN, R. *Oral Poetry*: Its Nature, Significance and Social Context (Cambridge: Cambridge University, 1977) confirma Lord: "Não há texto correto, não existe a ideia de que uma versão seja mais 'autêntica' do que outra: cada *performance* é uma criação única e original com sua própria validade" (p. 65) e credita a Lord ter trazido esse tema à discussão de forma mais convincente (p. 79). KELBER, W.H. *The Oral and the Written Gospel* (Filadélfia: Fortress Press, 1983) assumiu essa posição: "Cada *performance* oral é uma criação irredutivelmente única [...] Jesus dissesse algo mais de uma vez, não há 'original'" (p. 29, 59 e 62).

produzem relatos diferentes e até mesmo divergentes. De fato, não houve um evento, mas vários, sendo vistos diferentemente por várias testemunhas. E o mesmo se aplica a pelo menos grande parte do material de ensino de Jesus. Pois isso teria impactado diferentes discípulos de maneira diferente. E se Jesus deu o mesmo ensinamento ou um ensinamento semelhante em várias ocasiões – como, é claro, teria sido o caso –, então o que seria lembrado e refletido seria diferente desde o início.

O corolário, evidentemente, é que *a suposição de uma única e singular versão original do que Jesus disse e fez é uma perspectiva altamente enganosa que perverte todo o projeto da teologia/teologização do Novo Testamento.* Pois isso implica imediatamente que a única versão autêntica da tradição de Jesus é a versão original e que qualquer outra versão é de alguma forma menos autêntica e menos válida. Contrastando, penso que apenas abandonando o mito ou ideal da versão original podemos começar a apreciar adequadamente o processo de ouvir ou ver, refletir, expressar em palavras, executar e comunicar o que foi (e é) o processo tradicional, ou em termos do presente livro, o processo de teologização que resultou nos textos escritos que agora formam nossos evangelhos.

Não só isso, mas reconhecer o caráter oral de grande parte do processo tradicional da tradição de Jesus nos liberta de presumir que os únicos pontos de referência para outros escritores do Novo Testamento e da Igreja primitiva eram o texto escrito de um ou mais evangelhos canônicos. Somos libertos para reconhecer e dar mais peso aos muitos ecos e alusões à tradição de Jesus nas cartas de Paulo, Tiago e 1Pedro, para não mencionar a *Didaqué* e outros Pais Apostólicos[50]. Somos igualmente libertos para reconhecer que eles também faziam parte da corrente de teologização que brotou da missão de Jesus. O Paulo que simplesmente absorve o ensinamento de Jesus em sua própria parênese nos mostra uma faceta do processo de teologização[51]. Mas também o Paulo que acha necessário *elaborar* a tradição do ensinamento de Jesus sobre o divórcio (1Cor 7,10-16) e *desconsiderar* o ensinamento de Jesus sobre o apoio que apóstolos, como ele, poderiam esperar (1Cor 9,14-18). O fluxo da tradição oral não se transformou sem remanescentes quando os evangelhos escritos foram produzidos nem secou porque os evangelhos escritos fizeram a tradição oral dispensável. Estava muito vivo para ser final-

---

50. Cf. nota 41, acima.

51. Cf. DUNN, J.D.G. *The Theology of Paul the Apostle.* Op. cit., p. 189-195.

mente assim fixado em escritos particulares. Ao mesmo tempo precisamos reconhecer que as expressões escritas particulares que se tornaram os evangelhos canônicos passaram a determinar o tipo e a extensão da diversidade que a tradição de Jesus poderia expressar e tolerar sem se tornar outra coisa – o Evangelho de Tomé sendo considerado uma divergência muito distante. Mas isso não deve nos impedir de reconhecer adequadamente o caráter rico e vivo da teologização que permaneceu dentro dos limites aceitos – sendo o Evangelho de João o caso óbvio de quem "navegou perto do vento". É precisamente o caráter da tradição de Jesus, como a vemos nos escritos do Novo Testamento (e mais além), que torna tão importante ver essa tradição como parte integrante da teologia do Novo Testamento. Pois *é a tradição de Jesus, na diversidade de sua apresentação em todos os quatro evangelhos, e na maior parte oculta de sua influência subestrutural sobre a teologia dos outros escritos do Novo Testamento, que destaca dimensões da teologia do Novo Testamento que não ousamos discordar.* Pois como a tradição de Jesus não era um artefato fixo que os escritores subsequentes observaram clinicamente e descreveram cientificamente, mas uma tradição viva que eles moldaram até como ela os moldou, assim o escritor de uma teologia do Novo Testamento tem que manter um sentido do movimento e caráter interativo de todos os assuntos. Caso contrário, a teologia do Novo Testamento assume o caráter de uma patologia clínica que lida apenas com cadáveres.

4 A experiência do Espírito

A doutrina cristã da Trindade ressalta o fato de que os primeiros teólogos cristãos simplesmente não entraram em colapso ou subsumiram todos os modos previamente reconhecidos da revelação de Deus na revelação de Jesus Cristo; isso teria sido adotar um modelo mais binitário. O Espírito de Deus permaneceu para eles como um modo característico de revelação divina, correlacionado com a revelação de e através de Cristo ("O Espírito de Cristo"), mas ainda distinto, e um fator correlativo crucial na determinação da teologia do Novo Testamento. É importante, portanto, que sua divindade seja reconhecida e seja dada a ênfase apropriada[52].

---

52. Cf. SCOBIE, C.H.H. *The Ways of Our God*. Op. cit., cap. 5. Confrontar com Stuhlmacher, que destaca o Espírito somente no item 22, "Sacrament, Spirit and Church" [Sacramento, Espírito e Igreja] (*Biblische Theologie des Neuen Testaments*. Op. cit., item 22) e com Hahn, que considera "a obra do Espírito Santo" dentro da Parte intitulada "The Revelation Act of God in Jesus Christ" [A Revelação de Deus em Jesus Cristo] (*Theologie des Neuen Testaments*. Vol. II. Op. cit.), embora

A) O impacto de Pentecostes

Se a revelação de que Deus ressuscitou Jesus dos mortos foi o primeiro impulso determinante para o novo movimento que surgiu depois da morte de Jesus e se tornou cristianismo, um segundo é bem indicado pelo relato em At 2 da efusão do Espírito em Pentecostes. O relato de Lucas provavelmente reflete em um grau justo o evento do que às vezes é referido como "o primeiro êxtase de massa" nos primórdios do cristianismo[53]. Seja ou não uma descrição histórica satisfatória, o fato é que a experiência do Espírito ou experiências atribuídas ao Espírito de Deus, o Espírito Santo, foram uma característica central das primeiras comunidades cristãs. Tanto é assim e evidentemente com tal intensidade, que uma história como a de Pentecostes (At 2,1-11), se ainda não existisse, teria que ser criada para expressar a profundidade e a intensidade dessas experiências. Precisamos apenas pensar em tais passagens nas cartas de Paulo, como Rm 8,15-16 e Gl 3,1-5, para que o ponto se torne claro – ou em outro lugar como Hb 2,4, Jo 4,14 e 7,39. E nós certamente não devemos esquecer a visão única de João sobre o dom do Espírito de Cristo crucificado e ressuscitado, o "Pentecostes joanino"[54]. Sempre me pareceu de particular importância que o Paulo mais próximo de uma definição de cristão seja em termos de "ter o Espírito": "Quem não tem o Espírito de Cristo não lhe pertence". Para Paulo em particular, o dom do Espírito foi o início do processo de salvação que culminaria na ressurreição do corpo[55], o Espírito como *arrabōn* ("primeira prestação, garantia") e *aparchē* ("primeiros frutos") da herança completa por vir[56].

O mesmo é verdade em outras partes do Novo Testamento. Foi a renovação ou o ressurgimento da profecia em João Batista, em Jesus e nos primeiros discípulos[57], quando o Espírito da profecia parecia ter sido retirado

---

reconheça a importância crucial da Páscoa ("o *'Urdatum'* de um genuíno anúncio cristão") e Pentecostes (*Theologie des Neuen Testaments*. Op. cit., vol. 1, p. 131-132).

53. Para discussão, cf. DUNN, J.D.G. *Christianity in the Making* – Vol. 2: Beginning from Jerusalem. Grand Rapids: Eerdmans, 2008, item 22.3.

54. Jo 20,22; tb. 19,30 (lit. "entregou o Espírito").

55. Rm 8,11; Gl 3,3.

56. Rm 8,23; 2Cor 1,22; 5,5; Ef 1,13-14.

57. Lucas acrescenta uma repetição à profecia de Jl 2,28 de que todos "os seus filhos e as suas filhas profetizarão", formulada em At 2,18 como "Até sobre os meus servos e sobre as minhas servas derramarei o meu Espírito naqueles dias, e profetizarão". • Esta nota originalmente era mais breve, na tradução optamos por trazer a referência aos textos bíblicos para maior clareza ao leitor lusófono. No orig., Dunn indicava somente a citação de Joel em Atos [N.T.].

há muito tempo, que demonstrou que a era há muito esperada estava agora sendo inaugurada. E certamente está claro nos relatos do evangelho que a vinda do Espírito sobre Jesus foi o que deu à sua missão o ponto de partida (Mc 1,10-11 par.), assim como foi o fato de que Jesus realizou seus exorcismos pelo poder do Espírito que demonstrou que o Reino de Deus veio sobre eles (Mt, 12,28 par.). Da mesma forma, o ter sido dado e recebido o Espírito era a condição *sine qua non* para ser um cristão, como Lucas claramente evidencia em seu relato de onde faltava o Espírito[58]. Em Hebreus o Espírito é a primeira prova dos poderes do tempo vindouro (Hb 6,5-6). E em 1João, um dos principais "testes de vida", de Cristo permanecendo nos primeiros que creem e eles nele é o Espírito que Ele deu[59]. Assim, o dom do Espírito foi tão fundamental e determinante para o início do cristianismo quanto a ressurreição de Jesus[60].

Um ponto que não recebeu o peso devido na maioria das histórias dos primórdios do cristianismo e na formação de uma teologia cristã distinta foi o fato de que *a recepção do Espírito foi determinante na expansão do cristianismo incipiente além dos limites do judaísmo do Segundo Templo*. No capítulo 5 tratarei mais detalhadamente desse ponto. No entanto, aqui é de crucial importância apreciar que foi o fato totalmente inesperado de que o Espírito tinha sido dado aos gentios incircuncisos, e sem qualquer expectativa de que eles fossem circundados, que trouxe o avanço da missão aos gentios. O mesmo dom aos gentios e aos judeus foi suficiente para convencer até mesmo os tradicionalistas céticos de que a aceitação dos gentios incircuncisos era vontade de Deus[61]. Se é verdade que o cristianismo não teria começado sem a ressurreição de Jesus, *é igualmente verdade que o cristianismo não teria se tornado uma religião para os não judeus sem a efusão do Espírito*[62].

Não menos importante foi que essas experiências podiam ser identificadas com o que vários profetas haviam profetizado acerca da era vindoura.

---

58. At 8,14-17; 19,1-7.

59. 1Jo 3,24; 4,13.

60. Tratei da centralidade bastante negligenciada do Espírito para os primórdios do cristianismo em minhas primeiras pesquisas: *Baptism in the Holy Spirit*. Londres: SCM, 1970. • *Jesus and the Spirit*: A Study of the Religious and Charismatic Experience of Jesus and the First Christians as Reflected in the New Testament. Londres: SCM, 1975.

61. At 10,44-48; 11,15-18; 15,7-11.14; Gl 2,7-9; 3,2-5.

62. Cf. DUNN, J.D.G. *Christianity in the Making* – Vol. 2: Beginning from Jerusalem. Op. cit., item 27.

O relato em At 2 vê a experiência de Pentecostes como cumprimento da profecia de Joel: "nos últimos dias, Deus declara: derramarei o meu Espírito sobre toda a carne..."[63]. O discurso de o Espírito ser "derramado" em outras partes do Novo Testamento implica um conhecimento mais amplo da profecia de Joel e reivindica o seu cumprimento[64]. Os ecos obviamente deliberados de outras famosas profecias do E/espírito[65] em 2Cor 3,3 e 1Ts 4,8 fazem o mesmo ponto. Um pouco diferente, 1Pd 1,10-12 liga as antigas profecias inspiradas pelo Espírito às boas-novas inspiradas pelo mesmo Espírito Santo que agora está sendo proclamado. Ainda diferentemente, a descrição de Jesus expirando o Espírito Santo em seus discípulos com as palavras "Recebe o Espírito Santo" (Jo 20,22) é outro eco deliberado, tanto da descrição do primeiro sopro de vida (Gn 2,7) quanto dos significados pelos quais a profecia de Ezequiel trouxe vida aos ossos mortos da casa de Israel (Ez 37,5-10)[66]. E claro, uma crença central a respeito de Jesus era que Ele era ungido pelo Espírito de Deus, como Is 61,1-2 havia predito[67]. Aqui novamente podemos deduzir que sem uma correlação tão vívida entre tais profecias bíblicas fundamentais e suas experiências reais o movimento cristão incipiente teria sido incapaz de sustentar sua crença de que era um cumprimento das esperanças de Israel.

Parte integrante de tudo isso, é claro, foi a convicção de que era pelo Espírito que a interpretação correta das escrituras seria possível. Na passagem principal sobre o assunto (2Cor 3) Paulo coloca o poder vivificante do Espírito contra o efeito distributivo da morte da antiga aliança tomada em um nível superficial (a "carta" visível) (3,3-6); e depois ele prossegue explicando Ex 34 no sentido de que só quando alguém se volta para o Espírito ("o Senhor, o Espírito") é removido o véu que impede a compreensão adequada do significado da antiga aliança (3,12-18). O que 2Pedro indicou, foi, sem

---

63. At 2,16-17; Jl 2,28.

64. At 2,33; 10,45; Rm 5,5; Tt 3,6.

65. Ez 11,19; 36,26; 37,6.14.

66. Gn 2,7 e Ez 37,9 são as únicas duas ocasiões na LXX em que *emphusaō* é usado para traduzir o hebraico *napach* (tb. em Ez 22,20). Essas duas passagens, juntamente com Sb 15,11, são as únicas a vincular a *emphusaō* com o sopro criativo divino.

67. A referência não é simplesmente a Lc 4,17-21 e At 10,38. Evidentemente, Mt 5,3-4/Lc 6,20-22 e Mt 11,5/Lc 7,22 também têm em mente Is 61,1-2. Cf. DUNN, J.D.G. *Jesus and the Spirit*: A Study of the Religious and Charismatic Experience of Jesus and the First Christians as Reflected in the New Testament. Op. cit., cap. 3.

dúvida, uma convicção geralmente mantida dentro do cristianismo primitivo, de que para interpretar apropriadamente a Escritura era necessário receber a mesma inspiração que tinha produzido a profecia (2Pd 1,21). Como um princípio mais geral, foi o dom do Espírito, segundo Paulo, que capacitou os primeiros fiéis a compreenderem os dons que Deus lhes concedeu, a interpretar verdades espirituais e a discernir a vontade de Deus e as coisas que importam[68].

Portanto, o dom do Espírito é um fator, se não *o fator dinâmico*, nos primórdios do cristianismo. Como tal, foi tão fundamental e determinante para a teologia do Novo Testamento quanto a revelação de Jesus Cristo.

B) A importância da experiência

Muito pouco apreciado é o fato adicional, já implícito, de que, quando falamos do Espírito na teologia bíblica estamos falando, em primeiro lugar, sobre a *experiência*. Antes que fosse um assunto de crença ou um dogma, o Espírito foi um fato experiencial[69]. O termo original *ruah* denota o sopro da vida, a força vital de Deus. *Ruah* foi concebido como um poder animador, análogo ou mesmo contínuo com a força do vento forte[70], um poder que poderia revigorar ou ser revigorado em circunstâncias excepcionais[71]. Comum à gama de uso era evidentemente o sentido de força invisível, misteriosa, terrível. A própria palavra (*ruah*) é onomatopeica – o som do vento. Assim cunhada, *ruah* se tornou o denominador comum para denotar experiências análogas ao mistério, ao poder de outro modo, incluindo um sentido da qualidade numinosa da própria vida[72].

Esse sentido básico continua a aderir ao uso cristão do equivalente grego, *pneuma* – como é refletido no fato de que ele também poderia ter um alcance semelhante de significado. No Novo Testamento isso é mais evidente no jogo de palavras sobre *pneuma* como "vento" e "Espírito" em Jo 3,8 e no "Pentecostes joanino" de Jo 20,22 referido acima (nota 66). Não é à toa que

---

68. 1Cor 2,13.15; cf. Rm 12,2; Fl 1,9-11.

69. "Muito antes de o Espírito ser um tema de doutrina, Ele era um fato na experiência da comunidade" (SCHWEIZER, E. *Theological Dictionary of the New Testament*, vol. 6, p. 396).

70. P. ex., Ex 10,13.19; 14,21; 1Rs 19,11; Is 7,2; Ez 27,26; Os 13,15.

71. Jz 3,10; 6,34; 11,29; 14,6.19; 15,14-15; 1Sm 10,6.

72. Cf. mais adiante, cap. 3, item 2D).

o Credo Niceno descreve o Espírito como "Senhor que dá a vida", captando a linguagem característica do Novo Testamento[73].

O caráter basicamente experiencial da pneumatologia bíblica merece mais ênfase do que tem sido dado tradicionalmente. Na tradição cristã se tornou habitual pensar no dom do Espírito como uma dedução a ser tirada de uma confissão ou de um sacramento devidamente administrado. Em tratamentos dogmáticos do Espírito Santo muitas vezes foi considerado suficiente o discurso sobre os temas da divindade, personalidade e procissão do Espírito, como se pouco precisasse ser dito sobre o assunto. Mas um teólogo do Novo Testamento simplesmente não o fará. O Espírito como primeiro experimentado, com a experiência então refletida, é muito mais o modelo para os escritores do Novo Testamento e sua teologia[74].

Embora os evangelhos não apresentem a descida do Espírito sobre Jesus, isso está implícito na descrição de Mc 1,10-11. Os evangelhos não hesitam em descrever os eventos seguintes em termos de experiência quase extasiante: "O Espírito o levou para o deserto"[75]. E o relato da expulsão dos demônios por Jesus/pelo Espírito de Deus similarmente implica uma autoconsciência da parte de Jesus, que marcou seu exorcismo em relação aos de outros judeus (Mt 12,27-28).

O caráter experiencial da recepção do Espírito é particularmente marcado em Atos – a característica regular da glossolalia e do discurso profético inspirado que evidencia a presença do Espírito[76]. Lucas certamente entendeu a vinda do Espírito como um acontecimento na vida das pessoas que elas não podiam ignorar (19,2). A mesma história com Paulo: "Recebestes o Espírito fazendo o que a lei exige ou ouvindo com fé?" (Gl 3,2-5). Evidentemente, o impacto do Espírito foi muitas vezes marcado por efeitos visíveis e pelo desenvolvimento moral. Hebreus e 1João obviamente pensavam nos mesmos

---

73. Jo 6,63; Rm 8,11; 1Cor 15,45; 2Cor 3,6; 1Pd 3,18.

74. Daí o subtítulo do meu *Jesus and the Spirit*: A Study of the Religious and Charismatic Experience of Jesus and the First Christians as Reflected in the New Testament [Jesus e o Espírito: um estudo da experiência religiosa e carismática de Jesus e dos primeiros cristãos, conforme refletido no Novo Testamento]. Congratulo-me com a atenção renovada dada ao assunto por JOHNSON, L.T. *Religious Experience in Earliest Christianity*: A Missing Dimension in New Testament Studies. Mineápolis: Fortress, 1998.

75. Mc 1,12; cf. Mt 4,1; Lc 4,1.14; Jo 3,34.

76. At 2,4; 4,31; 10,44-48; 19,6. Há um efeito implícito em 8,17-19.

termos[77]. Paulo menciona frequentemente o forte impacto afetivo do Espírito na e através da sua pregação[78], como também das várias emoções que o Espírito despertou em seus convertidos: "amor (Rm 5,5), alegria (1Ts 1,6), amor, alegria, paz... (Gl 5,22)[79]. A experiência do Espírito gritando *Abbá! Pai!*" era, na adoração cristã primitiva, evidentemente, bastante intensa[80].

Particularmente notável é o uso típico das imagens da água em referência ao Espírito, algo totalmente compreensível em um contexto do Oriente Médio – o Espírito experimentado como uma tempestade em uma terra seca, como uma corrente de água que sacia uma sede violenta[81]. Há um grande jogo de imagens em Jo 4,14, a experiência da água-doce como de uma fonte de água borbulhando como se estivesse nas pessoas (Jo 4,10-14), posteriormente identificada com a recepção do Espírito (7,37-39). E Paulo se baseia na mesma imagem em 1Coríntios: o que uniu aqueles que creem como um só foi a experiência de serem dados a beber, por assim dizer, do mesmo Espírito (1Cor 12,13).

Chamar a atenção para tais características do Novo Testamento pode deixar algumas pessoas inquietas[82]. A história do cristianismo, assim como a da religião em geral, está repleta de exemplos nos quais as emoções tiveram rédea solta, com consequências desastrosas. O perigo do "entusiasmo" (*Schwärmerei*) tem sido vivenciado no cristianismo ocidental desde os excessos da Reforma espiritual ou radical, e ainda hoje é evidente em várias seitas[83]. Sob uma perspectiva histórica e do Novo Testamento, no entanto, duas questões precisam ser observadas. Uma delas é que o cristianismo mais antigo, certamente como atestado por Lucas e testemunhado em parte pelo menos por Paulo, tinha um caráter entusiasta em si mesmo. Um elemento de "entusiasmo" é inevitável dentro de uma teologia do Novo Testamento; deve ser considerado, portanto, como parte dos dados com os quais uma teologia

---

77. Hb 2,4; 1Jo 3,24; 4,13.

78. 1Cor 2,4; 1Ts 1,5.

79. Rm 7,6; 8,2-4; 15,19; 1Cor 1,4-7; 12,4-14 etc. Cf. detalhadamente DUNN, J.D.G. *The Theology of Paul the Apostle.* Op. cit., item 16.

80. Rm 8,15-16; Gl 4,6. Ambos usam o verbo alto ou intenso *krazein*, "chorar".

81. P. ex., Is 44,3; Jl 2,28.

82. Não se pode esquecer de que a história inicial da escola religiosa estava interessada na experiência como fator de formação da religião.

83. Cf. esp. KNOX, R. *A. Enthusiasm.* Oxford: Oxford University, 1950.

do Novo Testamento deve lutar[84]. A outra questão é que Paulo – indiscutivelmente o mais experiente e perspicaz nessa área, de todos os escritores do Novo Testamento – mostra-se bastante consciente dos perigos de ceder lugar aos impulsos do entusiasmo. O cuidado com que ele tratou a *ta pneumática* – "as coisas do Espírito" ou especificamente "os dons espirituais", para advertir contra tais excessos[85] e sublinhar a prioridade do amor, das contribuições que dirigiam tanto a cabeça quanto o coração (1Cor 13 e 14) – deve ser um lembrete salutar para todos aqueles que estão inclinados a seguir, sem críticas, o retrato de Lucas da missão cristã mais antiga[86].

Na verdade, a teologia bíblica do Novo Testamento sempre estará presa no que deveria ser uma tensão criativa, mas é frequentemente uma tensão desanimadora ou mesmo destrutiva. Refiro-me à tensão entre uma certa obstinação – que é a herança da prioridade dada pelo Iluminismo à objetividade e ao escrutínio desapaixonado dos dados – e o desejo de voltar a sentir a inspiração e a emoção do cantor ou do poeta, do canto ou do poema, que é a herança do Renascimento romântico. Para mim, a tensão pode ser totalmente criativa; não há razão para que um espetáculo musical não deva mostrar tanto o conhecimento técnico quanto a paixão profunda que a música desperta. Sem o primeiro, o espetáculo seria insatisfatório; mas sem a segunda, mesmo uma *performance* tecnicamente eficiente nunca poderia ser plenamente satisfatória.

O que pretendo dizer é que o Novo Testamento testemunha eloquentemente o efeito formativo e transformador daquilo que podemos simplesmente descrever como "experiência religiosa"[87]. Para ser claro nesse ponto não quero argumentar por um processo simples de teologização como *da* experiência *até* a teologia. Tenho plena consciência de que não existe tal coisa como uma experiência religiosa "pura", que, por exemplo, a conceituação

---

84. DUNN, J.D.G. *Unity and Diversity in the New Testament*: An Inquiry into the Character of Earliest Christianity. Op. cit., cap. 9.

85. 1Cor 12,1-3; 14,12-23.

86. Cf. mais em DUNN, J.D.G. *Jesus and the Spirit*: A Study of the Religious and Charismatic Experience of Jesus and the First Christians as Reflected in the New Testament. Op. cit., item 49.2. Sobre o perigo da "falsa profecia" na tradição bíblica cf. esp. MOBERLY, R.W.L. *Prophecy and Discernment*. Cambridge: Cambridge University, 2006.

87. "Os livros do Novo Testamento não apenas registram o ensino, mas também contam a história da experiência religiosa dos cristãos, e compreender a experiência é parte da tarefa, até porque o ensino surge da experiência" (MARSHALL, I.H. *New Testament Theology*. Op. cit., p. 28).

de uma experiência como "experiência religiosa" já pressupõe um grau de tradição que molda até mesmo o que percebemos como acontecendo em nós mesmos. Meu pensamento é simplesmente que houve uma dimensão (ou dimensões) experiencial e emotiva nos inícios do cristianismo que contribuiu e fez parte da autocompreensão, avaliação social e teologização que emergiu como cristianismo. Foi quase certamente a *experiência* da pregação sobre Jesus como "boa-nova" (*euangelion*, "evangelho") e como "graça" (*charis*) que levou Paulo a tirar essas palavras de outro uso e a dar-lhes o peso e a força que têm tido no pensamento cristão desde então[88]. A experiência não foi restringida por ou limitada ao uso anterior, mas pôde encontrar expressão adequada somente em tais termos recentemente cunhados. É a elaboração de novas formas de falar, a abertura dos sentidos a novas consciências, a abertura dos olhos a horizontes diferentes, dos quais o Novo Testamento dá testemunho e igualmente é testemunha[89]. E esse novo impulso – a dimensão "nova criação" da perspectiva e dos escritos do Novo Testamento – nenhuma teologia do Novo Testamento pode se dar ao luxo de perder.

5 O objeto central de uma teologia bíblica do Novo Testamento

Como, então, realizar a tarefa de escrever ou fazer a teologia do Novo Testamento? Como já observado, seria bem possível seguir o padrão dominante das teologias do Novo Testamento dos últimos cinquenta anos e examinar cada escrito do Novo Testamento ou grupo sequencial de seus escritos[90]. E se o objeto fosse um tema único – cristologia, soteriologia, eclesiologia, ética –, essa seria uma forma sensata de proceder. Mas se o que já foi dito é válido, então a estrutura e o conteúdo de qualquer teologia bíblica do Novo Testamento serão decididos pela forma como as questões de continuidade/descontinuidade e unidade/diversidade serão tratadas. E nessa introdução ao objeto da teologia do Novo Testamento dentro de uma estrutura de teologia bíblica quero focar *nos temas que fornecem o desafio mais exigente para uma teologia bíblica do Novo Testamento*. Isso significa identificar as características

---

88. Cf. DUNN, J.D.G. *The Theology of Paul the Apostle*. Op. cit., itens 7.1 e 13.2.

89. Historicamente, a experiência de renovação dentro do cristianismo encontrou expressão característica em um novo hino, a experiência que busca novas expressões além das formas mais tradicionais. No Novo Testamento podemos pensar especialmente em particular em Cl 3,16.

90. Cf. nota 3 da introdução.

centrais da religião e tradições de Israel/judaísmo do Segundo Templo ou, se for preferível, as principais características distintivas da teologia do Novo Testamento, analisando como os escritores do Novo Testamento lidam e interagem com elas ou as transformam.

Sugiro que essas características centrais e distintivas principais podem ser agrupadas em quatro pontos – uma variação do que me refiro em outro lugar como "os quatro pilares do judaísmo do Segundo Templo"[91]. Para os propósitos dessa obra, são esses:

1) Deus: Deus como um;

2) Salvação: como Deus Salva;

3) Israel: a nação eleita;

4) Torá: como o povo de Deus deve viver.

A questão fundamental para uma teologia bíblica do Novo Testamento é se a mensagem de Jesus ou o evangelho sobre Jesus introduziu uma disjunção radical com essas características centrais do que podemos chamar de teologia bíblica de Israel.

Um dos aspectos interessantes e importantes que se tornaram cada vez mais evidentes para mim quando redigi os capítulos seguintes foi o quão integrados os quatro temas eram e são. Deus, o único Deus, criador do cosmos e das nações, comprometeu-se a ser o Deus de Israel para salvar e sustentar Israel como seu povo e deu-lhes a Torá para lhes mostrar como deveriam viver como seu povo. Isso significa que nenhum dos temas pode ser tratado isoladamente do resto, como veremos. Mais precisamente, significa que qualquer perturbação que o Novo Testamento traga a um dos temas é suscetível de ter repercussões sobre o resto. Pode, por exemplo, a continuidade ser mantida nos dois primeiros se for quebrada em qualquer um dos dois últimos? Se a aliança de Deus com Israel foi substituída ou é irrelevante para a(s) Igreja(s) do Novo Testamento ou se a lei já não se aplica aos cristãos e

---

91. DUNN, J.D.G. *The Parting of the Ways Between Christianity and Judaism*. Londres: SCM, 1991, 2006, cap. 2. Aqui notei que tal análise do judaísmo primitivo parece sintonizada com outros tratamentos sobre o assunto, tanto a erudição judaica como a cristã. Cf. *Theologie des Neuen Testaments* (Op. cit. Vol. 2) de Hahn sobre "The Unity of the New Testament" [A unidade do Novo Testamento] que se concentra no "ato de revelação de Deus em Jesus Cristo", "na dimensão soteriológica do ato de revelação de Deus", na "dimensão eclesiológica do ato de revelação de Deus" (incluindo dois capítulos sobre ética) e na "dimensão escatológica do ato de Deus de revelação" e naqueles mencionados acima na nota 4 da introdução.

a obediência a ela não é relevante para o julgamento final dos que creem no Messias Jesus? Uma teologia bíblica do Novo Testamento simplesmente não pode evitar tais perguntas. Pelo contrário, elas formam os principais itens da agenda de qualquer teologia do Novo Testamento dentro da estrutura da teologia bíblica. Esses quatro temas formam os outros volumes na sequência da Biblioteca de Teologia Bíblia [versão original], com três volumes dedicados a cada tema (Antigo Testamento, Novo Testamento e teologia sistemática). Consequentemente, neste volume introdutório, tendo colocado os problemas e indicado os fatores que determinam a teologização do Novo Testamento sobre esses temas, minha preocupação principal é rever alguns dos dados básicos e colocar as questões que exigirão uma discussão mais aprofundada nos volumes seguintes.

3

A TEOLOGIA DE DEUS

1 Introdução

O tema de abertura mais óbvio, se não o tema principal de qualquer teologia, é *Deus*. A teologia é em primeiro lugar *teo-logia*. Isso não é simplesmente porque o termo teologia significa primeiramente "falar sobre Deus". Tampouco, no caso da teologia do Novo Testamento, é porque seus escritores focam muito de sua atenção em Deus, escrevem grandiosamente em defesa da crença nele e muito menos porque especulam extensivamente sobre o ser e a natureza de Deus. É, antes, porque *Deus é o pressuposto básico em tudo o que eles dizem,* o axioma do qual dependem todas as suas proposições, ensinamentos e exortações; o fundamento sobre o qual tudo é construído, o primeiro do qual tudo o mais se segue.

Na realidade, "Deus" (*ho theos*) é o substantivo mais frequente utilizado no Novo Testamento, superado apenas por pronomes pessoais, partículas e uma ou duas preposições e conjunções comuns. "Deus", de fato, forma a urdidura com muitos outros temas que integram a trama na tapeçaria que está sendo tecida pelos escritores do Novo Testamento. Não é possível apreciar ou começar a compreender a teologia do Novo Testamento sem levar em conta as crenças dos escritores sobre Deus e as consequências que eles extraíram dessas crenças. É preciso considerar apenas a linguagem das aberturas das cartas e as várias doxologias que aparecem nelas[1]. Essas doxologias não devem ser consideradas meras formalidades, como se fossem semelhantes ao uso da palavra *Deus* nas exclamações (e juramentos) de tantos hoje em dia que nunca atravessam a porta de uma igreja, mesquita ou sinagoga.

---

1. Tipicamente: "graça a vós outros e paz, da parte de Deus, nosso Pai, e do Senhor Jesus Cristo..." (Rm 1,7; 1Cor 1,3; 2Cor 1,2 etc.); doxologias, p. ex.: Rm 1,25; 2Cor 1,3; Ef 1,3; 1Pd 1,3.

Em vez disso, tais orações e doxologias expressam hábitos de uma piedade vibrante que informou e determinou a vida diária.

O caráter inexplicável das crenças dos escritores do Novo Testamento em e sobre Deus ajuda a explicar por que tantas exposições da teologia do Novo Testamento ou das teologias de escritores do Novo Testamento são tão frequentemente uma análise da condição humana[2]. Mas é imperativo que uma teologia do Novo Testamento aborde esse assunto e torne explícito o inexplicável; caso contrário, a lógica subjacente a tantas outras crenças e práticas terá sido perdida de vista. Sem uma apreciação do axioma as proposições consequentes carecerão de persuasão. Sem consciência da fundação, a lógica das superestruturas não será clara e as superestruturas parecerão menos seguras.

Aqui, mais do que em qualquer outro lugar na teologia do Novo Testamento, precisamos estar cientes de que os escritores do Novo Testamento simplesmente assumiram o que foi mais explicitamente expresso no Antigo Testamento. Isto porque os escritores do Novo Testamento simplesmente assumiram a fé de seus pais[3] e acreditaram que na maior parte das vezes essas suposições eram igualmente axiomáticas para os seus públicos, sentindo, evidentemente, que era desnecessário explicitar novamente essas crenças[4]. Aqui, a teologia do Novo Testamento em grande parte é de fato um subconjunto da teologia bíblica. Só é possível escrever a *teo-logia* dos escritores do Novo Testamento referindo suas pressuposições ao Antigo Testamento e preenchendo-as a partir dele. Mesmo quando os escritores do Novo Testamento vão além dos escribas e sábios cujos escritos compõem a Bíblia hebraica e a LXX, o significado completo do que os escritores do Novo Testamento dizem só pode ser preenchido referindo-se ao que eles foram além. E sempre a questão deve ser se o que os escritores do Novo Testamento dizem

---

2. Consequentemente, o título do ensaio de N.A. Dahl: "The Neglected Factor in New Testament Theology" [O fator negligenciado na teologia do Novo Testamento] (in: JUEL, D.H. (org.). *Jesus the Christ*: The Historical Origins of Christological Doctrine. Mineápolis: Fortress Press, 1991, p. 153-163) é "teológico no sentido estrito da palavra" (p. 153). "O pressuposto básico de toda teologia do Novo Testamento é que testemunhe, tanto no Antigo como no Novo Testamento, um e o mesmo Deus" (WILCKENS, U. *Theologie des Neuen Testaments*. Op. cit. Vol. 1, item 1.2).

3. Paulo não hesitou em falar de Abraão como "nosso antepassado" ao escrever para Igrejas compostas predominantemente por gentios (Rm 4,1). Cf. tb. 9,10; 1Cor 10,1.

4. Note-se o contraste interessante dos dois sermões a públicos bastante distantes dos limites da sinagoga (At 14,15-17 e 17,22-31), nos quais a principal preocupação é dar uma melhor compreensão de Deus.

sobre Deus simplesmente corresponde ao que estava sendo desenvolvido de alguma maneira dentro da Bíblia hebraica e da LXX (e além na literatura "intertestamentária") ou se eles estavam mudando os termos da *teo-logia* de Israel de forma a torná-la uma outra coisa.

Os dados *teo-lógicos* herdados pelo Novo Testamento podem ser brevemente revisados sob seis pontos:

A) Deus como criador e juiz;

B) Deus como um só;

C) O Deus de Israel;

D) Deus como transcendente e imanente (Espírito);

E) Intermediários angélicos;

F) A sabedoria/palavra de Deus.

O fator principal que entra na *teo-logia* bíblica e começa a transformá-la é, naturalmente, o *Evento Cristo,* ou seja, a missão de Jesus, e o que se acreditava ter acontecido com Ele na Sexta-feira Santa e imediatamente depois, na Páscoa. Uma *teo-logia* do Novo Testamento deve, portanto, incluir a consideração do impacto causado por Jesus; um impacto que pode ser medido consideravelmente analisando alguns dos títulos principais pelos quais os primeiros cristãos usaram para Ele e algumas das linguagens e imagens das quais fizeram uso para dar sentido ao que acreditavam ter acontecido com Jesus e ao que Ele encarnava:

A) Mestre e profeta;

B) Messias;

C) Filho do Homem;

D) Filho de Deus;

E) Senhor;

F) Sabedoria/palavra de Deus;

G) A adoração de Jesus.

A razão, acima de tudo, pela qual a cristologia se torna fundamental e central na *teo-logia* cristã é que Jesus é visto desde muito cedo, no cristianismo embrionário, não apenas como portador da revelação de Deus, o porta-voz de Deus, mas como a única revelação do amor e do compromisso de Deus com o seu propósito de salvação; não só como revelação *a partir de*

Deus, mas como revelação *de* Deus[5]. Assim, no que se segue, não me preocuparei simplesmente em delinear uma *teo-logia* ou cristologia completas, mas focarei a atenção no desafio de propiciar sentido a Jesus (cristologia) em relação à *teo-logia*.

2 A teo-logia herdada

A) Deus como criador e juiz

O conceito de criação e de um criador, ou pelo menos de um arquiteto divino, poderia facilmente manter seu lugar dentro do espectro da religião e da filosofia greco-romana. O *Timeu* de Platão foi um texto fundamental no pensamento intelectual grego[6] e o retrato da criação de Fílon no *De opificio mundi* foi fortemente influenciado pelo pensamento platônico médio[7]. Paulo também não mostra qualquer inibição em assumir o que, em termos de uso, era uma formulação tipicamente estoica – do cosmos como "de", "através", e "para" –, como em Rm 11,36, 1Cor 8,6 e Cl 1,16-17[8].

No entanto, a principal influência sobre os escritores do Novo Testamento veio indubitavelmente da descrição da Bíblia Hebraica de Deus como criador; evidente, por exemplo, na influência direta das narrativas da criação de Gn 1,2 em passagens como Jo 1,1-4, Cl 1,15-18 e Hb 1,2-3[9]. A compreensão judaica da *creatio ex nihilo* [criação do nada] reflete-se claramente na descrição de Deus como "aquele que chama à existência coisas que não têm existência" (Rm 4,17). Novamente é Paulo quem desenha diretamente sobre a imagem, tão familiar de Jeremias em particular, do oleiro divino fazendo

---

5. Hahn inicia a segunda parte do seu segundo volume: "The revelation act of God in Jesus Christ" [O ato de revelação de Deus em Jesus Cristo] com os capítulos intitulados "The God who reveals himself" e "Jesus Christ as revealer of God" ["O Deus que se revela" e "Jesus Cristo como revelador de Deus"] (*Einheit*. Vol. II, cap. 6 e 8). "Que consequências tem o evento da revelação em Jesus Cristo para a imagem de Deus? Como Deus é concebido, quem fez conhecer em Jesus Cristo sua vontade em continuidade e descontinuidade com a primeira aliança?" (SCHNELLE, U. *Theologie des Neuen Testaments*. Op. cit., p. 45).

6. Cf. tb. KLEINKNECHT, H. *Theological Dictionary of the New Testament*. Vol. 3, p. 73-74. • SASSE, H. *Theological Dictionary of the New Testament*. Vol. 3, p. 874-880.

7. Cf. DILLON, J. *The Middle Platonists*. Londres: Duckworth, 1977, p. 155-178.

8. PSEUDO-ARISTÓTELES. *De Mundo 6*. • SÊNECA. *Ep.* 65.8. • MARCO AURÉLIO. *Medit.* 4.23. Cf. tb. DUNN, J.D.G. *Romans*. Dallas: Word, 1988, p. 701-702 [WBC 38].

9. Cf. Rm 1,19-20; Ap 3,14; 4,11; 10,6. Cf. tb. CHILDS, B.S. *Biblical Theology in Crisis*. Op. cit., p. 384-402.

diferentes vasos para diferentes usos (Rm 9,19-22)[10]. Da mesma forma, o conceito de respiração ou Espírito de Deus dando (nova) vida à forma humana[11] se baseia diretamente na narrativa da segunda criação e em Gn 2,7 em particular[12]. Devemos também provavelmente reconhecer uma influência distintamente judaica no uso exclusivo de Paulo de *ktizō/ktisis* ("criar/ criação") para o ato e fato da criação *divina,* refletindo a mesma exclusividade que no uso da Bíblia do hebraico *bara'* ("criar")[13], em contraste com o uso menos discriminatório do pensamento grego[14].

Ainda mais impressionante é o entendimento hebraico mais *positivo* da criação – isto é, do físico e do material – do que na característica de depreciação grega da matéria, expressa no clássico *sōma sēma* ("o corpo é um túmulo [da alma]") e na muito citada frase de Empédocles sobre "o traje alienígena da carne"[15]. Aqui o contraste com a aparição repetida de Gn 1 em cada estágio da criação – "E Deus viu que era bom"[16] – é notável. Uma característica integral da antropologia de Paulo, muito pouco apreciada, é o grau no qual o seu conceito de "corpo" (*sōma*) reflete essa avaliação mais tipicamente positiva do corpo criado; ele distingue "corpo" de "carne", *"soma"* de *"sarx"*[17], as mais negativas (gregas) implicações sobre o última, e insiste que as pessoas que creem podem esperar por um *sōma* ressuscitado, o "corpo espiritual" da ressurreição (1Cor 15,44-46)[18]. Apesar de Gn 3, a humanidade ainda é a imagem de Deus (1Cor 11,7), e 1Timóteo fala para a maioria dos outros escritores do Novo Testamento afirmando que "Tudo criado por Deus é bom" (1Tm 4,4). Por sua vez, a história da desobediência de Adão, embora determinando uma avaliação mais pessimista da condição humana[19], não atrai a

---

10. Jr 18,1-6; mas a imagem era comum no pensamento judaico do Deus criador; cf. DUNN, J.D.G. *Romans*. Op. cit., p. 556-557.

11. Como em Jo 20,22; 1Cor 15,45; 2Cor 3,6.

12. Cf. tb. cap. 2, nota 66 acima.

13. Cf. FOERSTER, W. *Theological Dictionary of the New Testament*. Vol. 3, p. 1.000-1.035. • BERGMAN, J. et al. *Theological Dictionary of the Old Testament*. Vol. 2, p. 242-249.

14. *Liddell and Scott Greek* – English Lexicon [LSJ], p. 1.002-1.003 [a referência de Dunn é a um conhecido léxico de autoria de Henry George Liddell e Robert Scott].

15. Apud SCHWEIZER, E. *Theological Dictionary of the New Testament*. Vol. 7, p. 1.026-1.027.

16. Gn 1,10.12.18.21.25.31.

17. No pensamento grego, as duas palavras, *soma* e *sarx*, eram sinônimos muito próximos.

18. Cf. tb. DUNN, J.D.G. *The Theology of Paul the Apostle*. Op. cit., p. 55-73.

19. Como novamente preeminentemente em Paulo e especificamente em sua Carta aos Romanos (1,19-25; 5,12-21; 7,7-14; 8,19-22).

avaliação dos escritores do Novo Testamento da ordem criada para a negatividade da antropologia grega, mas simplesmente sublinha o grau em que a teologização cristã mais antiga trabalhou dentro do quadro determinado pelo Antigo Testamento. Os corolários para uma atitude responsável para com a criação precisam ser elaborados em uma teologia bíblica completa[20].

Igualmente distintiva da *teo-logia* judaica era a crença em um *propósito divino*, no pensamento judeu apocalíptico, (como) um propósito escondido das eras, mas agora revelado ao profeta[21]. O tema é retomado no discurso da tradição de Jesus sobre "o mistério do reino" (Mc 4,11 par.) e particularmente na afirmação de Paulo de que o mistério do propósito divino era incluir os gentios na bênção prometida de Abraão[22]. Que esse propósito culminaria em um *dia de julgamento* também era característico e distintivamente judeu. A ideia do julgamento divino em si era familiar no pensamento grego, mas particularmente proeminente na tradição judaica[23], e o último dia como um "dia de julgamento"[24] ou um "dia de ira"[25] foram temas novamente retomados por Paulo e por outros escritores do Novo Testamento[26]. A exposição mais completa do tema em Rm 2,1-16 é notável na medida em que toma como axiomático dois princípios enunciados no Antigo Testamento: que Deus "dará a cada um segundo suas obras" (2,6)[27] e que "não há parcialidade com Deus" (2,11)[28].

---

20. Cf., p. ex., CHILDS, B.S. *Biblical Theology in Crisis*. Op. cit., p. 396-412.

21. Cf., p. ex., os dados reunidos em DUNN, J.D.G. *Romans*. Op. cit., p. 678.

22. Rm 11,25-27; Ef 3,3-6; Cl 1,26-27. Cf. tb. At 2,23; Ef 1,4-5; 1Pd 1,20 e o pergaminho celestial em Ap 5–6.

23. P. ex., Is 13,6-16; 34,8; Dn 7,9-11; Jl 2,1-2; Sf 1,14-23; 3,8; Ml 4,1; Jub. 5,10-16; 1Enoc 90,20-27. Cf. mais em BÜCHSEL, F. *Theological Dictionary of the New Testament*. Vol. 3, p. 933-935.

24. Pr 6,34; Jt 16,17; Sl 15,12.

25. Uma ênfase em Sofonias (1,15.18; 2,2-3; cf. 3,8).

26. P. ex. Mt 10,15; 11,22.24; 12,36; Rm 2,5.16; 1Cor 5,5; Fl 1,6.10; 2,16; Ap 6,17; 16,14.

27. Citando Sl 62,12 e Pr 24,12. Cf. tb. Jó 34,11; Jr 17,10; Os 12,2; Sr 16,12-14; 1Enoc 100,7; Jos. Asen. 28,3; PSEUDO-FÍLON. *Lib. Ant.* 3,10.

28. No pensamento judaico Deus é consistentemente apresentado como modelo de imparcialidade (Dt 10,17; 2Cr 19,7; Sr 35,12-13; 1Enoc 63,8; Jub. 5,16; 21,4; 30,16; 33,18; Sl. 2,18; 2Br 13,8; 44,4; PSEUDO-FÍLON. Lib. Ant. 20,4). Cf. tb. LOHSE, E. *Theological Dictionary of the New Testament*. Vol. 6, p. 779-780. • BASSLER, J.M. *Divine Impartiality*: Paul and a Theological Maxim. Chico: Scholars, 1982 [SBLDS, 59]. • BERGER, K. *Eerdman's Exegetical Dictionary of the New Testament*. Vol. 3, p. 179-180.

B) Deus como um só

O credo judeu básico era (e é) o *Shemá,* a confissão da unidade divina: "Ouve, ó Israel: O Senhor nosso Deus é um só Senhor" ou "o Senhor nosso Deus, o Senhor é um só" (Dt 6,4)[29]. Com base em Dt 6,7 um judeu devoto como Jesus e Paulo teria dito o *Shemá* duas vezes por dia. Da mesma forma, o decálogo, a declaração mais básica das obrigações judaicas, começa com o encargo inequívoco: "Não terás outros deuses além ou diante de mim" (Ex 20,3). Numa teologia bíblica em grande escala, preocupada em traçar o desenvolvimento diacrônico dessa crença fundamental, teríamos de discutir como surgiu o monoteísmo judeu e se, em particular, era apenas um desenvolvimento pós-exílico[30]. Para uma teologia do Novo Testamento, no entanto, é suficiente saber que no século I d.C. a afirmação de que "Deus é um só" era um credo universal para todos os judeus[31] e um firme pressuposto herdado pelos primeiros cristãos[32].

A evidência é direta nesse ponto. Jesus é lembrado respondendo à pergunta sobre qual é o primeiro mandamento, citando o *Shemá* por completo (Mc 12,28-30), e, quando tentado, recusando-se a adorar satanás, citando a sequência da entrega de *Shemá:* "Você adorará o Senhor teu Deus e só a Ele servirá"[33]. O centro e o peso da sua mensagem eram o Reino de *Deus*[34].

---

29. R. Bauckham ("Biblical Theology and the Problems of Monotheism". In: BARTHOLOMEW, C.G. et al. (orgs.). *Out of Egypt*: Biblical Theology and Biblical Interpretation. Op. cit., p. 187-232) lê o shemá como "YHWH nosso Deus. YHWH é um" conforme indicado pelas referências subsequentes (p. 219).

30. Cf., p. ex., Bauckham, sobre a busca do monoteísmo histórico ("The Quest of the Historical Monotheism". In: "Biblical Theology". Op. cit., p. 196-206).

31. "Vamos gravar, no fundo do coração, este como o primeiro e mais sagrado dos mandamentos, para reconhecer e honrar um Deus que está acima de tudo e deixar a ideia de que muitos deuses nunca cheguem aos ouvidos do homem cuja regra da vida é buscar a verdade em pureza e bondade" (FÍLON. *Decal.,* 65). Cf. tb. esp. 2Mc 1,24-25; *Ep. Arist.,* 132; JOSEFO. *Ant.,* 3,91; 5.112; Sib. Ou. 3.629; Ps-Phoc., 54. "A crença comum a todos os judeus no início do século I era a de que o Deus deles era o único Deus..." (URBACH, E.E. "Self-Isolation or Self-Affirmation in Judaism in the First Three Centuries: Theory and Practice". In: SANDERS, E.P. et al. (orgs.). *Aspects of Judaism in the Graeco-Roman Period*. Londres: SCM, 1981, p. 273). Cf. mais em URBACH, E.E. *The Sages*: Their Concepts and Beliefs. Jerusalém: Magnes Press, 1979, cap. 2.

32. "O monoteísmo do Antigo Testamento é assumido em toda parte" (CHILDS, B.S. *Biblical Theology in Crisis*. Op. cit., p. 362).

33. Mt 4,10/Lc 4,8; Dt 6,13; 10,10.

34. HAHN, F. *Theologie des Neuen Testaments*. Op. cit., vol. 2, p. 172 ("The theocentric character of the message of Jesus").

Paulo tira um de seus principais princípios evangélicos diretamente do *Shemá* (Rm 3,29-30), e outras referências mostram como a afirmação do credo central de Israel também continuou em sua teologia[35]. E Tiago igualmente tem como certo que "Deus é um" (Tg 2,19).

Ligada a esse axioma estava a convicção de que Deus é *invisível* ou, mais precisamente, *inimaginável* (Ex 20,4) e imperceptível (Ex 33,20)[36]. Daí a hostilidade implacável no judaísmo primitivo à idolatria, já classicamente expressa em Is 44,9-20, em Sb 11,15 e na Epístola de Jeremias[37]. Paulo novamente mostra quão profundamente essas convicções estavam enraizadas em sua própria teologia e quão incessante era sua condenação contínua da idolatria: "fujam da idolatria" (1Cor 10,14)[38]. Nesse ponto, o retrato da reação hostil de Paulo à idolatria evidente em Atenas (uma "cidade cheia de ídolos" – At 17,16-29) é confirmado por sua acusação de idolatria humana em Rm 1,23 e em seu prazer em recordar como os Tessalonicenses "se voltaram para Deus, deixando os ídolos" (1Ts 1,9). A invisibilidade de Deus é igualmente um dado para Paulo[39], e a insistência do prólogo Joanino de que "ninguém jamais viu a Deus" (Jo 1,18) é característica distintivamente judaica[40].

Se o termo *monoteísmo* expressa adequadamente a crença judaica em Deus como se tem recentemente debatido[41], um grau de reserva é necessário

---

35. 1Cor 8,4.6; Gl 3,20; Ef 4,6. 1Tm, um dos escritos mais recentes do *corpus* paulino, é mais insistente no assunto (1,17; 2,5; 6,15-16); da mesma forma que a doxologia adicionada a Romanos (16,25).

36. Uma convicção igualmente forte no entendimento de Deus por parte de Israel. P. ex., Ex 33,20; Dt 4,12; Sr 43,31; FÍLON. *Post.*, 168-169; (JOSEFO. *De bello*, 7,346).

37. "Nenhum material, por mais caro que seja, serve para fazer uma imagem dele; nenhuma arte tem habilidade para concebê-lo e representá-lo. Como Ele nunca vimos, não imaginamos e é ímpio conjecturar "(JOSEFO. *Ap.*, 2.190-91). Esses traços característicos e distintivos do judaísmo eram amplamente reconhecidos (p. ex. TÁCITO. *Hist.*, 5.5.4; JUVENAL. *Sat.*, 14,97 caracterizavam os judeus como adorando "nada além das nuvens") e provocavam a acusação de que os judeus eram ateus porque não reconheceram outros deuses (p. ex. JOSEFO. *Ap.*, 2.148).

38. Cf. tb. 1Cor 5,10-11; 6,9; 10,7; Gl 5,20; cf. Cl 3,5; Ef 5,5.

39. Rm 1,20; Cl 1,15. Cf. tb. 1Tm 1,17.

40. Cf. nota 37, acima.

41. Cf. esp. os ensaios: MacDONALD, N. "The Origin of 'Monotheism'". In: STUCKENBRUCK, L.T. & NORTH, W.E.S. (orgs.). *Early Jewish and Christian Monotheism*. Londres: T & T Clark International, 2004, p. 204-215 [JSNTS 263]. • MOBERLY, R.W.L. "How Appropriate Is 'Monotheism' as a Category for Biblical Interpretation?" In: STUCKENBRUCK, L.T. & NORTH, W.E.S. (orgs.). *Early Jewish and Christian Monotheism*. Londres: T & T Clark International, 2004, p. 216-234 [JSNTS 263]. Childs considerava o termo "teologicamente inerte" (*Biblical Theology*, 335). Cf. tb. BAUCKHAM, R. "Biblical Theology and the Problems of Monotheism". Op. cit., p. 188-196.

antes de declarar que Israel era de uma fé monoteísta *simpliciter*[42]. Esse cuidado não é simplesmente uma consequência da qualificação cristã do monoteísmo de Israel como "monoteísmo cristológico", um assunto crucial em qualquer tentativa séria de desdobrar a *teo-logia* do Novo Testamento[43]. Como veremos, a questão também surge dentro da estrutura do próprio monoteísmo de Israel[44]. Mas avancemos um passo de cada vez.

C) O Deus de Israel

Não menos fundamental para as convicções herdadas pelos primeiros cristãos foi a crença axiomática de que *Deus tinha escolhido Israel para ser seu*. Isso foi muito ofensivo ao monoteísmo judeu; que Yahweh não foi simplesmente a manifestação nacional do Deus supremo, tal como *todos* os povos poderiam reivindicar para si próprios[45]. Pelo contrário, só a Israel tinha sido dada a verdadeira percepção de Deus, porque o único Deus tinha dado a Israel a revelação especial de si mesmo através dos patriarcas e porque, de todas as nações, Deus tinha tomado apenas Israel para si mesmo. Alegações semelhantes para o *status* favorecido de sua própria cidade ou Estado eram familiares na história grega e romana, mas o monoteísmo universalista de Israel deu à sua reivindicação um caráter distintivo: o Deus de todas as nações havia escolhido Israel para ser seu (Dt 32,8-9). É mais apropriado desenvolver esse ponto no capítulo 5, particularmente a tensão entre o particularismo de Israel (Deus como Deus de Israel) e seu universalismo (o único Deus criador de todos), e também as consequências para a teologia do Novo Testamento. Aqui nós simplesmente paramos para observar que onde a tensão se torna mais explícita no Novo Testamento ela é vista como um problema

---

42. Bauckham propõe como uma alternativa mais satisfatória ao "monoteísmo" a "singularidade transcendente" de YHWH ("Biblical Theology and the Problems of Monotheism". Op. cit., p. 210).

43. Hübner coloca bruscamente a questão: "o monoteísmo não é de forma alguma o elo entre os dois testamentos sobre a questão de Deus"; a pergunta decisiva para ele é: "Qual é o elo comum entre a monolatria original do Antigo Testamento e o monoteísmo paulino ou geralmente do Novo Testamento?" (*Biblische Theologie*. Op. cit. Vol. 1, p. 250, 254).

44. Cf. abaixo, item 2E).

45. A religião poderia servir aos interesses imperiais, reconhecendo não apenas Zeus e Júpiter como o mesmo deus, mas também que os deuses locais das nações e regiões eram manifestação da mesma divindade; daí a fusão regular de Zeus com outros deuses: Zeus-Serápis, Zeus Dionísio, Zeus-Amon, Zeus-Baal, até Zeus-Ahura Mazda e Zeus-Hélio-Serápis (LSJ. *Zeus*, II. • KLEINKNECHT. *Theological Dictionary of the New Testament*. Vol. 3, p. 76. • MacMULLEN, R. *Paganism in the Roman Empire*. New Haven: Yale, 1981, p. 83-84, 90).

teo-lógico. Deus é apenas Deus dos judeus? Ou é também Deus dos gentios, com uma preocupação semelhante por eles? Em seu tratamento mais completo da questão (Rm 9,11) Paulo tenta enquadrar o círculo integrando sua convicção aos gentios (11,13) em sua esperança de que todo Israel será salvo (11,11-16.25.26). O que impressiona é que ele vê a questão como uma das fidelidades de Deus (3,3-4): a rejeição do evangelho por Israel é um problema precisamente porque o chamado de Deus a Israel é "irrevogável" (11,29); a palavra de Deus não pode ter falhado (9,6)[46].

D) Deus como transcendente e imanente (Espírito)

Uma das aquisições mais óbvias da teologia do Novo Testamento a partir da *teo-logia* do judaísmo do Segundo Templo tem sido a concepção e a compreensão de Israel *do Espírito de Deus*. Os escritores do Novo Testamento não precisam explicar que Deus tem ou é um espírito; Jo 4,24 ("Deus é um espírito") é mais um apelo aos primeiros princípios do que uma explicação. A suposição confiante quando se fala do Espírito de Deus é que os ouvintes saberão o que está sendo referido, não só pela sua própria experiência, certamente[47], mas também pelo seu conhecimento das convicções judaicas sobre o assunto. A experiência do Espírito divino poderia ser simplesmente assumida como experiências do Espírito do único Deus, criador e Deus de Israel. O que deve ser considerado aqui, no entanto, é que parte da herança foi o reconhecimento de que falar do Espírito de Deus era falar de *Deus* em sua proximidade com sua criação e seu povo.

Até onde podemos dizer – os teólogos e sábios de Israel estavam conscientes, desde os primeiros dias – *da alteridade de Deus*. Daí a recusa em aceitar qualquer imagem de Deus, a insistência em sua invisibilidade e igualmente a insistência de que Ele não era e não agia como os seres humanos[48]. A palavra que talvez melhor expresse esse instinto fundamental da teologia de Israel é *transcendente*. Yahweh foi um deus como nenhum outro. O termo realmente usado pelos escritores de Israel era "santo", uma palavra indicando a

---

46. Como observa Marshall, "Romanos pode ser visto como uma teodiceia" (*New Testament Theology*. Op. cit., p. 306; cf. tb. p. 330-336).

47. Cf. acima, cap. 2, item 4.

48. Ao contrário das paixões e condutas demasiadamente humanas dos deuses e deusas clássicos da Grécia e de Roma.

alteridade de Deus, marcando a diferença qualitativa e a distância entre o Criador e sua criação, e sinalizada pela frequente referência à santidade do nome de Deus: "O santo nome de Yahweh contrasta com tudo o que é criatura"[49]. A santidade de Deus significa que qualquer lugar ao qual Ele se apegue é em si mesmo santo[50], e qualquer violação dessa santidade, dessa completa alteridade de Deus por meros mortais provavelmente seria fatal[51].

Ao mesmo tempo, os mesmos escritores não tinham dúvida de que Deus também era *imanente*. O termo que veio a expressar mais frequentemente essa presença ativa de Deus na criação, e na criação humana em particular, foi *espírito*. O Espírito de Deus era a presença de Deus em todo o mundo: "Para onde me irei do teu Espírito? Ou para onde fugirei da tua presença?" (Sl 139,7)[52]. Deus agiu para criar; Deus moldou o pó da terra para formar o homem (Gn 2,7); foi a respiração de Deus soprada nas narinas do homem de barro que o provia, que foi para ele o fôlego da vida (Gn 2,7). O Espírito de Deus foi a força criadora na criação[53]; o Espírito de Deus foi a força de vida dentro do animal, assim como do humano[54], em contraste pontual com o ídolo[55]. O fato de que a *ruah* hebraica tinha como significado "(tempestade) vento", através da "respiração" o "e/Espírito" não era simplesmente uma curiosidade ou uma coincidência literária[56]. Em vez disso expressou a experiência dos antigos hebreus de uma força vital, tanto visível na criação quanto borbulhante dentro deles, de que eles só podiam explicar ambos como dados por Deus e como uma manifestação do divino dentro do humano.

A característica (embora novamente não distintiva) da religião de Israel foi a experiência de indivíduos particulares especialmente dotados por essa força vital mais do que humana. Em sua história primitiva isso foi lembrado

---

49. PROCKSCH, O. *Theological Dictionary of the New Testament*. Vol. 1, p. 91. Cf., p. ex., Lv 20,3; 1Cr 16,35; Sl 33,21; 103,1; Ez 36,20-23.

50. Cf. mais no capítulo 4, item 2D).

51. Os exemplos clássicos são a revelação a Moisés em Ex 3, as severas advertências de Ex 19,12-13.21-24, os exemplos salutares de Nadab e Abiú em Lv 10,1-3, de Acã em Js 7 e de Uzá em 2Sm 6,6-7. O escritor que melhor percebeu esse sentimento de pavor evocado pelo sagrado (*mysterium tremendum et fascinans*) foi Rudolf Otto (*The Idea of the Holy*. Londres: Oxford University, 1923).

52. Cf. tb. Sl 51,11; 143,10; Ag 2,5; Zc 4,6.

53. Gn 1,2; Jó 26,13; Sl 33,6.

54. Gn 6,3.17; 7,15.22; Sl 104,29-30; Ecl 3,19.21.

55. Jr 10,14; 51,17.

56. Cf. acima, cap. 2, p. 35.

como verdadeiro por vários líderes carismáticos, como Gideão, Sansão e Saul, o primeiro rei de Israel[57]. O fato de tais líderes não precisarem ser distinguidos pela sua elevada moralidade reforçou o caráter não racional e mesmo amoral de tais experiências de poder reforçado[58]. Ainda mais característico foi o reconhecimento de certos indivíduos, nem sempre de alto *status* social, como profetas, inspirados por Deus e com acesso ao conselho divino[59]. Altamente digno de observância é o fato de que as tábuas centrais das escrituras de Israel são a Torá e os Profetas. Tão central e característica era a profecia na formação da religião de Israel, que o Espírito de Deus veio a ser entendido mais tipicamente como "o Espírito da profecia"[60].

Não surpreende, portanto, que as afirmações feitas a respeito do Espírito sejam centrais e integrais para os primórdios do cristianismo. Pode-se simplesmente mencionar, mas como uma chave para apreciar o significado da missão de Jesus, que Ele foi ungido pelo Espírito, e, portanto, fez e foi capaz de fazer o que Ele fez[61]. O relato do início do cristianismo com a efusão do Espírito (de Pentecostes) é explícito apenas em At 2, mas de fato é assumido em todos os outros lugares nos apelos regulares feitos à experiência do Espírito por aqueles que creem[62]. Central para a compreensão deles de uma experiência como a do Espírito de Deus está na alegação de que isso aconteceu em cumprimento à expectativa do profeta de uma efusão do Espírito "nos últimos dias", explícito novamente em At 2,17-18; também pressuposto em outro lugar[63]. Mais surpreendente é o grau em que o poder do Espírito foi reconhecido como tendo uma qualidade integralmente ética; no Novo Testamento o Espírito é regularmente descrito como "o Espírito Santo"[64].

O mais impressionante de tudo é a forma pela qual o Espírito está *correlacionado com Jesus*. A revelação experimentada pelos primeiros cristãos por

---

57. Jz 6,34; 14,6.19; 15,14-15; 1Sm 11,6.

58. A *Ruah* de Deus pode ser um espírito maligno ou mentiroso (Jz 9,23; 1Sm 16,14-16; 1Rs 22,19-23).

59. P. ex., Ne 9,20.30; Is 59,21; 63,11-14; Ez 2,2; 3,1-4; Am 3,7-8; Zc 7,12.

60. "No judaísmo [...] o espírito santo é especificamente o espírito de profecia" (MOORE, G.F. *Judaism in the First Centuries of the Christian Era*. 3 vols. Cambridge: Harvard University, 1927, 1930; aqui, vol. 1, p. 421).

61. Mc 1,10-11 par.; Mt 12,18; Lc 4,14.18; Jo 3,34; At 10,38.

62. P. ex., At 11,16-17; Rm 8,9; 1Cor 12,13; Gl 3,2-5; Hb 6,4; 1Jo 3,24.

63. P. ex., Jo 7,37-39; 2Cor 3,3-6; Hb 2,2-4; 1Pd 1,11-12. Cf. tb. cap. 2 nota 64, acima, e 4.3a, abaixo.

64. No AT somente em Sl 51,11; Is 63,10-11. Cf. Sl 143,10 ("seu bom espírito").

meio de Jesus e em relação a Ele não tem permissão em nenhum lugar para se tornar algo independente do entendimento de Israel sobre Deus ativo em seu mundo e seu povo em e através de seu Espírito. Não é simplesmente, como já foi dito, que a missão de Jesus foi considerada inspirada pelo Espírito de Deus. Mais do que isso, o caráter do Espírito passa a ser percebido mais claramente através do (e como o) caráter da missão que o Espírito inspirou em Jesus. Como o primeiro Adão tornou-se "alma viva", também Cristo, o último Adão, na sua ressurreição se tornou "Espírito vivificante" (1Cor 15,45)[65]. O Espírito deve ser agora reconhecido precisamente como "o Espírito de Jesus" (At 16,7), "o Espírito de Cristo"[66], "o Espírito do Filho de Deus" (Gl 4,6). No Evangelho de João o Espírito (Paráclito) deve ser de fato a presença do Cristo ausente[67]. Em vista da forma como os escritores do Novo Testamento assumiram os outros modos usados pelos sábios de Israel para expressar a proximidade de Deus, como veremos, as reivindicações aqui implícitas vão além do mero floreio retórico.

E) Intermediários angélicos

A tensão entre conceber Deus como transcendente e imanente estava presente na *teo-logia* de Israel desde o início, e confusamente foi envolvida com a ambiguidade integral de algumas das primeiras conversas sobre Deus. As primeiras tentativas cristãs de formular uma compreensão trinitária de Deus deram acento no plural em Gn 1,27 ("Façamos a humanidade à nossa imagem") e no relato dos três visitantes celestiais de Abraão em Gn 18[68]. Mas a teologia posterior fez mais em relação aos diferentes nomes usados por Deus – El Elyon, Elohim (plural!) e particularmente YHWH (Ex 3,13-16), com a explicação de Ex 6,3: "eu apareci para (os patriarcas) como El Shaddai, mas pelo meu nome YHWH eu não me fiz conhecer a eles". Nos últimos anos tais passagens têm sido a base dos desafios feitos à crença de que Israel era uma religião monoteísta[69], mas que provavelmente dá muito pouco crédito à perspicácia teológica até mesmo dos primeiros teólogos hebreus.

---

65. Cf. acima, cap. 2, nota 73.

66. Rm 8,9; Fl 1,19; 1Pd 1,11.

67. Jo 14,25-28; 15,26; 16,5-15.

68. Refiro-me particularmente à famosa representação iconográfica de Gn 18.

69. Cf. esp. BARKER, M. *The Great Angel*: A Study of Israel's Second God. Londres: SPCK, 1992. Cf. tb. BAUCKHAM, R. "Biblical Theology and the Problems of Monotheism". Op. cit., p. 206-217.

O que tenho em vista já é evidente na *angelologia* primitiva de Israel – anjos sendo entendidos como mensageiros de Deus (hebreus, *mal'ach*; grego, *angelos*) – e particularmente na conversa hebraica primitiva sobre "o anjo do Senhor"[70]. Pois o uso da linguagem indica um grau de ambivalência entre o anjo do Senhor e o próprio Deus. Por exemplo, Agar, tendo encontrado o anjo do Senhor, exclama: "Eu realmente vi Deus e permaneci vivo depois de vê-lo?" (Gn 16,13). No sonho de Jacó o anjo de Deus diz: "Eu sou o Deus de Betel" (31,11-13). E em Jz 2,1 o anjo de Deus diz: "Eu te fiz subir da terra do Egito [...] nunca quebrarei o meu pacto contigo". A ambivalência surge, presumivelmente, não porque a compreensão de Deus pelos israelitas primitivos fosse confusa, mas porque eles queriam expressar a realidade da presença e comunhão de Deus com indivíduos favorecidos sem diminuir a sua alteridade. Um mensageiro angélico que podia representar totalmente Deus e expressar completa e intimamente sua vontade era uma solução tão boa quanto eles puderam inventar. Da mesma forma, a concepção do conselho celestial de Deus, apoiado por uma gama de "os (angélicos) filhos de Deus", como encontramos em Jó 1,2, foi sem dúvida e primariamente uma maneira de destacar o *status* singularmente elevado de Deus por meio do menos que perfeito paralelo do monarca oriental cercado por uma extensa e cara corte de oficiais e conselheiros.

O mesmo é basicamente verdadeiro no que diz respeito à subsequente angelologia emergente do judaísmo, e não menos do surgimento de arcanjos e anjos supremos como Miguel e Gabriel, "os anjos da presença"[71]. Por exemplo, nos Manuscritos do Mar Morto, Melquisedec parece ser descrito como uma figura celestial entre o Elohim (11QMelq). E em Apoc. Ab. 10 o anjo intérprete Jaoel é descrito como "um poder em virtude do nome inefável que habita em mim" (referindo-se a Ex 23,21). Aqui também havia a possibilidade, para o visionário, de confundir um ser celestial tão glorioso com o próprio Deus[72]. Mas isso aconteceu em grande parte porque o alcance da linguagem para descrever tais gloriosos seres visionários era limitado em si mesmo, e os escritores geralmente se apressam em refutar qualquer

---

70. P. ex., Gn 16,7-12; Ex 3,2.

71. Dn 8,16; 9,21; 10,13; Tb 12,15; 1Enoc 9,1-2; 20,1-8; 40; Jub. 1,27.29; 2,2 etc.

72. As figuras angélicas de Ez 8,2 e Dn 10,5-6 são descritas em termos semelhantes à visão de Deus em Ez 1,26. Cf. ROWLAND, C. *The Open Heaven*: A Study of Apocalyptic in Judaism and Early Christianity. Londres: SPCK, 1982.

sugestão de confusão. Por exemplo, em Apoc. Sf. 6,15, o anjo diz: "Prestem atenção. Não me adorem. Eu não sou o Senhor todo-poderoso, mas sou o grande anjo, Eremiel". E em Apoc. Ab. 17 "o anjo ajoelhou-se comigo [o apocalíptico] e adorou" (17,2). Aqui novamente a melhor maneira de apreciar o que tal linguagem pretendia fazer é provavelmente concluir que essas eram maneiras tanto de enfatizar o envolvimento de Deus (através de seus emissários) no mundo do visionário quanto de destacar a incrível alteridade de Deus, retratando até mesmo seus mensageiros e agentes angélicos em termos gloriosos como a visão e a linguagem permitiram.

Quando uma linguagem semelhante é usada pelo apocalipse cristão (Ap) a mesma possibilidade de confusão é evidente e de fato aumentada (Cf. Ap. 1,13-14; 10,1) – um fato que faz do Apocalipse de João um dos textos mais intrigantes para a *teo-logia* bíblica do Novo Testamento[73].

F) Sabedoria/palavra de Deus

Outros meios pelos quais a imanência de Deus foi experimentada incluem o *nome* de Deus como apenas instanciado (Ex 23,21), o nome representando a própria pessoa de Deus. A impressionante presença de Deus foi também indicada pela sua *glória*, a manifestação tremenda e admiração de sua santidade. E, subsequentemente, os rabinos encontraram na referência à Shekiná um modo mais frutífero de falar da presença divina[74]. No entanto, a mais sofisticada das primeiras tentativas judaicas de falar das ações de Deus na criação, revelação e redenção, sem realmente falar de Deus como tal, foi provavelmente o conceito da *sabedoria* de Deus e alternativamente da *palavra* de Deus. Na conceituação de uma força divina presente e ativa em todo o mundo, sustentando o mundo e sua ordem, o pensamento era semelhante à compreensão estoica da mesma razão divina, tanto como tecido divino do ser do mundo quanto como implantado dentro no homem[75]. Mas novamente a conceitualidade judaica tinha suas características distintivas.

---

73. Cf., p. ex., CARRELL, P.R. *Jesus and the Angels*: Angelology and the Christology of the Apocalypse of John. Cambridge: Cambridge University, 1997 [SNTSMS, 95].

74. GOLDBERG, A.M. *Untersuchungen über die Vorstellung von der Schekhinah in der frühen rabbinischen Literatur.* Berlin, 1969. Janowski concentra sua discussão sobre "o Deus único dos dois Testamentos" na teologia da shekiná enraizada no AT "The One God of the Two Testaments: Basic Questions of a Biblical Theology". Op, cit., p. 310-316.

75. KLEINKNECHT, H. *Theological Dictionary of the New Testament*. Vol. 4, p. 80-86.

A primeira expressão desenvolvida se encontra em Pr 8,12-31. Em provérbios, a sabedoria essencial para uma vida sensata e bem-sucedida é decifrada como uma bela senhora, provavelmente a alternativa judaica às atrações sedutoras de Astarte (Pr 1–9)[76]. Mas no poema de Pr 8 os termos pessoais usados de "sabedoria" são levados adiante: A Senhora Sabedoria fala em "eu" linguagem; ela reflete sobre seu papel na orientação dos reis; na sua criação como "o primeiro dos atos (de Deus)"; " antes do começo da terra"; e ela termina o poema comparando-se a "um mestre-trabalhador" (ou "criancinha") ao lado de Deus quando céus e terra foram feitos (8,30-31). E essa representação vívida é levada adiante em um outro hino de autoelogio em Sr 24,3-22: "Eu saí da boca do Altíssimo. [...] Eu habitei nos céus mais altos. [...] Eu cresci alto como um cedro do Líbano" e como outras árvores frutíferas e arbustos. Da mesma forma, embora em termos de terceira pessoa, em Br 3,9-37. O particularmente impressionante é que na Sabedoria de Salomão é para a Sabedoria que os atos de Deus são atribuídos de Abel em diante e incluindo a divina atuação do êxodo e através das peregrinações do deserto (Sb 10–11).

Há um debate sustentado sobre o *status* dessa figura de sabedoria divina. Será que isso fornece mais uma prova de que o monoteísmo de Israel abraçou mais de uma pessoa ou personalidade? A Sabedoria é um segundo ser divino[77] ou ela preenche um *status* intermediário mais bem-descrito como uma "hipóstase"?[78] Ou é uma linguagem poética, simplesmente vigorosa, para descrever o modo como Deus agiu no seu papel criador e, em particular, na

---

76. Pr 1,20ss.; 2,16-19; 3,13-17; 5,7-10; 7,4-5 etc. • WHYBRAY, R.N. *Wisdom in Proverbs*. Londres: SCM, 1965 [Obra que se refere particularmente a BOSTRÖM, G. *Proverbiastudien*: Die Weisheit und das fremde Weib in Spr. 1-9. Lund, 1935].

77. Via representa um corpo substancial de opiniões ao considerar "especialmente difícil [...] negar que a sabedoria divina em Sr 24,3-4.30-31 é um ser que saiu de Deus e depois habitou no céu com Deus como sendo um indivíduo relativamente autônomo" (*What Is New Testament Theology?* Op. cit., p. 56-57). Para mim, aqui a lógica parece simplesmente ignorar o caráter poético das imagens (nota 80, abaixo).

78. O significado básico da hipóstase anterior à formulação de Deus pelos capadócios como Trindade – uma *ousia* (ser, essência) em três *hipostaseis*, um Deus em três modos substanciais de ser – é "a estrutura/natureza essencial ou básica de uma entidade 'natureza substancial, essência, ser real, realidade'" (BDAG, 1040). W.O.E. Oesterley e G.H. Box (*The Religion and Worship of the Synagogue*. Londres: Pitman, 1911), no entanto, definiram a "hipóstase" dos atributos divinos como ocupando "uma posição intermediária entre personalidades e seres abstratos"; i. é, a meio caminho entre uma pessoa e uma personificação (p. 195). Esse sentido da hipóstase como meio caminho entre "pessoa" e "atributo", invocado para encontrar no conceito judaico de Sabedoria divina um precedente para a teologia trinitária, foi considerado por G.L. Prestige como "puro engano" (*God in Patristic Thought*. Londres: SPCK, 1952 [Paperback, 1964, p. xxviii]).

direção do seu povo?[79] Penso que a última opinião é a mais fiel àquilo que os sábios de Israel pretendiam com essa linguagem, que era poética e cheia de imagens; eles podiam utilizar suas metáforas para além do que hoje podemos achar apropriado[80]. Ben Sirac, por exemplo, compara a Sabedoria com uma variedade de árvores frutíferas. E a Sabedoria de Salomão seguramente não pretendia apresentar a Sabedoria como salvadora de Israel em qualquer grau de distinção de Deus como tal. De fato, tanto Ben Sirac quanto Baruc explicitam que essa mesma Sabedoria de Deus não era apenas para ser encontrada na Torá, mas *era* a Torá: "Tudo isso é o livro da aliança do Deus Altíssimo..." (Sr 24,23); "Ela é o livro dos mandamentos de Deus..." (Br 4,1). A alegação foi, com efeito, apologética: aqueles que desejassem a Sabedoria do alto, necessária para viver como deveriam, não necessitariam procurar além da Torá de Israel. Nela estava a Sabedoria de Deus. *A Torá não era uma ameaça para ou qualificação do monoteísmo de Israel!*

Devíamos provavelmente pensar nos mesmos termos da Palavra de Deus. O *logos* era uma forma mais comum de falar da racionalidade divina (*logos*) evidente na estrutura e na ordem do mundo, e era o termo mais favorecido na reflexão filosófica grega sobre o assunto. Na religião de Israel não era tão proeminente, mas certamente poderia ser usado para expressar a atividade de Yahweh na criação – naturalmente, seguindo o *fiat* divino de Gn 1 ("Deus disse...")[81] –, e assim expressar basicamente o mesmo pensamento que em outros lugares é expresso em termos de Espírito ou Sabedoria[82]. Da

---

79. Childs observa que "Israel desenvolveu uma variedade de formas hipostáticas pelas quais testemunha a transcendência de Deus e sua imanência", mas prossegue: "O Antigo Testamento também não faz o movimento de separar o 'ser real' de Deus de sua revelação histórica em ato, mesmo ao empregar predicados que foram adaptados da mitologia pagã (Hab 3,3ss.)" (*Biblical Theology*. Op. cit., p. 356-357); embora tal questão seja posta mais nitidamente na literatura pós-bíblica de Israel. Cf. p. ex. O'CONNOR, K.M. "Wisdom Literature and Experience of the Divine". In: KRAFTCHICK, S.J. et al. (orgs.). *Biblical Theology*: Problem and Perspectives. Op. cit., p. 183-195: "Ela [a Sabedoria] é Deus presente no mundo, uma representação simbólica do ser de Deus, uma manifestação da divindade sob o disfarce de Sabedoria" (p. 194). Cf. outros autores sobre esse tema em minha *Christology in the Making*. Londres: SCM, 1989 [Grand Rapids: Eerdmans, 1996, p. 326, nota 22].

80. Em *The Partings of the Ways* ([Londres: SCM, 1991, 2006], 10.5c, 260) refiro-me, p. ex., ao Sl 85,10-11 ("justiça" e "paz" se beijarão), Is 51,9 (chamando o braço do Senhor a se erguer) e Jos. Asen. 15,7-8 (a "Contrição" descrita como "a filha do Altíssimo [...] uma virgem, muito bonita, pura, casta e gentil").

81. Cf. abaixo, cap. 4, nota 12.

82. Sl 33,6: "Os céus pela palavra de yhwh se fizeram e pelo sopro (*Ruah*; LXX *Pneuma*) de sua boca o exército deles"; similarmente em Sl 147,18; Is 55,10-11. Observe também como a Palavra, Sabedoria e Espírito funcionam quase como sinônimos em Sb 9,1-2.17.

mesma forma, o pensamento pode abraçar a palavra de cura (Sl 107,20); e em Sb 18,14-16 a "poderosa palavra" de Deus, saltando do céu, faz a obra do anjo matador na última das pragas do Egito, equivalente à sabedoria protetora dos capítulos anteriores.

O uso judaico mais marcante da *teo-logia* de *logos* é do mais antigo contemporâneo de Jesus, Fílon de Alexandria. Aqui a vividez e o vigor da metáfora se tornam muito claros: o *Logos* pode ser descrito como "o principal mensageiro de Deus, mais elevado em idade e honra" (*Heres* 2,5), como "o governante e condutor de todos" (*Cher.* 36), como o filho primogênito de Deus [...] como o vice-rei de um grande rei" (*Agr.* 51) e até como o "segundo Deus" (*Qu. Gen.* 2,62). Mas, mesmo nesse caso, dificilmente poderíamos concluir que Fílon havia abandonado o seu monoteísmo judeu e acreditado em dois deuses no céu[83]. A sua teologização é demasiado profunda para ser reduzida a tais simplificações. Uma apreciação mais adequada de sua *teo-logia* de logos começa com o reconhecimento de que o logos poderia significar tanto o pensamento não dito quando a palavra falada – o *logos endiathetos* e o *logos prophorikos*[84]. A questão é: embora uma distinção clara possa ser feita, em princípio, entre o pensamento e a palavra que o expressa, na realidade é muito difícil concretizá-la[85]. Dessa forma, o *logos* pode representar a ideia ou a mente de Deus como também a expressão dessa ideia em eventos concretos. Assim, o *logos* é a mente de Deus em seu pensamento, intenção e atuação em suas relações com a criação e seu povo (*Mos.* 2,127-129). Isso também significa que agir no nível da mente, da racionalidade, do *logos* é aproximar-se de Deus. Mas Fílon também deixa claro que encontrar o Logos não é encontrar Deus como tal, aquele "que é a própria essência de Deus"[86]. Aqui, em outras palavras, encontramos *a tentativa mais sofisticada dentro do judaísmo do Segundo Templo de manter a tensão entre a transcendência e a imanência de Deus.* O *Logos* não é Deus como tal, mas é a mente de Deus vindo à expressão de maneira que os homens possam compreendê--lo; o Logos não é Deus como tal, mas encontrar Deus em sua proximidade criativa, reveladora e redentora com seu povo.

---

83. Cf. acima, nota 31.

84. Migr., 70-85; Abr., 83. Com base em Ex 4,16 e 7,1 Fílon conclui que Moisés representa a mente (*logos endiathetos*) e Aarão a fala (*logos prophorikos*) (*Det.*, 39-40, 126-132; *Migr.*, 76-84; *Mut.*, 208).

85. Cf. esp. *Sac.*, 80-83; *Ebr.*, 157; *Som.*, 1,102-114.

86. *Som.*, 1,65-69; similarmente *Post.*, 16-20.

O que emerge de tudo isso é a riqueza da reflexão do judaísmo primitivo sobre os modos como o único Deus que eles adoravam interagia com a sua criação e com as pessoas que Ele tinha escolhido para serem especialmente suas. Não era que as suas ideias fossem claras ou totalmente coerentes entre si. Mais do que isso, os seus sábios e teólogos reconheceram que a imanência de Deus é uma realidade que escapa à formulação e definição puras. A busca por linguagem e imagens apropriadas era contínua e ainda em processo quando o impacto de Jesus começou a ser sentido como um fator adicional que alguns judeus acharam necessário incluir em tal reflexão.

3 O sentido de Jesus (cristologia) em relação à teo-logia

Logo veremos que há passagens e linguagem do Novo Testamento sobre Jesus que foram (subsequentemente) entendidas como requerendo algum tipo de revisão ou refinamento do entendimento de Deus por parte de Israel. Mas, antes de nos voltarmos para eles devemos notar os outros termos mais óbvios (menos controversos?) com os quais o próprio Jesus operou e cujo significado foi inicialmente compreendido ou se tornou aparente para aqueles que acreditaram nele. O que não pode ser ignorado é que *a linguagem usada são precisamente as categorias e termos já dados como definidos nas escrituras de Israel.* A questão e o desafio da cristologia do Novo Testamento em relação à teologia bíblica são se o significado de Jesus poderia ser suficiente ou totalmente compreendido por essas categorias sem perturbar a herança da conceitualização de Deus por parte de Israel.

A) Mestre e Profeta

Há dois títulos que foram dados a Jesus durante a sua missão, e Ele reconheceu, pelo menos até certo ponto. Esses títulos devem ser notados, mas também dever ser observado que não foram levados muito longe na reflexão cristã mais antiga sobre o significado de Jesus.

O título que lhe é dado com mais frequência, se seguirmos os próprios evangelhos, é *Mestre*[87]. E não há dúvida alguma de que Jesus foi e era lembrado como um mestre altamente perspicaz e memorável, conhecido tanto pelos

---

87. Detalhes em DUNN, J.D.G. *Christianity in the Making* – Vol. 1: Jesus Remembered. Op. cit., p. 177n. 22-23 e ainda o item 15.8.

seus aforismos quanto pelas suas parábolas em particular[88]. Além disso, é muito provável, embora controverso, que o ensinamento de Jesus continuou a fornecer orientação aos primeiros cristãos em seus relacionamentos e conduta[89]. Em particular, o ensinamento da sabedoria da Carta de Tiago mostra como o ensino de Jesus podia ser e era visto como estando dentro e em plena continuidade com a tradição da sabedoria de Israel[90]. Não apenas isso, mas em termos de relações judaico-cristãs, o pensamento de Jesus como um sábio judeu ou rabino fornece um ponto de encontro atraente ou ponto de partida para discussão posterior[91]. O ponto-chave para nós, no entanto, é que o título nunca é usado para Jesus no Novo Testamento fora dos evangelhos; mesmo para os primeiros cristãos o título de *Mestre* era simplesmente inadequado para expressar o significado de sua pessoa e de seu trabalho[92]. Assim, para que tal discussão entre judeus e cristãos prosperasse deveria seguir adiante.

Uma segunda categoria que foi obviamente muito pesquisada durante a vida de Jesus foi *Profeta*. Esse parece ter sido o rótulo mais óbvio para aqueles que ficaram impressionados pela missão de Jesus e tentaram defini-la[93]. O próprio Jesus, evidentemente, pensou que a categoria era apropriada para a sua missão (Mc 6,4 par.). Há um surpreendente grau de consenso entre aqueles que se engajam na "busca do Jesus histórico" de que, em termos de sua própria missão, Jesus é mais bem retratado como o profeta escatológico da expectativa de Israel[94]. E certamente há fortes indícios de que um dos termos inicialmente utilizados para dar sentido a Jesus foi a promessa de Moisés de que "o Senhor teu Deus te levantará um profeta como eu dentre o

---

88. Que Ele era mesmo como um sábio, que Jesus foi inicialmente (e ainda deveria ser) lembrado, é a mensagem do *Jesus Seminar* e daqueles que trabalham com suas hipóteses. Cf. DUNN, J.D.G. *Christianity in the Making* – Vol. 1: Jesus Remembered. Op. cit., item 4.7.

89. A influência da memória dos ensinamentos de Jesus é sempre mais evidente na parênese cristã primitiva. Cf. DUNN, J.D.G. *Christianity in the Making* – Vol. 1: Jesus Remembered. Op. cit., p. 182, notas 48-49. Cf. tb. acima, cap. 2 nota 41.

90. Cf. esp. BAUCKHAM, R. *James*: Wisdom of James, Disciple of Jesus the Sage. Londres: Routledge, 1999.

91. As várias contribuições de Geza Vermes foram influentes aqui, começando com *Jesus the Jew*. Londres: Collins, 1973.

92. Contrasta "o Mestre da Justiça", dos manuscritos do Mar Morto.

93. Mc 6,15 par.; 8,28 par.; Lc 24,19.

94. Cf. esp. os primeiros dois volumes de MEIER, J.P. *A Marginal Jew*. Nova York: Doubleday, 1991, 1994. Cf. tb. DUNN, J.D.G. *Christianity in the Making* – Vol. 1: Jesus Remembered. Op. cit., p. 153n.60.

teu próprio povo" (Dt 18,15-18); mais notoriamente a passagem se referindo a Jesus é citada duas vezes em Atos dos Apóstolos (3,22; 7,37). Também aqui pode-se facilmente imaginar que colocar Jesus dentro da história dos profetas de Israel poderia abrir uma fecunda via de diálogo entre cristãos e judeus, e também com os muçulmanos. Mas em outras partes do Novo Testamento a categoria profeta parece ter sido evitada como sendo insuficiente para Jesus. Por exemplo, Hebreus começa por contrastar a revelação menos adequada de Deus através dos profetas com a plenitude da automanifestação divina em seu filho (Hb 1,1-4); Moisés era um servo; Cristo, um filho (3,2-6). E no Evangelho de João, "profeta" é apresentado como uma expressão da inadequada apreensão da multidão sobre quem é Jesus (Jo 6,14-26), com o pão do céu dado por Moisés apresentado apenas como um prenúncio do "verdadeiro Pão do Céu", o próprio Cristo (6,31-35). Que Jesus se viu como transcendendo a categoria profeta é muito discutível com base na evidência disponível[95].

B) Messias

O nome pelo qual Jesus veio a ser conhecido e agora está quase universalmente ligado a Ele é "Cristo" Do grego *christos*, Cristo é simplesmente a tradução do "Messias" hebraico (*masiah*). *Messiah* significa "ungido" e se refere à expectativa judaica evidentemente difundida nos três ou quatro séculos em torno da virada dos anos (a.C. para d.C.), de que uma ou mais figuras ungidas seriam enviadas para libertar Israel. A mais proeminente era a esperança de uma figura real na linha de descendência do Rei Davi. A esperança era que a antiga promessa dada a Davi fosse cumprida (2Sm 7,12-16): que Davi teria um filho, que construiria o Templo que Davi desejava construir, e que a casa, trono e reino de Davi seriam estabelecidos para sempre. A esperança tinha sido mantida nos dias sombrios que levaram ao exílio de Judá para a Babilônia[96], e reavivada nos dois séculos anteriores à aparição de Jesus. A manifestação mais óbvia ocorreu nos Salmos de Salomão 17,21-24 e nas expectativas que apareceram na comunidade de Qumran, para quem a profecia de 2Sm 7,14 permaneceu uma esperança fervorosa[97].

---

95. DUNN, J.D.G. *Christianity in the Making* – Vol. 1: Jesus Remembered. Op. cit., p. 664-666. • SCHNELLE, U. *Theologie des Neuen Testaments*. Op. cit., p. 129.

96. Is 11,1-2; Jr 23,5; 33,15; Ez 34,24; 37,25; Ag 2,23; Zc 3,8; 6,12.

97. 4QFlor (4Q174) 1.10-12. Cf. mais em DUNN, J.D.G. *Christianity in the Making* – Vol. 1: Jesus Remembered. Op. cit., p. 619-622, com bibliografia.

Na tradição de Jesus está suficientemente claro que a possibilidade de Jesus cumprir o papel do filho ungido de Davi foi examinada durante a sua vida, embora seja menos claro se o próprio Jesus aceitou o título para si mesmo, dadas as suas conotações populares[98]. É praticamente certo, porém, que Jesus foi condenado à morte e executado pelas autoridades romanas como um pretendente messiânico, que se dizia "rei dos judeus" e que, portanto, poderia ser apresentado às autoridades como uma ameaça às regras romanas[99]. Isso é mais provável do que a tese alternativa de que Jesus só veio a ser considerado como Messias depois da sua morte. A esta última é dada alguma credibilidade por At 2,36: a ressurreição fez Jesus tanto Senhor como Cristo. Mas a primeira fornece uma explicação mais coerente para a execução de Jesus do que qualquer outra. E não há razão óbvia alguma pela qual os primeiros crentes teriam concluído que um líder crucificado era, de outro modo, um messias. Enquanto que, presumivelmente, foi a dificuldade em reconciliar a alegação pré-pascal de que Jesus era (ou poderia ser) o Messias de Deus com o que então lhe aconteceu (crucificação) que levou os primeiros crentes a procurarem novamente as escrituras para encontrarem provas substanciais de que o sofrimento seria o destino do ungido[100].

O que é muito surpreendente sobre a evidência do Novo Testamento nesse ponto é que o título "Messias/Cristo" rapidamente se tornou tão estabelecido nos primeiros círculos cristãos, que já na época da escrita cristã mais antiga (início dos anos 50) "Cristo" já estava sendo reconhecido como um nome próprio, "Jesus Cristo", ao invés de "Jesus o Cristo"[101]. O impressionante sobre isso é que para o título ter se tornado tão fixo provavelmente significa que ele não foi (ou rapidamente deixou de ser) controverso nos círculos judaicos. A alegação cristã de que Jesus era o Cristo evidentemente não era tão notável, de modo que as autoridades judaicas e líderes da sinagoga entenderam necessário sustentar um ataque à nova seita como apóstata. O dado-chave aqui é que os judeus cristãos em Jerusalém (a Igreja

---

98. DUNN, J.D.G. *Christianity in the Making* – Vol. 1: Jesus Remembered. Op. cit., p. 627-654.

99. Cf. esp. a abordagem clássica de DAHL, N.A. "The Crucified Messiah" (1960). In: *Jesus the Christ*, p. 27-47. • DUNN, J.D.G. *Christianity in the Making* – Vol. 1: Jesus Remembered. Op. cit., p. 628-634.

100. Lc 24,25-27.46; At 3,11; 8,32-35; 17,2-3.11; 1Cor 15,3.

101. Nas cartas de Paulo, a força titular de *christos* é evidente em apenas algumas passagens (principalmente Rm 9,3-5 e 15,3). Cf. DUNN, J.D.G. *The Theology of Paul the Apostle*. Op. cit., item 8.5.

de Jerusalém) permaneceram praticamente imperturbáveis, pelo menos depois do apedrejamento de Estêvão, apesar da convicção de que Jesus era o Messias. De acordo com Atos, muitos sacerdotes (6,7) e fariseus (15,5) se uniram à seita; de fato, havia miríades de crentes, "todos zelosos da lei" (21,20)[102]. E as cartas de Paulo contêm apenas uma referência e outra sugestão de oposição judaica à alegação de que Deus estava cumprindo seu propósito por meio de um Cristo crucificado[103].

O ponto aqui é que designar alguém com Messias/Cristo pode ter sido controverso dentro do judaísmo do Segundo Templo, mas isso não constitui qualquer desafio à compreensão judaica de Deus como um e Deus de Israel. Duas gerações mais tarde, foi a reivindicação de que Bar Kochba era o Messias que uniu Israel em sua segunda revolta infrutífera contra o poder de Roma (132-135 d.C.). E em seu diálogo com Justino o judeu Trifão deixa claro que o Messias era esperado "nascer como ser humano de um ser humano" (*Dial.* 49). Assim, o fato de os primeiros cristãos afirmarem que Jesus não era o Messias *não era de modo algum não judeu*, e embora isso exigisse uma reavaliação da forma como Deus estava cumprindo seu propósito não implicava uma reconfiguração da crença de Israel no próprio Deus.

Havia outras figuras ungidas na esperança de Israel para a culminância do propósito de Deus para o seu povo, particularmente para *um sacerdote ungido*. A esperança veio à expressão na seita Qumran (1QS 9,11). Mas não há indicação de que Jesus tenha sido visto como apropriado a essa categoria durante sua vida (ele não era de uma família sacerdotal)[104]. O único escritor do Novo Testamento a fazer alguma coisa dessa categoria é o autor de Hebreus, mas ele só pôde fazê-lo distinguindo uma categoria única de sacerdócio, "de acordo com a Ordem de Melquisedec" (5,6). E como a categoria envolve a imagem de Jesus oferecendo sacrifício no Templo celestial e aparecendo "na presença de Deus em nosso benefício" (Hb 9,24), presumivelmente a categoria do sacerdócio de Melquisedec não infringiu a santidade do único Deus.

---

102. Jo 9,22 ("os judeus já haviam concordado que aquele que confessasse Jesus como o Messias seria expulso da sinagoga") é geralmente considerado mais como um reflexo da situação pós-70. Cf. DUNN, J.D.G. *The Parting of the Ways Between Christianity and Judaism*. Op. cit., item 11.5.

103. 1Cor 1,23; Gl 3,13.

104. Cf. mais em DUNN, J.D.G. *Christianity in the Making* – Vol. 1: Jesus Remembered. Op. cit., item 15.6.

C) Filho do Homem

À primeira vista, pelo menos como considerado pela doutrina cristã posterior, os dois termos, "Filho do Homem" e "Filho de Deus", podem ser tomados como simples resumos da clássica crença cristã que reivindica tanto pela humanidade de Jesus quanto pela sua divindade. E, de fato, "filho do homem" é um idioma aramaico para falar do homem ou da humanidade, como muitos prefeririam dizer. O idioma é facilmente compreendido: os profetas podem ser descritos como "filhos de profetas"[105], um fariseu como "filho de fariseu" (At 23,6). Então, "filho de..." pode denotar simplesmente "pertencente a" ou "apresentando as características de"[106]. Que Jesus usou a expressão "Filho do Homem" por si mesmo e de si mesmo deve ser reconhecido como praticamente certo, embora alguns tenham contestado[107]. A evidência dificilmente poderia ser mais clara: a frase de fato aparece apenas nos lábios de Jesus e a autorreferência é em grande parte evidente ou mesmo implícita[108]. Como tal, a frase em si não teria grandes implicações cristológicas ou *teo-lógicas*.

O assunto torna-se mais complexo quando a questão de saber se o uso da frase por Jesus refletia uma referência particular ao "um como o filho do homem" em Dn 7,13-14. Isso também é calorosamente disputado; muitos argumentam que tal influência só entrou na tradição de Jesus depois da Páscoa[109]. A questão mais importante para nós é o significado que tal desenho na visão de Dn 7 teria tido. Aqui encontramos ainda outra questão controversa: se a figura humana da visão de Daniel já havia sido interpretada como um indivíduo particular, uma figura redentora celeste, e se essa figura já havia sido identificada como Messias, transformando o anteriormente esperado Messias em um ser celeste[110]. Para mim, acho improvável. Não há

---

105. 1 Rs 2,3.5.7.15; 4,1.38; 5,22; 6,1; 9,1; 20,35; Am 7,14.

106. Em Qumran ocorrem muitas vezes "filhos da luz" e também "filhos da aliança". Cf. mais detalhada e aprofundadamente em DUNN, J.D.G. *Christianity in the Making* – Vol. 1: Jesus Remembered. Op. cit., p. 710n.21.

107. Discuti detalhadamente este assunto em *Jesus Remembered*. Op. cit., itens 16.3-5.

108. Digno de nota, p. ex., é o fato de que "o filho do homem" é traduzido como "eu" em algumas passagens paralelas. Cf. Mt 5,11/Lc 6,22; Mt 10,32-33/Lc 12,8-9; Mc 8,27/Mt 16,3; Mc 10,45/Lc 22,27.

109. A influência de Dn 7,13-14 é mais óbvio na fala "vir nas nuvens do céu" (Mc 13,26 par.; 14,62 par.).

110. Cf. esp. COLLINS, J.J. "The Son of Man in First-Century Judaism". *NTS*, 38, 1992, p. 448-466. A visão é padrão na escola alemã (p. ex., STUHLMACHER, P. *Biblische Theologie des Neuen Testaments*. Op. cit. Vol. 1, item 9. • SCHNELLE, U. *Theologie des Neuen Testaments*. Op. cit., p. 130-131), embora o argumento esteja quase inteiramente em 1Enoc 46,1-3 e 4Esdras 13,1-3.

qualquer evidência documental que possa ser datada com segurança, antes de Jesus, que faça tal identificação[111]. E se tivesse havido tal expectativa no exterior no tempo de Jesus muito provavelmente teríamos visto sinais dela dentro da tradição de Jesus em perguntas feitas a Ele ou sobre Ele ("És tu o [esperado] Filho do Homem?"), ou confissões no sentido de que Jesus era realmente o esperado Filho do Homem. Na ausência de tal evidência é mais sábio concluir que o pensamento de uma figura redentora do Filho do Homem celestial ainda não havia emergido dentro do judaísmo do Segundo Templo na época da missão de Jesus. E a probabilidade surpreendentemente forte é que foi o próprio *Jesus quem atraiu a visão de Daniel* para encontrar a certeza de sua própria vindicação (Mc 14,62 par.).

Em todo o caso, nota-se que não há praticamente nenhum sinal do que se poderia designar como "Filho do Homem" fora dos evangelhos; At 7,56 é a única exceção[112]. O simples fato parece ser que a conversa de Jesus como filho do homem/Filho do Homem não sobreviveu na reflexão cristã de Jesus e seu significado, presumivelmente porque o idioma aramaico não tinha sentido além da Palestina. O conhecimento das similitudes de Enoc pode ter influenciado a posterior edição da tradição de Jesus nesse ponto por Mateus[113]; e a subsequente elaboração de João da expressão "filho do homem" na tradição de Jesus para falar de "o Filho do Homem" como "aquele que desce do céu" (Jo 3,13) sugere uma influência semelhante[114]. Mas ao desenvolverem as suas próprias cristologias os outros escritores do Novo Testamento evidentemente não consideraram o motivo "filho do homem/Filho do Homem" como a abertura de uma via principal para eles. O impacto sobre o tema da *teo-logia* é insignificante. Isso pode ser significativo na medida em que muito da expectativa inicial da vinda de Jesus (novamente) do céu parece ter sido construída sobre a visão de Dn 7: de alguém como o filho do homem vindo em/com as nuvens do céu[115].

---

111. As similitudes de Enoc (1Enoc 37-71) estão ausentes nos manuscritos do Mar Morto e podem não ter sido adicionadas ao *corpus* de Enoc antes de meados ou mesmo do final do século I, e 4Esdras foi evidentemente escrito depois de 70 d.C.

112. As três outras referências não evangélicas simplesmente refletem o uso do AT: Hb 2,6 = Sl 8,4; Ap 1,13 e 14,14 fazem alusão a Dn 7,13.

113. Mt 19,28; 25,31. Cf. DUNN, J.D.G. *Jesus Remembered*. Op. cit., p. 756-757.

114. Compare tb. Jo 5,27 com 1Enoc 69,27.

115. DUNN, J.D.G. *Jesus Remembered*. Op. cit., item 12.4g, p. 754, 757-758, 761. Cf. mais no cap. 4, item 3E).

D) Filho de Deus

Com o "Filho de Deus", porém, chegamos à maneira mais importante de nos referirmos a Jesus dentro dos credos clássicos do cristianismo. Quando o cristianismo veio para lutar pela definição do relacionamento de Jesus com Deus, foi o Filho do Pai que emergiu como a forma consensual de fazê-lo[116]. Por que isso?

A primeira parte da resposta deve ser porque Jesus *foi lembrado como tendo falado ou se expressado assim*. O exame da tradição do evangelho nesse ponto é esclarecedora[117]. Pois parece ter havido uma tendência a multiplicar os casos em que Jesus falava de si mesmo como filho de Deus, com o último dos quatro evangelhos, João, mostrando muito o uso mais frequente e o mais antigo da tradição escrita do Evangelho (Fonte Q ou Marcos) evidenciando um motivo muito menos comum[118]. Isso sugere de maneira robusta que Jesus foi inicialmente lembrado como não falando muito sobre o assunto. No entanto, há mais uma indicação de que Jesus foi lembrado como orando a Deus como Pai, chamando-o de *"Abbá"*, usando a linguagem da intimidade familiar[119]. O uso como tal é atestado pela própria tradição do evangelho apenas em Mc 14,36. Mas Paulo mostra que o uso era familiar dentro da oração cristã, e *precisamente como atestando uma participação na filiação de Jesus* – a implicação obviamente é que eles estavam rezando como Jesus rezou e experimentando o mesmo senso de filiação que *"Abbá"* expressou[120]. No mínimo, então, a fala mais explícita de Jesus como filho de Deus é mais bem vista como *um reconhecimento e uma expressão da relação que o próprio Jesus foi lembrado como tendo vivido*. A tradição do evangelho sobre esse ponto, por conseguinte, evidencia duas características. Uma delas é que a *crença em Jesus como Filho de Deus remonta em grande medida ao próprio Jesus*; isto é, a Jesus se expressando e (podemos arriscar) pensando em si mesmo nesses termos. Em segundo lugar, desde muito cedo, essa forma de falar de Jesus atraiu aos primeiros cristãos, cuja fé em Jesus como Filho de Deus é expressa na elaboração da tradição de Jesus sobre esse ponto.

---

116. Foi com Niceia que a Logoscristologia anteriormente dominante deu lugar à Filhocristologia.

117. Novamente discuto completamente os dados em *Jesus Remembered*. Op. cit., item 16.2.

118. Jesus se refere a Deus como "Pai" – Marcos /Q: 3 ou 4; Mateus: mais de 30; João: cerca de 100.

119. A principal influência foi J. Jeremias (*The Prayers of Jesus*. Londres: SCM, 1967. • *New Testament Theology*. Op. cit., p. 63-68). Cf. DUNN, J.D.G. *Jesus Remembered*. Op. cit., item 16.2b.

120. Rm 8,15-16; Gl 4,6-7.

Como é que essa conversa impactou a *teo-logia*? A resposta, inicialmente, pode ser: não impactou muito, pois "filho de Deus" não era uma categoria muito estrita no primeiro século. Na escritura judaica o termo poderia ser aplicado coletivamente a Israel[121] ou individualmente ao rei[122]. Nos pergaminhos de Qumran o esperado Messias real é pensado como filho de Deus[123]. Mas na literatura da sabedoria de Israel os justos pensam em si mesmos como "filhos de Deus"[124] e rezam a Deus como "Pai"[125]. E particular atenção tem sido dada à tradição judaica de dois rabinos carismáticos, um antes de Jesus (Honi, "a gaveta do círculo"), o outro da geração posterior (Hanina ben Dosa), que rezou para Deus como um filho a seu pai[126]. Assim, presumivelmente, a conversa inicial de Jesus como filho de Deus não deve ter sido uma reivindicação muito significativa feita por Jesus – enormemente significativa em um sentido, mas não necessariamente de grande momento ou consequência nas implicações para a *teo-logia*.

No entanto, é claro que desde o início da reflexão cristã sobre o *status* de Jesus, Filho de Deus foi uma forma muito mais expressiva de falar de Jesus do que qualquer um dos títulos ou referência anteriores. A crença na ressurreição evidentemente deu um impulso à sua linguagem; no entanto, reconhecemos o significado de passagens como Rm 1,4 e At 13,33, como indicando ou um novo *status* recém-adquirido ou um *status* melhorado ou formalmente reconhecido[127]. Outras passagens que parecem citar formulações já mais antigas implicam que rapidamente se tornou muito natural falar de Jesus como Filho em termos de uma missão do céu: 1Ts 1,10 – os tessalonicenses se converteram "para esperar pelo seu Filho do céu"; Gl 4,4 e Rm 8,3 – Deus enviou seu Filho, nascido de mulher, à semelhança da

---

121. Ex 4,22; Jr 31,9.20; Os 11,1.

122. 2Sm 7,14; 1Cr 17,13; 22,10; Sl 2,7; 89,26-27.

123. 1QSa (1Q28a) 2,11-12; 4Q174 (4QFlor) 1,10-12.

124. Sb 2,13.16.18; 5,5; Sr 4,10; 51,10.

125. Sb 14,3; Sr 23,1.4; 51,10.

126. VERMES, G. *Jesus the Jew*. Op. cit., p. 206-207; as referências são b. Ta'an 24b; Ber. 17b; Hul. 86a.

127. Rm 1,4: "designado Filho de Deus com poder, segundo o espírito de santidade pela ressurreição dos mortos"; At 13,33: "Tu és meu Filho, eu, hoje, te gerei" (citado em referência à ressurreição de Jesus). Provavelmente deveríamos ver esses textos ao lado de At 2,36 como expressão mais do entusiasmo e empolgação iniciais gerados pela ressurreição de Jesus (i. é, sobre quem Jesus era e o que havia acontecido com Ele) do que de uma mudança de *status* de Jesus (além da mudança de morto para ressuscitado, é claro!).

carne pecaminosa[128]. O Filho de Deus, em outras palavras, fez a transição da tradição do evangelho para a reflexão cristã primitiva independente que o Filho do Homem falhou em fazer.

Assim, as cristologias mais elaboradas do Filho de Deus, dos outros escritores do Novo Testamento, não são surpreendentes. Mateus, por exemplo, apresenta Jesus em suas narrativas de nascimento como cumprindo Is 7,14 ("'Eis que a virgem conceberá e dará à luz um filho e o chamará de Emanuel', que significa 'Deus conosco'") e Os 11,1 ("Do Egito chamei o meu filho") (Mt 1,23; 2,15): Jesus, o Filho que traz a presença de Deus à realidade imediata[129]. Em suas frases iniciais Hebreus elabora o caráter climático da revelação através de Cristo em imagens poderosas: "nestes últimos dias [Deus] nos falou por um/o Filho, a quem Ele nomeou herdeiro de todas as coisas, através do qual Ele também criou os mundos. Ele é o reflexo da glória de Deus e a impressão exata do próprio ser de Deus, e Ele sustenta todas as coisas pela sua poderosa palavra" (Hb 1,2-3), linguagem sobre a qual teremos de refletir abaixo. E na abertura do quarto Evangelho João não tem dúvidas sobre o clímax de sua declaração de abertura, lembrando aos seus leitores que "ninguém jamais viu a Deus". É o Deus unigênito[130], que está próximo ao coração do Pai, que o fez conhecido" (Jo 1,18). Típico da apresentação de Jesus por João é o pensamento de que Jesus é o Filho que foi enviado do céu pelo Pai[131], cuja glória Isaías viu no Templo[132], que se identifica como "Eu Sou [Ele]", do Segundo Isaías[133], e que torna o Pai visível aos olhos mortais (particularmente Jo 12,45; 14,9).

Nos escritos do Novo Testamento, portanto, o caminho está bem preparado para o que se tornou a linguagem principal ao expressar a relação entre

---

128. Haveria um eco de Sb 9,10.17 em Gl 4,4.6 – o envio da Sabedoria "dos céus sagrados" (Sb 9,10; Gl 4,4) – e o envio do Espírito Santo do alto (Sb 9, 17; Gl 4,6)? Cf. discussão e bibliografia em minha *Christology*, p. 38-46, 283n.152.

129. Cf. Mt 11,27; 18,20; 28,18-20. Mt 18,20 ("Porque onde estiverem dois ou três reunidos em meu nome ali estou no meio deles") é uma passagem comparada com frequência a *m. Abot* 3,2 ("Se dois se sentam juntos e as palavras da lei [são ditas] entre eles, a Presença Divina repousa entre eles").

130. A leitura variante tem "o Filho unigênito", mas "Deus unigênito" é provavelmente o texto mais original.

131. Jo 4,34; 5,24.30.37; 6,38-39.44 etc.

132. Is 6,1-3; Jo 12,41; cf. Tt 2,13.

133. Jo 8,24.28.58; 13,19; cf. Is 41,4; 43,10.13; 46,4; 48,12. Cf. mais em STUHLMACHER, P. *Biblische Theologie des Neuen Testaments*. Op. cit. Vol. 2, p. 228-232.

Deus como Pai e Jesus como Filho. Sempre foi apreciado pelos principais pensadores teológicos, é claro, que a linguagem era analógica ou metafórica, já que dificilmente se poderia imaginar o que seria equivalente à concepção física e ao nascimento entre os seres celestiais e espirituais. Jesus não era literalmente o filho de Deus no sentido do uso familiar. Ninguém pode dizer com precisão (!) o que significa confessar que Jesus é o Filho de Deus. Não obstante, *a imagem e a metáfora indicam uma intimidade de relação de Jesus com Deus que não poderia encontrar melhor ou mais adequada expressão*, e assim se manteve nas formulações confessionais clássicas e além. Não menos importante, a relevância desse motivo cristológico, *que pode ser enraizado na própria missão de Jesus e mesmo na sua própria experiência*; o *continuum* começa com o próprio Jesus[134].

E) Senhor

Todos os títulos e termos usados para Jesus até agora revistos tinham as suas raízes na própria missão de Jesus na medida em que todos eram usados ou pesquisados, ou mesmo articulados de alguma forma pelo próprio Jesus. Mas "Senhor", como um título que denota o *status* celestial, parece ter sido concedido a Jesus somente depois dos acontecimentos da Páscoa[135]. É interessante notar, por exemplo, como o título é usado no Evangelho de Lucas; enquanto Lucas como narrador se refere livremente a Jesus como "o Senhor"[136], parece ter tomado algum cuidado para não colocar o título nos lábios dos contemporâneos de Jesus – até notavelmente depois da ressurreição dele (Lc 21,34)[137]. A crença de que em ou por virtude de sua ressurreição Jesus foi designado Senhor parece estar bem enraizada no pensamento do

---

134. Cf. tb. HAHN, F. *Theologie des Neuen Testaments*. Op. cit. Vol. 2, p. 199-203. • WILCKENS, U. *Theologie des Neuen Testaments*. Op. cit. Vol. 1, p. 34-35. Embora possamos falar da própria consciência de preexistência de Jesus (cf. esp. GATHERCOLE, S. *The Preexistent Son*. Grand Rapids: Eerdmans, 2006. • LEE, A.H.I. *From Messiah to Preexistent Son*: Jesus' Self-Consciousness and Early Christian Exegesis of Messianic Psalms. Tübingen: Mohr Siebeck, 2005 [WUNT 2.192]), isso é muito questionável (cf. minha revisão de Gathercole em *RBL* [http://www.bookreviews. org/BookDetail.asp?TitleId=5607]. Mas a questão não deve ser ignorada pela teologia bíblica, sobretudo pela centralidade do estímulo de passagens como Sl 2; 110 nas teses acima.

135. Essa observação não exclui o uso da forma educada *kyrie*, que significa "senhor" e denota respeito devido a um mestre ou pessoa de *status* superior (p. ex., Lc 5,12; 7,6; 9,54.59.61; 10,40; 13,8.23.25; 14,22; 19,8.16.18.20.25).

136. P. ex., Lc 7,13; 10,1.41; 12,42a.

137. Isso foi observado pela primeira vez em MOULE, C.F.D. "The Christology of Acts". In: KECKAND, L.E. & MARTYN, J.L. (orgs.). *Studies in Luke Acts*. Nashville: Abingdon Press, 1966, p, 159-185.

Novo Testamento, como indicado por duas passagens nas quais o primeiro escritor do Novo Testamento, Paulo, parece estar se baseando em declarações de fé formuladas anteriormente e mais expressivas do que simplesmente suas próprias opiniões. Uma delas é Rm 10,9, na qual Paulo pode citar uma confissão batismal: "Se, com a tua boca, confessares Jesus como Senhor e em teu coração creres que Deus o ressuscitou dentre os mortos, serás salvo". De fato, é muito provável que "Jesus é o Senhor" tenha sido uma das primeiras confissões cristãs[138]. A outra é o que mais se considera como um hino pré-paulino (Fl 2,6-11), que culmina com a afirmação de que Deus exaltou aquele obediente à morte "e lhe deu o nome que está acima de todo nome, para que ao nome de Jesus se dobre todo joelho [...] e toda língua confesse que Jesus Cristo é Senhor, para glória de Deus Pai" (2,9-11).

Nesse caso podemos rastrear algumas das primeiras teologizações cristãs, pois é bastante óbvio que uma passagem do Antigo Testamento desempenhou um papel-chave na formulação dessa confissão. Como já foi indicado, é muito provável que os primeiros crentes em Jesus tenham pesquisado as suas escrituras com grande energia, a fim de encontrar indícios do que tinha acontecido a Ele e por quê. Uma das passagens que evidentemente chamou a atenção deles foi o Sl 110,1: "Disse o SENHOR ao meu Senhor: Assenta-te à minha direita, até que eu ponha os teus inimigos debaixo dos teus pés". A frequente citação e alusão a essa passagem nos escritos do Novo Testamento é uma clara indicação de sua influência na teologização cristã mais antiga[139]. Aqui estava uma escritura que previa que o Senhor Deus se dirigia a outro como "Senhor" e o convidava a sentar-se à sua direita. Pode-se facilmente entender por que os primeiros discípulos achariam esse texto tão instrutivo e por que eles concluíram que não era suficiente pensar que Jesus tinha sido ressuscitado dentre os mortos; Ele também tinha sido exaltado à mão direita de Deus. A citação do Sl 110,1 em At 2,32-35 e a alusão em Rm 8,34 simplesmente explicitam o que está implícito nas outras referências ao Salmo: ambos ressuscitados dos mortos *e* exaltados à mão direita de Deus![140]

---

138. Como defende particularmente CULLMANN, O. *The Earliest Christian Confessions*. Londres: Lutterworth, 1949.

139. Mc 12,36 par.; 14,62 par.; At 2,34-35; Rm 8,34; 1Cor 15,25; Ef 1,20; Cl 3,1; Hb 1,3.13; 8,1; 10,12; 12,2; 1Pd 3,22.

140. Parte do valor do relato lucano sobre a ascensão de Jesus em At 1,9-11 é que ele deixou claro que ressurreição e ascensão seriam dois eventos distintos, enquanto outras referências no NT tendem a entender ambos os eventos concomitantemente.

Ainda mais impressionante é a maneira pela qual várias passagens do Antigo Testamento que falam de Deus como "Senhor" são usadas pelos escritores do Novo Testamento como do Jesus exaltado[141]. Os exemplos mais marcantes vêm das mesmas duas passagens já citadas. Em Rm 10,9-13 a citação de Jl 2,32 ("Todo aquele que invocar o nome do Senhor será salvo") é claramente usada em referência a Jesus como Senhor. E em Fl 2,10-11, a confiante expectativa de que "todo joelho se dobrará [...] e toda língua confessará que Jesus Cristo é o Senhor" ecoa claramente Is 45,23, uma das passagens monoteístas mais inflexíveis de toda a Bíblia: "Não há outro deus além de mim, Deus justo e Salvador; não há ninguém além de mim... Diante de mim todo joelho se dobrará, toda língua jurará" (Is 45,21-23). Mais impressionante ainda é a confissão de Paulo em 1Cor 8,6: "Para nós há um só Deus, o Pai, de quem são todas as coisas e para quem existimos, e um só Senhor, Jesus Cristo, pelo qual são todas as coisas, e nós também por Ele". O que é mais surpreendente aqui é que Paulo parece estar tomando o Shemá, o credo de Israel, de que "não há deus além de um" (8,4). Como já foi dito, em sua forma mais completa, o Shemá confessa "o Senhor nosso Deus, o Senhor é um" (Dt 6,4). Mas *Paulo parece ter separado a confissão de um só Deus como um só Senhor em uma dupla confissão, de um só Deus, o Pai, e um só Senhor, Jesus Cristo.*

O que devemos fazer com isso? Por um lado, Jesus como Senhor aparece ao lado de Deus como Pai nas bênçãos iniciais e nas bênçãos finais das cartas de Paulo[142]. E Jesus, como Senhor, compartilha da honra que somente é devida a Deus (Fl 2,10-11). Por outro lado, Paulo confessa a unidade de Deus ao lado de sua confissão de Jesus como Senhor (1Cor 8,6) e não hesita em falar de Deus como "o Deus e Pai de Nosso Senhor Jesus Cristo"[143] – *Jesus como Senhor ainda tem Deus como seu Deus!* Não apenas isso, mas em sua declaração mais explícita da exaltada relação de Jesus com Deus, usando a imagem do Sl 110,1 (1Cor 15,24-28), Paulo fala do exaltado Cristo que devolve a Deus a sua exaltada participação no governo divino e conclui, sem hesitar que, "quando todas as coisas tiverem sido submetidas a [Cristo],

---

141. Cf. esp. CAPES, D.B. *Old Testament Yahweh Texts in Paul's Christology.* Tübingen: Mohr Siebeck, 1992 [WUNT 2.47].

142. Rm 1,7; 1Cor 1,3; 2Cor 1,2; 13,14; Gl 1,3; Ef 1,2; Fl 1,2; 1Ts 3,11-13; 2Ts 1,2; 2,16; Fm 3.

143. Rm 15,6; 2Cor 1,3; 11,31; Cl 1,3. Cf. tb. Ef 1,3.17; 1Pd 1,3.

então o próprio Filho também será submetido àquele que submeteu todas as coisas a Ele, para que Deus seja tudo em todos" (15,28)[144].

Como então o *status* exaltado de Cristo como Senhor deve ser designado? É claro que Paulo vê o Senhor Cristo como participante do governo de Deus, como digno da mesma subserviência. Mas será que isso equivale a compartilhar o próprio ser (ou identidade) do único Deus?[145] Paulo pensava no único Senhor como YHWH, o único Deus, ou como vice-regente ou plenipotenciário de Deus? Aqui está um tópico merecedor da mais próxima e mais cuidadosa consideração em qualquer *teo-logia* bíblica.

F) Sabedoria/palavra de Deus

A primitiva reflexão cristã a respeito do Cristo exaltado não hesitou em atribuir papéis a Cristo que parecem ser *apropriados apenas a Deus*. Um deles foi a participação no julgamento final e no papel de juiz (particularmente em 2Cor 5,10). Mas a teologização judaica do Segundo Templo já havia previsto figuras como Abel e Enoc agindo nesse papel[146]. O próprio Jesus é lembrado ao prometer esse papel aos seus doze discípulos (Mt 19,28/Lc 22,30) e Paulo fala similarmente dos santos que julgam o mundo (1Cor 6,2). Então, talvez não deva ser feito muito disso[147]. Mais surpreendente é a alegação de que o Cristo exaltado *derramou o Espírito de Deus* (At 2,33). Que Deus dá seu próprio Espírito pode ser tomado como certo[148]. Mas João Batista providenciou algum precedente para um outro que não Deus "batizando em Espírito" (Mc 1,8 par.). E isso parece ter sido o gatilho para a formulação dos Atos[149]. Mesmo assim, a representação de Cristo exaltado como a fonte celestial do divino Espírito é extraordinária.

---

144. Bauckham tira uma conclusão ousada mas justificável de 1Cor 8,6: "A única maneira possível de entender Paulo como mantendo o monoteísmo é entender que ele está incluindo Jesus na identidade única que o único Deus afirmou no Shemá" (*"Biblical Theology"*. Op. cit., p. 224; cf. 220-226), mas ele não menciona a influência do Sl 110,1 ou discute 1Cor 15,24-28.

145. Schnelle prefere falar de "um monoteísmo exclusivo em forma binitária"; "Este Deus é um, mas não sozinho; Ele tem um nome, uma história e um rosto: Jesus Cristo" (*Theologie des Neuen Testaments*. Op. cit., p. 172, 197, 671).

146. *T. Ab.* 11.13; 1Enoc 90,31. Cf. Melquisedec em 11QMelq 13–14.

147. Embora note-se também que os primeiros cristãos não hesitaram em falar do dia do julgamento como "o dia do Senhor" (1Cor 5,5; 1Ts 5,2; 2Ts 2,2; 2Pd 3,10).

148. Paulo sempre atribuiu o "dom" do Espírito a Deus. Cf. Rm 5,5; 2Cor 1,22; 5,5; 1Ts 4,8. Cf. tb. 2Tm 1,7.

149. Cf. At 1,5; 11,15-17.

O exercício mais notável de um papel divino atribuído a Cristo, no entanto, é sua participação no ato da criação. Hb 1,2-3 e 1Cor 8,6 já foram citados[150]. Da mesma forma podemos nos referir ao "hino colossense" (Cl 1,15-20): "Este é a imagem do Deus invisível, o primogênito de toda a criação; pois nele foram criadas todas as coisas, nos céus e sobre a terra [...] tudo foi criado por meio dele e para Ele. Ele é antes de todas as coisas. Nele, tudo subsiste". E para Jo 1,1-3: "No princípio era o Verbo, e o Verbo estava com Deus (*ho theos*), e o Verbo era Deus (*theos*) [...]. Todas as coisas foram feitas por intermédio dele, e sem Ele nada do que foi feito se fez".

Aqui é geralmente reconhecido que os escritores do Novo Testamento estavam se baseando e de fato levando adiante a teologia sobre a Sabedoria e a Palavra de Deus, esboçadas anteriormente[151]. A alegação é por vezes contestada[152], mas é difícil evitar a implicação que decorre dos vários paralelos entre o que foi dito da Sabedoria e da Palavra e o que é dito de Cristo. Sabedoria e Palavra são caracteristicamente faladas como o "primogênito" da criação[153] e como agentes divinos na criação, "através dos quais" Deus fez o mundo[154] e através dos quais o mundo é sustentado[155]. Quanto aos termos distintivos usados de Cristo em Hb 1,3 – "o resplendor (*apaugasma*) da glória de Deus e a expressão (*charakter*) exata do seu Ser" –, o primeiro é a Sabedoria, em Sb 7,26 ("Ela é o esplendor da luz eterna, um espelho sem mancha da atividade de Deus"), e ambos são característicos do tratamento múltiplo de Fílon do *Logos*: a coroa ao redor do sol para a qual os seres humanos podem olhar quando não podem olhar diretamente para o sol, e o selo que impressiona o caráter divino na criação do ser[156]. A identificação da

---

150. Cf. acima os itens 3.3d-e.

151. "Poucas questões na recente teologia do NT exigiram tanta unanimidade de concordância quanto a fonte da linguagem e das imagens usadas nestas duas passagens: 1Cor 8,6 e Cl 1,15-20. Em consenso foram extraídas da reflexão judaica anterior sobre a sabedoria divina" (DUNN, J.D.G. *The Theology of Paul the Apostle*. Op. cit., p. 269; bibliografia na nota 12).

152. FEE, G.D. *Pauline Christology*: An Exegetical-Theological Study. Peabody: Hendrickson, 2007. Nessa obra o autor resiste ao consenso (p. 595-602), mas é surdo a alusões que aos outros parecem óbvias.

153. Pr 8,22.25; Sr 24,9; o Logos como "a mãe primogênita de todas as coisas" (FÍLON. *Qu. Gn.*, 4,97. Cf. Hb. 30-31).

154. P. ex., Pr 3,19; Sb 8,4-6; FÍLON. *Dt* 54.

155. Sr 43.26. Cf. FÍLON. *Heres*, 188; *Fuga*, 112; *Qu. Ex.*, 2.118.

156. P. ex., *Plant.*, 18; *Som.* 1,239. Cf. mais em minha *Christology* (p. 207, 226-227) e ainda o tratamento mais aprofundado sobre Fílon (p. 220-228).

Palavra com a luz no prólogo joanino (Jo 1,4 – "a vida estava nele e a vida era a luz dos homens...") era igualmente familiar no que diz respeito à Sabedoria (Sb 7,26-29) e ao *Logos*[157]. E o pensamento de que a Palavra vinda a Israel e não recebida lá (Jo 1,10-11) é extraído diretamente da narrativa da Sabedoria de Israel, sendo dada a sua morada em Israel (Sr 24,8; Br 3-4), mas não encontrando nenhum lugar de morada entre a humanidade (1Enoc 42). Podemos até ver que o pensamento da Palavra de Deus (Jo 1,1) como "Deus unigênito" (1,18) já havia sido antecipado na fala de Fílon sobre *Logos* quando fez um comentário sobre a distinção de Jo 1,1: entre *ho theos* e *theos*, o primeiro é apropriado apenas para "aquele que é verdadeiramente Deus", enquanto o segundo é apropriado para o *Logos* (*Som.* 1,227-230); e, como já vimos, Fílon poderia falar do Logos como "o segundo Deus" (*Qu. Gen.* 2,62).

É difícil evitar a conclusão, portanto, de que os primeiros teólogos cristãos seguiram a tendência da teologização judaica evidente na tradição e característica da Sabedoria de Israel em Fílon e encontraram nela uma maneira frutífera de dar sentido ao significado que se tinha tornado cada vez mais evidente na missão de Jesus[158] e na sua ressurreição e exaltação. O vívido imaginário poético usado na tradição da Sabedoria – para falar da ação de Deus na criação e sustentação, na revelação e redenção, foi um recurso óbvio sobre o qual os primeiros teólogos cristãos foram capazes de desenhar livremente[159]. Poderíamos até dizer que a especulação dentro do judaísmo do Segundo Templo sobre como Deus revela sua vontade e a si mesmo ao seu povo chegou ao ápice na conclusão cristã primitiva de que Jesus era o auge da autorrevelação. Onde os sábios de Israel encontraram o clímax na *Torá* – a *Torá* como a personificação da sabedoria divina que permeia toda a criação e ilumina o buscador humano de *Deus* – os primeiros cristãos encontraram um clímax ainda mais rico e pleno em *Cristo*. Assim como Baruc tinha tomado a linguagem de Dt 30,12-14 para sublinhar o ponto de que

---

157. FÍLON. *Opif.*, 33; *Conf.*, 60-63; *Som.*, 1,75.

158. Cf. o que parece ser a redação de Mateus da Fonte Q na qual Jesus é apresentado mais como o emissário da *Sabedoria* (Mt 11,19/Lc 7,35; Mt 11,25-30/Lc 10,21-22; Mt 23,34/Lc 11,49-51; Mt 23,37-39/Lc 13,34-35). Cf. tb. minha *Christology*, item 25.1.

159. Isso incluiu o pensamento de preexistência, no qual Jesus foi identificado com a própria revelação de Deus na criação e nos tempos antigos; mais notavelmente em textos como Jo 1,1-18; Fl 2,6-11; Cl 1,15-20. Cf. p. ex., HAHN, F. *Theologie des Neuen Testaments*. Op. cit. Vol. 2, p. 215-225.

a muito procurada sabedoria tinha sido dada a Israel na Torá (Br 3,29-30; 3,36–4,1), Paulo usou a mesma linguagem para argumentar que a mesma sabedoria agora pode ser encontrada em Cristo e na "palavra de fé" (Rm 10,6-10)[160]. Para o quarto evangelista, o Verbo se fez carne em Cristo (Jo 1,14); a Palavra de Deus não só apareceu entre os homens nem simplesmente inspirou profetas e nem foi apenas para ser alegoricamente representada em figuras patriarcais como Sara[161], mas *se tornou* um ser humano particular no qual "habita corporalmente toda a plenitude da divindade" (Cl 2,9).

A questão pendente, então, é mais uma vez se esses primeiros teólogos cristãos estavam simplesmente estendendo a teo-logização de seus antecessores e pares/colegas judeus do Segundo Templo ou se eles estavam transformando isso em algo diferente sobre Deus.

G) A adoração de Jesus

A questão complementar de saber se os primeiros cristãos pensavam em Jesus como Deus (ou deus) parece a princípio levar a discussão um passo adiante. Mas, na verdade, isso não acontece. Pois assim como "filho de Deus" tinha uma gama muito maior de uso no primeiro século, assim também *theos* podia cobrir uma gama de *status* divino. Fílon foi capaz tomar o Ex 4,16 e 7,1 (Moisés para ser como Deus para Arão, com Arão como seu profeta) e dizer coisas como: "(Deus) o nomeou como deus" (*Sac.* 9), como um "não mais homem senão Deus" (*Prob.* 43). Em Jo 10,33-36 Jesus é capaz de responder à acusação de que *estava se fazendo Deus* com a citação do Sl 82,6: "Eu disse, 'sois deuses, sois todos filhos do Altíssimo'" (referindo-se provavelmente a governantes e juízes). E já observamos duas vezes que Fílon não hesitou em descrever o *Logos* como um "segundo deus". Assim, as poucas passagens do Novo Testamento onde o termo "D/deus" é usado acerca de Jesus podem não ser tão significativas como se supõe que sejam[162].

A pergunta mais incisiva é se Jesus foi adorado como Deus. Uma resposta firmemente positiva parece ser exigida por Jo 20,28, embora devamos também notar que o Jesus ressuscitado que Tomé adorava tinha dito a Maria

---

160. Para a atual linha de pensamento que Paulo aplica aqui ao evangelho e a Cristo, cf. DUNN, J.D.G. *Romans.* Op. cit., p. 603-605.

161. Cf. o índice na Edição Loeb de Fílon, vol. 10, p. 413.

162. Jo 1,1.18; 20,28; Rm 9,5; Tt 2,13; Hb 1,8-9; 1Jo 5,20.

Madalena uma semana antes: "Subo para meu Pai e vosso Pai, para meu Deus e vosso Deus" (20,17)[163]. Mas no Livro do Apocalipse a adoração dada ao Cordeiro parece ser inequívoca (Ap 5). Uma característica notável do Apocalipse de João é a distinção crucial feita entre os anjos e o Jesus exaltado. Na continuação da tradição apocalíptica, os guias angélicos da vidente desprezam qualquer tentativa de lhe oferecer adoração (19,10), enquanto *a adoração é dada ao Cordeiro sem reservas* (5,13; 7,10)[164]. Igualmente impressionante é o fato de que ao vidente são dadas visões não apenas de dois tronos, um para Deus e outro para o Cordeiro, mas (também) de um trono, o Cordeiro aparentemente compartilhando o trono de Deus (7,17; 22,1-3) e digno do mesmo tipo de adoração dada a Deus.

No entanto, uma leve hesitação pode ser necessária, uma vez que, como alguns de nossos outros termos, a adoração é uma categoria bastante ampla. O termo[165] pode abranger tudo, desde o reconhecimento educado de um superior[166], passando por termos menos pesados como *reverência* e *veneração*[167], até a adoração plena, apropriada apenas a Deus. Poderia muito bem ser argumentado que no primeiro século a característica-chave da adoração nesse sentido pleno era a sua expressão no sacrifício ritual[168]. De fato, foi a ausência de qualquer culto sacrificial dedicado à Sabedoria no judaísmo do Segundo Templo que tornou clara a distinção entre a *teo-logia* da Sabedoria de Israel e seu paralelo no ambiente religioso politeísta[169]. Da mesma forma foi o fato de que as ofertas foram feitas às figuras imperiais dentro do culto imperial já solidamente estabelecido no Império Romano oriental, tornando o desafio da adoração ao imperador tão real e imposto aos primeiros

---

163. Observe também a repreensão anterior de Jesus aos "judeus" que "não buscam a glória que vem de quem só é Deus" (5,44).

164. Cf. esp. STUCKENBRUCK, L.T. *Angel Veneration and Christology*: A Study in Early Judaism and in the Christology of the Apocalypse of John. Tübingen: Mohr Siebeck, 1995 [WUNT 2.70].

165. Refiro-me ao verbo grego *proskyneō*, para uso mais amplo do tempo. Cf. *LSJ*, 1518. O NT não usa o substantivo *proskynēsis*.

166. Mais obviamente Mt 18,26; At 10,25; Ap 3,9.

167. A tradição cristã se tornou bastante familiar com uma graduação de termos, desde a veneração devida aos santos e à Virgem até a plena adoração unicamente a Deus e a Cristo.

168. Cf. esp. NORTH, J.L. "Jesus and Worship, God and Sacrifice". In: STUCKENBRUCK, L.T. & NORTH, W.E.S. (orgs.). *Early Jewish and Christian Monotheism*. Op. cit., p. 186-202.

169. "Nenhuma adoração é oferecida à Sabedoria; Ela não tem sacerdotes em Israel" (*Christology*, 170). Cf. HURTADO, L.W. *Lord Jesus Christ*: Devotion to Jesus in Earliest Christianity. Grand Rapids: Eerdmans, 2003, p. 33-37.

cristãos, bem como para os judeus em geral. Aqui é importante notar que a ausência de um culto sacrificial e de um sacerdócio que oferecesse sacrifícios dentro do cristianismo do primeiro século realmente impossibilitou que a prática de adorar a Jesus se tornasse um problema para os cristãos que ainda afirmavam adorar um Deus. Jesus era reverenciado mais como a vítima sacrificial que tinha feito expiação por outros, e não como aquele a quem o sacrifício deveria ser feito. E mesmo quando a linguagem do sacrifício ressurgiu ao falar de oferecer, o que se passou a descrever como o "sacrifício da missa" foi uma reencenação ou oferenda do sacrifício que foi e é Jesus, em vez de oferecer um sacrifício a Ele. A questão de saber se os primeiros cristãos adoravam Jesus (como Deus) é, portanto, mais complexa do que muitos reconhecem[170].

Larry Hurtado argumentou tenazmente que a *devoção cultual oferecida a Jesus* desde os primeiros tempos do cristianismo foi decisiva para levar a *teo-logia* cristã além da *teo-logização* do judaísmo do Segundo Templo sobre os anjos supremos e a Sabedoria divina[171]. Ele pode apontar dados nos primeiros escritos do Novo Testamento (de Paulo), como a invocação de Jesus em 1Cor 16,22 – "Maranata", "Nosso Senhor, vinde" –, já formulada na primeira comunidade de língua aramaica, o apelo de Paulo ao Senhor (Jesus) para aliviar seu "espinho na carne" (2Cor 12,8) ou novamente a ligação do Senhor Jesus Cristo com Deus Pai na bênção[172]. Ao mesmo tempo, porém, precisamos observar o cuidado com que Paulo usa seus termos normais de adoração[173]. Os seus agradecimentos (*eucharistein, eucharistia*) são sempre dirigidos a Deus, e nunca a Cristo ou ao "Senhor"; Cristo é mais o conteúdo do que o destinatário da sua ação de graças. Os termos normais de oração (*deomai, deēsis*) são geralmente dirigidos a Deus, e nunca a Cristo. O termo "glorificar" (*doxazō*) nunca tem Cristo como seu objeto; propriamente falando, para Paulo, somente Deus deve ser glorificado. O mesmo se aplica a *latreuō*, "servir (religiosamente, culticamente)", e *latreia*, "serviço, adoração",

---

170. Cf. CHILDS: "Os cristãos continuaram sua adoração completamente dentro da língua das escrituras judaicas. Não houve tensão nem a necessidade de reformular a doutrina de Deus contra a sinagoga" (*Biblical Theology*, p. 366-367). Uma frase-chave aqui é "contra a sinagoga".

171. HURTADO, L.W. *Lord Jesus Christ*. Op. cit., cap. 2 e 3.

172. Cf. acima, nota 142.

173. Já desenvolvi os pontos seguintes em DUNN, J.D.G. *The Theology of Paul the Apostle*. Op. cit., item 10.5.

e seu único uso de *proskyneō*, "adoração, reverência" (1Cor 14,25). Na adoração de Paulo Jesus é tipicamente o conteúdo da adoração; hinos como Fl 2,6-11 e Cl 1,15-20 (se forem hinos) não são dirigidos *a* Cristo, mas louvam a Deus *por* Cristo. E, em geral, é mais característico do entendimento e prática da adoração de Paulo que seja oferecido *através* de Cristo ao invés de *a* Cristo[174]. Portanto, há aqui uma reserva que, se não for notada, pode ser perdida de vista, deixando-nos com uma apreciação imperfeita da *teo-logia* de Paulo.

4 Conclusão

Essas reflexões consumiram mais espaço do que eu esperava. Talvez isso fosse inevitável, já que Jesus e o sentido de Jesus ainda presente e ativo depois de sua morte foram tão centrais para o surgimento do cristianismo como uma religião distinta, e a partir do significado atribuído a algumas características do cristianismo que o dividiam das outras crenças abraamicas. O que descobrimos, porém, é que *a complexidade da reflexão do Segundo Templo sobre a imanência de Deus e a sutileza da apreensão dos primeiros cristãos de Jesus em relação a Deus não podem ser reduzidas a* slogan *muito simples como "Jesus é Deus" sem perder essa sutileza e sem perder de vista a diversidade de imagens e de linguagem realmente utilizadas pelos escritores do Novo Testamento*. Que a diversidade é difícil de encapsular dentro de um único *slogan* é simplesmente um lembrete de que a apreensão de Deus e das relações dele com a sua criação em e através de Cristo, como também anteriormente, através de profetas, sábios e visionários, escapa à simples formulação em palavras. Qualquer fórmula desse tipo terá de ser equilibrada por outras fórmulas nem sempre compatíveis entre si; caso contrário, poderiam ser reduzidas a uma única fórmula abrangente. O cristianismo sempre reconheceu isso, tanto na diversidade das escrituras e da linguagem bíblica que reconhece como canônica quanto em seus credos com suas afirmações de que Cristo era e é verdadeiro Deus e verdadeiro homem. Aqui a teologia bíblica fornece recursos, tanto inspiradores quanto cautelosos, que não têm sido tão bem apreciados e aproveitados na teologização subsequente como poderiam ter sido.

---

174. Rm 1,8; 7,25; Cl 3,17.

Sobre as grandes questões subjacentes da teologia bíblica (cap. 1), contudo, devemos observar como resumo:

1) A alta medida de continuidade entre a revelação de Deus e as relações de Deus com a criação e a humanidade e as reivindicações feitas para Cristo; *a reflexão cristológica mais antiga é consistente com e pertence à reflexão* teológica *do judaísmo do Segundo Templo;* a alta cristologia dos escritores do Novo Testamento (mais ou menos desde o primeiro) foi possível graças aos modelos e precedentes disponíveis para eles de seus antepassados judeus. Os cristãos afirmam que essa primeira reflexão cristã sobre o significado da revelação de Jesus Cristo permanece dentro do monoteísmo das escrituras judaicas (o Antigo Testamento) ao mesmo tempo em que proporciona uma compreensão mais clara desse monoteísmo (monoteísmo cristológico). Se essa afirmação pode ser aceita pelos judeus no diálogo judeu-cristão é um dos itens mais fascinantes da agenda na teologia/teologização bíblica.

2) Eu não concentrei minha atenção na diversidade das afirmações cristológicas feitas a respeito de Jesus. Mas a restrição dos evangelistas sinóticos na representação de Jesus não deve ser ignorada, nem o impressionante contraste entre o retrato sinótico e o do Evangelho de João. Os sermões em Atos incorporam uma boa parte da cristologia primitiva que não parece ter sido muito desenvolvida[175]; e eu notei que "mestre" e "profeta" não sobreviveram muito longe na reflexão cristológica mais antiga. A alta cristologia sacerdotal de Hebreus é única no Novo Testamento (com a única exceção de Rm 8,34). E o tratamento apocalíptico do Apocalipse é igualmente único. Por outro lado, *o foco unificador em Cristo, tanto como o nome em torno do qual os primeiros cristãos se reuniram quanto revelando os caminhos de Deus e do caráter de Deus mais plenamente do que nunca antes*, foi claramente destacado acima.

3) Igualmente claro tem sido o fato de que a teologização dos primeiros cristãos não começou com eles próprios. Eles se lembraram de um Jesus que havia orado a Deus como seu Pai e que tinha encontrado na visão de Dn 7,13-14 uma fonte para sua expectativa de vindicação. *Eles não precisavam abandonar ou transformar o seu ensinamento para que ele servisse de evangelho para eles*; era suficiente que a tradição de Jesus fosse mantida dentro de

---

175. Posso me referir simplesmente a DUNN, J.D.G. *Christianity in the Making* – Vol. 2: Beginning from Jerusalem. Op. cit., item 21.3. A título de exemplo cf. o cap. 4, nota 122 abaixo.

uma estrutura que começasse com o batismo de João e culminasse na morte e ressurreição de Jesus. A reflexão teológica sobre Jesus se tornou mais extravagante ao falar da concepção virginal (Mateus) e da morada celeste com o Pai antes da sua missão na terra (João), mas pode certamente ser argumentado que isso foi um desdobramento de um significado enraizado e já presente na própria missão de Jesus, em vez de que foi uma adição posterior proveniente de outros sistemas de filosofia. A cristologia do Novo Testamento (ou cristologização) começou com Jesus. Aqui também há muito para a teologização do Novo Testamento.

4) A compreensão de Deus como Trindade só pode ser encontrada no próprio Novo Testamento com retrospectiva, prenunciada em passagens como Mt 28,19; 1Cor 12,4-6; 2Cor 13,14. O que pode ser dito mais firmemente, no entanto, é que a compreensão de Deus, ou pelo menos da autorrevelação de Deus como exigindo linguagem e imagens complexas, não foi uma criação cristã ou do Novo Testamento. Longa conversa familiar sobre o anjo do Senhor e a Sabedoria e Palavra de Deus nos lembra da reflexão cristã mais antiga sobre Jesus como aquele que revela Deus mais claramente, que teve e recorreu a tais precedentes. O Novo Testamento também fornece a linguagem (com seu conteúdo de significado) para posterior reflexão cristológica e trinitária (Logos e Filho). E é precisamente a tensão (se essa é a palavra apropriada) entre uma cristologia que absorve a Sabedoria e a *teo-logia* da Palavra, mas uma cristologia da qual a pneumatologia permanece distinta (mesmo quando se fala também do Espírito de Deus como "o Espírito de Cristo"), que fornece a força motriz para uma posterior teologização para uma compreensão de Deus como Pai e Filho e Espírito Santo[176]. A cristologia é tanto teologia quanto *teo-logia*.

---

176. F. Young resume bem a posição em "The Trinity and the New Testament" (In: ROWLAND, C. & TUCKETT, C. (orgs.). *The Nature of New Testament Theology*: Essays in Honour of Robert Morgan. Op. cit., p. 286-305): "o Novo Testamento apresenta consistentemente a atividade de Cristo e do Espírito como obra do único Deus verdadeiro da lei, dos Profetas, dos Salmos e da Sabedoria. Sob pressão, esse relacionamento teve de ser articulado de uma maneira que os próprios escritores do Novo Testamento não haviam previsto" (p. 299). Cf. HAHN, F. *Theologie des Neuen Testaments*. Op. cit. vol. 2, p. 289-308.

4

A TEOLOGIA DA SALVAÇÃO

---

1 Introdução

A *salvação* tem sido estabelecida há muito tempo como a palavra resumida para se referir ao alcance da dependência humana de Deus. Surge de um sentido comum da fragilidade da vida, constantemente ameaçada por uma sequência interminável de perigos: enfermidade e doença, más colheitas, fome e inundações, exércitos hostis e banditismo, injustiça e opressão, falha humana, ganância e despeito, acidentes, velhice, e assim por diante. O termo *salvação* resume a ajuda necessária, o resgate esperado, e assim, no final, a condição e a situação de quem sobreviveu a todos esses perigos e chegou a um estado além de tais perigos ameaçadores – o estado de ter sido salvo. Porque muitos desses perigos estão além do controle humano, a palavra inevitavelmente tem uma dimensão religiosa, como olhar para Deus em busca de uma ajuda ou resgate que nenhum indivíduo ou instituição humana pode fornecer. E assim, também, a salvação final, um estado libertado das vulnerabilidades da vida humana cotidiana, é concebida como um estado para além da vida humana cotidiana, dada por Deus, uma espécie de utopia ou céu.

Esbocei os contornos da salvação em termos gerais nessas frases de abertura precisamente porque a linguagem bíblica da salvação apresenta a mesma amplitude em ambos os testamentos, e como ela se torna um termo predominantemente teológico, a imagem encapsulada no termo é extraída dessa amplitude de uso[1]. É importante estar ciente disso desde o início; caso

---

1. O *BDAG* fornece os seguintes significados para o verbo *sozo*: "salve, evitar danos, preserve, resgatar; salvar da morte, salvar/libertar de doenças; manter, preservar, prosperar, prosperar, se dar bem; salvar / preservar da morte eterna, trazer [para] a salvação, alcançar a salvação" (p. 982-983); *soteria*: "libertação, preservação, salvação" (p. 985-986).

contrário, o termo pode se tornar demasiado estreito e rápido demais, um termo técnico de referência limitada. Mas em todo caso, qualquer que seja o termo que escolhermos e seja qual for a sua definição, ele aponta para uma área de grande importância para qualquer teologia bíblica[2].

Aqui também a teologia do Novo Testamento é inteiramente contínua e dependente de sua herança nas escrituras de Israel. Os dados da teologia da salvação de Israel podem ser resumidos em cinco tópicos:

A) Deus como salvador;
B) A iniciativa de Deus;
C) A fidelidade de Deus;
D) Os meios de expiação;
E) Esperança para e era vindoura.

E também aqui está o impacto de Jesus, sua missão de cura (salvação) e particularmente o efeito de sua morte e ressurreição, que reformula os elementos herdados de Israel e questiona a continuidade do conceito bíblico:

A) Escatologia realizada;
B) A nova aliança;
C) Espaço sagrado e expiação;
D) Diversas imagens da salvação;
E) A esperança da salvação.

2 A Teologia herdada

A) Deus como Salvador

Uma característica marcante da Bíblia é o reconhecimento de que somente Deus pode prover a salvação necessária. Foi bem-entendido que a

---

2. CAIRD, G.B. *New Testament Theology*. Op. cit., cap. 3-8. • MARSHALL, I.H. *New Testament Theology*. Op. cit., p. 717-718. Cf. tb. p. 432-442, 474-478, 518-522. Essas obras têm a "salvação" como principal tema de conexão em suas teologias. Para as principais testemunhas da teologia do Novo Testamento (Jesus, Paulo, João) "é constitutiva a combinação da crença na presença da salvação divina através do envio de Jesus e a expectativa da consumação da salvação por meio da vinda de Jesus Cristo em glória" (KÜMMEL, W.G. *The Theology of the New Testament*. Op. cit., p. 329). Como uma amostra adicional de sua *"Wredean" history of early Christian religion*, Räisänen oferece "Towards an Alternative to New Testament Theology: Different 'paths to salvation'" [Rumo a uma alternativa à teologia do Novo Testamento: diferentes "caminhos para a salvação"] (In: BREYTENBACH, C. & FREY, J. (orgs.). *Aufgabe und Durchführung einer Theologie des Neuen Testaments*. Op. cit., p. 175-203].

salvação pode vir através do arbítrio humano: os primeiros líderes de Israel foram lembrados na história de Israel pela libertação (salvação) que trouxeram[3], e é dado como certo que um dos papéis de um rei é resgatar seu povo da opressão[4]. Mas, mesmo assim, é solidamente afirmado que Deus tomou a iniciativa de levantar esses primeiros libertadores; foi Yahweh quem salvou pela mão dos juízes (Jz 6,36-37). Para os profetas de Israel foi precisamente o poder de Yahweh para salvar que levou aos ídolos de madeira e pedra[5].

Então é característica da confiança de Israel em Deus que somente *em Deus Israel busca a libertação*; somente Ele é Salvador. Particularmente nos Salmos e em Isaías Deus é constantemente saudado como o Deus da salvação: "O Senhor é a minha luz e a minha salvação" (Sl 27,1); "Só Ele é a minha rocha, a minha salvação e o meu alto refúgio" (Sl 62,2-6); "Próxima está a sua salvação dos que o temem" (Sl 85,9). "Porque eu sou o SENHOR, teu Deus, o Santo de Israel, o teu Salvador... Eu sou o SENHOR, e fora de mim não há salvador" (Is 43,3-11); "Olhai para mim e sede salvos, vós todos os limites da terra; porque eu sou Deus, e não há outro" (Is 45,22).

O uso do Novo Testamento é mais amplo, com o verbo (*salvar*) frequentemente usado, particularmente nos evangelhos, para ser curado (salvo de doença ou morte); Jesus é lembrado como tipicamente dizendo: "A tua fé te salvou (te fez inteiro)"[6]. Às vezes os escritores do Novo Testamento também falam dos indivíduos como mediadores da salvação[7]. Mas nos evangelhos é tipicamente Jesus quem cura, salva ou através de quem Deus salva. E é notável que particularmente nas pastorais o título de Salvador é usado tanto para Deus[8] quanto para Cristo[9]. O uso passivo *ser salvo* provavelmente deve ter sido tomado com um passivo divino, sendo Deus o salvador não identificado. Aqui provavelmente devemos ver o mesmo tipo de desenvolvimento que aquele examinado no capítulo 3: Jesus entende ser o mediador do poder salvífico de Deus, como a realização da salvação de *Deus*.

---

3. P. ex.: Jz 2,16.18; 3,9.15.31; 8,22; 9,17; 13,5; 1Sm 9,16; 11,9; 23,5; 2Sm 3,18; 9,19.

4. 2Sm 14,4; 2 Rs 6,26; 16,7; Sl 72,4; Os 13,10.

5. Is 45,20; 46,7; Jr 2,27-28; 3,23; 11,12; Os 14,3.

6. P. ex.: Mc 3,4; 5,28.34; 6,56; 10,52.

7. Rm 11,14; 1Cor 7,16; 9,22; 1Tm 4,16; Tg 5,20.

8. 1Tm 1,1; 2,3; 4,10; Tt 1,3; 2,10; 3,4.

9. 2Tm 1,10; Tt 1,4; 2,13; 3,6.

O conceito de salvação como exigindo intervenção divina e ajuda para além dos próprios recursos naturalmente era difundido no mundo antigo. Na época de Paulo o título *Salvador* (*sōter*) já era muito familiar em referência a vários deuses, notadamente Esculápio, o deus da cura[10], e tinha se tornado proeminente na adoração do imperador, embora fosse usado também por heróis individuais, estadistas e outros[11]. Então a afirmação feita pelos primeiros cristãos para Jesus – por Pedro em At 4,12 ("E não há salvação em nenhum outro; porque abaixo do céu não existe nenhum outro nome, dado entre os homens, pelo qual importa que sejamos salvos"), e por Paulo em At 16,31, em resposta à questão "Que devo fazer para que seja salvo?" ("Crê no Senhor Jesus e serás salvo") – foi ousada e indicou a entrada da Cristandade primitiva no mercado para promover o seu evangelho em face de todas as outras ofertas e convites à cura, plenitude e salvação.

B) A iniciativa de Deus

No coração da teologia de Israel está a convicção de que a criação é livre iniciativa de Deus, resumida na repetida frase da narrativa da criação em Gn 1: "Disse Deus, 'Haja'", o *fiat* divino[12]. Sem a vontade e a realização de Deus nada mais existiria. O Evangelho de João faz a afirmação explicitamente falando da palavra de Deus em eco à narrativa de Gênesis: "Todas as coisas foram feitas por intermédio dele, e sem Ele, nada do que foi feito se fez" (Jo 1,3). Essa convicção de que tudo remonta a Deus e tudo depende da vontade divina de que haja outros seres além de Deus é fundamental para a teologia de Israel como um todo.

Então não é de surpreender que, quando *a história da salvação* se inicia verdadeiramente com a história de Abraão, começa com a mesma insistência na iniciativa de Deus – a implicação é que sem essa iniciativa divina a história dos seres humanos seria tão incolor e tão negativa quanto antes de Noé (Gn 6,9) e tão confusa como se tornou depois do episódio de Babel (Gn 10,11). Seu início efetivo é a ordenação e a promessa que Deus fez a Abraão implicitamente por sua própria iniciativa, o juramento que Deus livremente

---

10. Paulo sem dúvida conheceria os santuários seculares de Esculápio em Epidauros e Cos.

11. FOERSTER, W. *Theological Dictionary of the New Testament*. Vol. 7, p. 1.004-1.012.

12. Gn 1,3.6.9.11.14.20.24.26. Cf. tb., acima, cap. 3 nota 81.

fez a Abraão, a aliança que Ele fez por sua própria vontade com Abraão e seus descendentes: "Disse o SENHOR a Abrão: Sai da tua terra, da tua parentela e da casa de teu pai e vai para a terra que te mostrarei; de ti farei uma grande nação, e te abençoarei, e te engrandecerei o nome. Sê tu uma bênção!" (Gn 12,1-2). O ponto foi claramente visto como de importância central para aqueles que formularam o Gênesis, uma vez que a promessa é repetida regularmente através da narrativa, a Abraão e a cada um dos seus descendentes[13]. E precisamente esse tema é abordado quando a história da salvação é retomada no relato da libertação de Israel da escravidão no Egito – o êxodo –, o novo capítulo que começa quando "Deus se lembrou da sua aliança com Abraão, com Isaac e com Jacó" (Ex 2,24; 6,4-5). Da mesma forma, a esperança estendida a um Israel arrependido sobre a futura (inevitável) iniquidade e fracasso é que Deus lembrará sua aliança com os pais (Lv 26,40-45). E o Deuteronômio, em particular, diz repetidamente que a herança de Israel da terra (de Canaã) não foi por causa de qualquer virtude em si mesma ou qualquer coisa que eles tinham feito, mas somente porque Deus estava lembrando a aliança que Ele tinha feito com Abraão, Isaac e Jacó, por causa do amor de Deus por seus ancestrais[14]. Compreensivelmente, tanto o êxodo quanto a experiência do exílio e do retorno ao exílio foram vistos como expressões emblemáticas do propósito salvífico de Deus para Israel – as expressões clássicas de cada um sendo o Deuteronômio e o Segundo Isaías[15].

O caráter do compromisso da aliança livremente aceita por Deus está bem resumido nas duas palavras: *hesed ("bondade amorosa") e misericórdia*. A primeira, em particular, caracteriza o amor de Deus pelos patriarcas e por Israel como firme, leal e fiel, persistindo apesar de sua desobediência e fracasso. "A mais importante de todas as ideias distintivas do Antigo Testamento é a constante e extraordinária persistência de Deus em continuar a amar

---

13. Gn 12,1-3; 13,14-17; 15,5-6.12-20; 17,1-8; 18,17-19; 22,15-18; 26,2-5; 28,3-4.13-15.

14. Dt 4,37; 6,10.23; 7,7-8; 8,1.17-18; 9,4-7.26-29; 10,14-15 etc. Uma expressão particularmente refinada da confiança de Israel no *status* da Aliança é Sl 105,7-15 = 1Cr 16,14-22.

15. Cf., p. ex.: KITCHEN, K.A. "Exodus, The". In: FREEDMAN, D.N. et al. (orgs.). *The Anchor Bible Dictionary*. Vol. 2. Nova York: Doubleday, 1992, p. 701: "Dentro da tradição bíblica poucos outros eventos desfrutaram de algo como a proeminência conferida tão pervasivamente à obra de tantos escritores, ou foram considerados de importância básica para a história de Israel". • BRUEGGEMANN, W. "A Shattered Transcendence? – Exile and Restoration" . In: KRAFT-CHICK, S.J. et al. (orgs.). *Biblical Theology*: Problem and Perspectives. Op. cit., p. 169-182.

Israel desobediente, apesar da insistente perversidade de Israel[16]. O seu significado é resumido na oração de Jacó: "Sou indigno de todas as misericórdias e de toda a fidelidade que tens usado para com teu servo" (Gn 32,10). O salmista continuamente louva a Deus pelo mesmo amor inabalável[17]. E a imagem surpreendente do *hesed* de Deus na história de Oseias, o amor duradouro e inflexível de Deus por Israel adúltero, fala mais poderosamente do que qualquer outra; Deus solenemente afirma: "Desposar-te-ei comigo para sempre; desposar-te-ei comigo em justiça e em juízo e em benignidade e em misericórdias" (Os 2,19). O amor inabalável de Deus é "para sempre"[18].

Uma das palavras mais frequentemente ligadas à *hesed* é *misericórdia*; *hesed* de Deus e misericórdia de Deus são duas faces da mesma moeda[19]. A passagem que mais claramente resume a apreciação de Israel ao Deus que eles adoravam é Ex 34,6-7 – o mais próximo que Moisés chegou de compreender o caráter de Deus: "E, passando o SENHOR por diante dele, clamou: SENHOR, SENHOR Deus compassivo, clemente e longânimo e grande em misericórdia e fidelidade; que guarda a misericórdia em mil gerações..." O fato de que essa passagem é repetida em várias variações ao longo da história de Israel é uma indicação clara de que Israel valorizava essa percepção de seu Deus mais do que qualquer outra, como estando no coração de sua experiência de Deus e sua compreensão do significado de sua relação com Ele[20].

O ponto sobre o reconhecimento de Israel e a afirmação da iniciativa divina em começar o processo de salvação precisa ser enfatizado, já que muita teologia da Reforma encorajou a ideia de que os precursores judeus do cristianismo eram essencialmente de caráter legalista. A acentuada antítese luterana entre lei e evangelho permitiu que a impressão ganhasse força no sentido de que o judaísmo entendia a salvação como algo a ser alcançado por meio da obediência à lei. Que a lei de fato estava no centro da religião de Israel e do judaísmo primitivo é certamente o caso, e nós vamos explorar

---

16. SNAITH, N.H. *The Distinctive Ideas of the Old Testament*. Londres: Epworth, 1944, p. 102 – Um livro que me apresentou um estudo mais profundo do Antigo Testamento.

17. Sl 5,7; 6,4; 13,5; 17,7; 21,7 etc.

18. Sl 106,1; 107,1; 117,2; Is 54,8.

19. Sl 25,6; Is 63,7; Jr 16,5; Lm 3,22. Cf. tb. Sl 106,45; Is 54,8.10; Lm 3,32.

20. Nm 14,18; Ne 9,17; Sl 86,15; 103,8; 145,8; Jl 2,13; Jn 4,2; Na 1,3. Cf. tb. Dt 7,9-10; 2Rs 13,23; 2Cr 30,9; Ne 9,31; Sl 111,4; 112,4; Is 30,18; Jr 32,18; Sr 2,11; Sb 3,9; 4,15; 15,1; Oração Man. 7; Sl. Sal. 9.8-11; T. Jud. 19.3; T. Zab. 9.7; Jos. Asen. 11.10; Pseudo-Fílon 13.10; 35.3; 4Esd 7.33.

o papel da lei dentro da compreensão de Israel de suas responsabilidades e obrigações como povo de Deus no capítulo 6. Mas o que precisa ser sublinhado aqui é *a total graciosidade da iniciativa de Deus em primeiro chamar Abraão e ligar-se a ele e aos seus descendentes por um juramento solene*[21]. O ponto de partida não foi algo que Abraão tivesse feito ou alcançado[22], mas a escolha soberana de Deus de fazer um compromisso de aliança com Abraão e seus descendentes, prometendo seu amor e misericórdia sem condições prévias. A história da salvação de Israel em nada deve ser encontrada no que estava fazendo ou podia fazer como um povo escravo, mas somente na graça de Deus lembrando a aliança que fez com os patriarcas.

A palavra do Novo Testamento que melhor capta esse axioma da teologia bíblica da salvação é *graça* (*charis*), e a teologia reformada captou bem essa ênfase em seu conceito da aliança da graça como já operante no Antigo Testamento[23]. Pois "graça" é outro termo para a escolha da aliança, amor firme e misericórdia de Deus. Foi Paulo em particular que retomou uma palavra muito usada no contexto das benfeitorias – *charis* como "favor" concedido – e lhe deu o peso profundamente teológico e religioso que ainda é conservado na teologia cristã[24]. E não deve causar surpresa quando Paulo procurou resolver o dilema do futuro de Israel no plano de salvação de Deus apelando finalmente à misericórdia que Deus demonstrou ao escolher primeiro os patriarcas e chamar Israel (Rm 11,28-32). *A compreensão do Novo Testamento de Deus como gracioso está profundamente enraizada no entendimento de Israel a respeito do amor e da misericórdia na aliança de Deus.*

C) A fidelidade de Deus

Outros termos enfatizam o caráter duradouro do favor e compromisso de Deus uma vez dado. A ênfase já é evidente nas frequentes conversas sobre

---

21. O protesto contra uma depreciação geral da soteriologia judaica como autorrealizada, "para fazer justiça", foi feito com mais eficácia por E.P. Sanders (*Paul and Palestinian Judaism*. Londres: SCM, 1977), a quem deve ser atribuída a correção atrasada do desequilíbrio dos tratamentos anteriores do judaísmo do Segundo Templo.

22. O ponto é discutido em LANDINGHAM, C. *Judgment and Justification in Early Judaism and the Apostle Paul*. Peabody: Hendrickson, 2006. Cf. o meu *The New Perspective on Paul*. Ed. rev. Grand Rapids: Eerdmans, 2008, p. 66-69.

23. Classicamente na *Confissão de Westminster*, item 7.5-6.

24. Cf. tb. DUNN, J.D.G. *The Theology of Paul the Apostle*. Op. cit., item 13.2.

a *hesed* de Deus, mas o reforço da ênfase com uma linguagem alternativa e quase igualmente importante sublinha também a importância do tema para os sábios de Israel e para os teólogos.

Dois exemplos são os termos *'emeth* e *'emunah*, ambos da raiz *'mn*, denotando "constância" (das coisas) e "confiabilidade" (das pessoas), com o primeiro adquirindo o significado de "verdade" e o segundo transmitindo mais a ideia de "conduta que cresce da confiabilidade"; daí a "fidelidade" (na LXX traduzida como *pistis*)[25]. Central para a teo-logia de Israel é a afirmação de que Yahweh é *'el 'emeth*, "Deus fiel" (Sl 31,5), alguém em quem se pode confiar totalmente. "A fidelidade do Senhor subsiste para sempre" (Sl 117,2)[26]. Então, para Deus como criador, Deus "mantém *'emeth*", e a humanidade pode confiar nele para sempre (Sl 146,6). Aqui é importante recordar que a primeira aliança feita por Deus é a aliança com Noé, para nunca mais destruir a terra e a humanidade por inundação (Gn 9,8-17); o compromisso subsequente da aliança com Israel pressupõe o compromisso prévio com a criação[27]. Mas é particularmente o pensamento da fidelidade de Deus ao seu povo escolhido, Israel, que mais cativou o salmista e o profeta. Assim, o salmista celebra que Deus "lembrou-se da sua misericórdia e da sua fidelidade para com a casa de Israel" (98,3). Em Mq 7,20 o profeta termina com a mensagem de segurança: "Mostrarás a Jacó a fidelidade e a misericórdia a Abraão, as quais juraste a nossos pais desde os dias antigos". E em Os 2,20 Yahweh fala para Israel: "Desposar-te-ei comigo em fidelidade e conhecerás ao SENHOR".

Outro membro do grupo de palavras que abraça "amor inabalável", "misericórdia" e "fidelidade" é um pouco mais surpreendente: "justiça". A surpresa é por que "justiça" tem sido tradicionalmente entendida em termos de conformidade a uma norma; aquele que mede de acordo com a norma é justo. E em termos da história de Israel essa norma é geralmente considerada muito naturalmente como sendo a lei. Assim, ficamos com um conceito básico de justo como um respeitador ou cumpridor da lei. Essa é certamente

---

25. Cf. tb. "Faith, Faithfulness" [Fé, Fidelidade]. In: *NIDB*, 2, 2007, p. 407-423. "Amor constante" e "fidelidade" são frequentemente relacionados – Gn 24,27; 32,10; Ex 34,6; 2Sm 2,6; 15,20; Sl 25,10; 40,10.11; 57,3; 61,7; 85,10; 86,15; 89,14; 98,3; 115,1; 138,2.

26. Com frequência, o salmista confia e rejubila na fidelidade de Deus. P. ex., Sl 25,10; 33,4; 40,10-11; 57,10; 71,22; 89,1-5; 108,4; 119,90.

27. Cf. acima, cap. 3, item 2A).

uma parte importante do que a justiça abrange no uso bíblico, mas falta ou perde um aspecto importante do hebraico primitivo. Para os primeiros sábios de Israel, "justo" era entendido em termos relacionais – *retidão como o cumprimento das obrigações decorrentes de um relacionamento*. O rei era justo quando cumpria as suas obrigações para com seus súditos. O juiz era justo quando administrava imparcialmente a justiça aos ricos e aos pobres[28]. Consequentemente, fundamental para o entendimento de Israel sobre a justiça de Deus foi o relacionamento que Deus tomou sobre si mesmo ao escolher Israel para ser seu povo. *Deus era justo na medida em que cumpriu seus compromissos como Deus de Israel* – zelar pelo seu povo e conceder-lhe segurança e prosperidade. Em outras palavras, foi uma parte dos outros termos já mencionados. O salmista é confiante de que "Encontraram-se a graça e a verdade, a justiça e a paz se beijaram. Da terra brota a verdade, dos céus a justiça baixa seu olhar" (Sl 85,10-11). Ele reza: "Atende, SENHOR, a minha oração, dá ouvidos às minhas súplicas. Responde-me, segundo a tua fidelidade, segundo a tua justiça" (143,1). E Deus promete por meio de Zacarias: "Eles serão o meu povo e eu serei o seu Deus, em verdade e justiça (Zc 8,8)[29].

Um testemunho muito marcante para esse entendimento da justiça de Deus, como sua atuação em favor de Israel, no cumprimento de suas obrigações da aliança, pode ser encontrado em um uso recorrente nos Salmos e no Segundo Isaías. Isso porque numa sequência de passagens fica claro que os escritores viram a justiça de Deus como a sua ação para restaurar a sua própria e para sustentá-los na relação de aliança com Ele. Então, por exemplo, o salmista reza, "livra-me por tua justiça" (31,1; 71,2); "Julga-me, SENHOR, Deus meu, segundo a tua justiça" (35,24). E Isaías regularmente coloca "justiça" e "salvação" como conceitos complementares ou sinônimos[30]. De fato, em

---

28. Cf. tb. DUNN, J.D.G. *The Theology of Paul the Apostle.* Op. cit., p. 341-142, com ulterior bibliografia na nota 27.

29. Às vezes, a "justiça de Deus" é sinônimo de "fidelidade à aliança"; mas, embora os conceitos se sobreponham em grande parte, seus diferentes intervalos de referência devem ser respeitados. Cf. a discussão de SEIFRID, M. "Righteousness Language in the Hebrew Scriptures and Early Judaism". In: CARSON, D.A. et al. *Justification and Variegated Nomism.* Vol. 1. Tübingen: Mohr Siebeck, 2001, p. 415-442 [WUNT 2.140]. • SEIFRID, M. "Paul's Use of Righteousness Language Against its Hellenistic Background". In: CARSON, D.A. et al. *Justification and Variegated Nomism.* Vol. 2. Tübingen: Mohr Siebeck, 2004, p. 39-74 [WUNT 2.181], com minha qualificação em *The New Perspective on Paul*, p. 63-65.

30. Is 45,8.21; 46,13; 51,5.6.8; 62,1-2; 63,1.

vários casos, o termo hebraico *justiça* é mais bem traduzido como "libertação", "salvação" ou "vindicação"[31], como mostram as traduções modernas. E uma das características mais surpreendentes para se fundir a partir dos pergaminhos do Mar Morto – espantosa pelo menos em face da tradicional depreciação cristã dos judeus, o "legalismo" – foi a linguagem de 1QS 11,11-15:

> Quanto a mim, se eu tropeçar, as misericórdias de Deus serão a minha salvação eterna. Se eu cambalear por causa do pecado da carne, a minha justificação será pela justiça de Deus, que permanece para sempre... Ele me aproximará pela sua graça, e pela sua misericórdia trará a minha justificação. Ele me julgará na justiça da sua verdade, e na grandeza da sua bondade Ele perdoará todos os meus pecados. Pela sua justiça Ele me purificará de toda a impureza do homem e dos pecados dos filhos dos homens (vermes).

Aqui a linha de continuidade da Bíblia Hebraica (através do judaísmo do Segundo Templo!) para o Novo Testamento é ainda mais direta, pois no que é estabelecido como a exposição mais sustentada do evangelho, Paulo evidentemente tomou como certo que seus ouvintes em Roma (Igrejas que ele nunca tinha visitado) saberiam o que ele queria dizer com "a justiça de Deus". A frase não falava do julgamento justo de Deus ao punir o transgressor – o significado que inicialmente causou tanta angústia a Lutero. Ela falava mais sobre a justiça *salvadora* de Deus, a justiça que o evangelho revela, o evangelho que Paulo e sua plateia já experimentaram como o poder salvador de Deus (Rm 1,16-17). Ainda mais interessante é a forma como Paulo foi capaz de lidar com os temas associados à fidelidade de Deus, à verdade de Deus (*'emeth*) e à justiça de Deus (Rm 3,3-7). E novamente no resumo final de sua exposição, ligando a verdade de Deus (*'emeth*) e confirmando as promessas dos pais e sua misericórdia (Rm 15,8-9)[32]. Se o seu público de língua grega em Roma teria captado as associações de palavras que surgiram do hebraico é o ponto menos importante. A questão é que Paulo via o evangelho como uma expressão integral das mesmas afirmações de fidelidade e justiça de Deus que tinham sido tão fundamentais para a soteriologia de Israel.

---

31. Sl 51,14; 65,5; 71,15; 98,2; Is 46,13; 51,5-8; 62,1-2. Stuhlmacher conclui: "quando aplicada a Deus e a seu governo, 'justiça' é sempre uma expressão de salvação [...]. Surpreendentemente, a justiça de Deus aparece raramente no Antigo Testamento como um comportamento que culmina em julgamento (cf. Is 1,27-28; 5,16; 10,22)" (*Biblische Theologie des Neuen Testaments*. Op. cit. Vol. 1, p. 327-329, 330-331).

32. Para ulteriores detalhes, cf. DUNN, J.D.G. *Romans*. Op. cit., p. 40-42, 132-136, 846-848.

D) Os meios de expiação

Uma parte central das obrigações que Yahweh estabeleceu ao seu povo da aliança era a provisão para assegurar a manutenção do relacionamento entre Deus e o seu povo. Isso focou essencialmente no Templo em Jerusalém, a provisão de um lugar santo onde o Deus santo poderia habitar no meio do seu povo[33]. Daí a importância dos sacerdotes dentro da religião de Israel para mediar entre o santo e o normalmente profano. Daí também a importância da pureza ritual e das leis para assegurar a limpeza daqueles que procuram entrar no espaço santo, a presença do Deus santo[34].

Igualmente integral à teologia de todo o Templo de Israel era o sistema sacrificial. De fato, o Templo existia principalmente para prover um, ou melhor, o lugar onde o sacrifício poderia ser feito e que era aceitável para Yahweh. A Bíblia Hebraica dá testemunho da luta para estabelecer o Templo de Jerusalém como o único lugar onde o sacrifício seria – e, portanto, deveria – ser oferecido, mas de uma perspectiva do Novo Testamento que já era um dado firmado[35]. A lógica dos sacrifícios está longe de ser clara e incluía a oferta diária de *Tamid*, dois machos filhotes de cordeiros, um de manhã e outro à noite, pagos com o imposto do Templo (meio siclo); contribuição dos judeus adultos do sexo masculino em todo o mundo. Também havia a oferta individual (Lv 1), provavelmente pensada como um presente a Deus, a "oferta de cereais" (Lv 2), parte da provisão, com dízimos e primícias, feitas para o benefício dos sacerdotes, e a "oferta da paz", cuja função permanece obscura (Lv 3)[36].

O mais significativo, no entanto, foi a *provisão divina para o fracasso de Israel* em viver de acordo com a lei, os meios fornecidos para assegurar que os pecados e transgressões de Israel não impedissem o acesso a Deus ou disputassem/quebrassem o vínculo de aliança entre Deus e seu povo. Essa

---

33. Sobre a importância da "santidade", cf. acima, cap. 3, item 2D).

34. As leis de pureza eram essencialmente para permitir aos israelitas entrar no Templo e participar do culto.

35. Isso inclui praticamente ignorar o cisma samaritano e a alegação dos samaritanos de que o Monte Garizim, em vez de Jerusalém, seria o templo validado historicamente; Jo 4,20-24 faz alusão à disputa, mesmo ao tentar transcendê-la. Nos dados bíblicos não há menção de outros templos que poderiam ter sido vistos como concorrentes de Jerusalém, principalmente em Leontópolis, no Egito (JOSEFO. *De bello*, 7,426; Ant. 13,65-73).

36. Para ulteriores aprofundamentos e discussões, cf. SANDERS, E.P. *Judaism*: Practice and Belief 63 B.C.E.-66 C.E. Londres: SCM, 1992, p. 104-107, 110-112, 146-155.

provisão centrou-se na oferta pelo pecado (Lv 4-5) e no ritual anual do Dia da Expiação (Lv 16). Há alguma controvérsia sobre se a oferta pelo pecado e o ritual do Dia da Expiação foram destinados principalmente como uma oferta de purificação (purificando o altar e o santuário) ou como um sacrifício de expiação (expiação pelos pecados do indivíduo e da nação)[37]. Aqui podemos muito bem ter ambos os casos, e como a purificação é certamente um aspecto do todo[38]. Mas a repetição da fórmula em referência à oferta pelo pecado – "o sacerdote fará expiação por ele/pelo seu pecado, e ele será perdoado"[39] – certamente indica que "expiação" como remoção da causa da ofensa entre Yahweh e seu povo foi (também) fundamental. Em ambos os casos, o sangue sacrificial tornou possível a continuação ou restauração da relação entre Deus e o seu povo rompido pelo pecado e/ou prevenido pela impureza humana.

Mais uma vez o teólogo bíblico experimenta alguma frustração na medida em que a lógica teológica da oferta pelo pecado nunca é claramente exposta nos textos bíblicos. A maneira mais óbvia de entender o mecanismo – mas é muito controversa – é a seguinte[40]: que o animal do sacrifício representava de alguma forma a pessoa culpada ou pecadora; que o ofertante colocava sua mão sobre a cabeça do animal, sinalizando desse modo seu desejo de que o animal representasse seu pecado[41]; e que a morte do animal serviu no lugar dos efeitos destrutivos da ofensa na relação com Deus, ou mesmo destruiu o próprio pecado corruptor. Aqui está um caso em que o dado teológico herdado pelos escritores do Novo Testamento está longe de ser claro, e ainda assim foi presumivelmente tomado como certo pelos escritores do Novo Testamento eu seu tratamento sobre a morte de Jesus em termos de sacrifício. Há inegavelmente algo de duvidoso ou mesmo perigoso em tentar reconstruir um elemento inexplicável da teologia da expiação de Israel. No entanto, a morte de Jesus se tornou tão central na teologia do

---

37. Cf.: p. ex.: MILGROM, J. "Atonement"; "Day of Atonement". In: *IDBS*, 78-83.

38. Lv 8,15; 16,16.18-20.

39. Lv 4,10.26.31.35; 5,6.10.13.16.18.

40. Cf. tb. GESE, H. "Atonement". In: *Essays on Biblical Theology*. Op. cit., p. 93-116. • JANOWSKI, B. *Sühne als Heilsgeschehen*. Neukirchener/Vluyn: Neukirchener, 1982, p. 199-221. • MERKLEIN, H. *Studien zu Jesus und Paulus*. Tübingen: Mohr Siebeck, 1987, p. 15-39 [WUNT 43].

41. "O animal se torna pecado no sentido literal, ou seja, a esfera do hatta'h se concentra no animal [...]. Através da imposição das mãos [...] o ato de transferência se torna manifesto" (KOCH, K. *Theological Dictionary of the Old Testament*. Vol. 4, p. 317).

Novo Testamento, que é difícil dar sentido à teologia da expiação no Novo Testamento sem fazer algumas inferências a respeito dos dados que os escritores do Novo Testamento herdaram[42].

Embora muitos israelitas tenham caído na armadilha de pensar que o perdão divino funcionava como um mecanismo ritual, os legisladores, profetas e sábios de Israel nunca esqueceram que é Yahweh quem perdoa, quem remove ou perdoa o pecado, como o muito refletido Ex 34,6-7 enfatizou em sua versão mais completa: "que guarda a misericórdia em mil gerações, que perdoa a iniquidade, a transgressão e o pecado..." É o perdão de Deus pelo qual Abraão suplica em favor de Sodoma (Gn 18,24-26) e pelo qual Moisés suplica em favor de Israel (Ex 32,32). Notavelmente, na consagração do próprio Templo Salomão reza pelo perdão de Deus para futura transgressão e desastre[43]. E o salmista regularmente se lembra ou pede perdão a Deus[44].

Uma vez que a herança do Novo Testamento do judaísmo do Segundo Templo tem sido às vezes deturpada, como se o judaísmo farisaico pensasse apenas em termos de acumulação de mérito e tivesse reduzido a religião do Antigo Testamento a um processo aperfeiçoado de cálculo de crédito-débito e como se o perdão fosse algo que Jesus introduziu numa religião morta de legalismo, *a centralidade da provisão para lidar com o pecado e a transgressão dentro da religião de Jesus e seus contemporâneos precisa ser novamente enfatizada.* Não se esperava que nenhum israelita ou judeu evitasse o pecado ou que vivesse uma vida perfeita (i. é, sem pecado), e a contração da impureza era uma ocorrência diária[45]. A graça de Deus foi fundamental, tanto para os israelitas quanto para os judeus, não apenas na primeira celebração da aliança com Abraão e seus descendentes, mas também para tornar possível que um povo constantemente pecador fosse sustentado dentro dessa relação de aliança. O arrependimento e o perdão, o sacrifício e a expiação faziam parte do sistema de linguagem que os primeiros cristãos herdaram.

E) Esperança para a era vindoura

Para a maior parte da Bíblia Hebraica não se pode falar apropriadamente de um desfecho de salvação ou mesmo de uma futura salvação final do

---

42. Como já defendi em *The Theology of Paul the Apostle.* Op. cit., p. 218-225.

43. 1Rs 8,30.34.36.39.50; 2Cr 6,21.25.27.30.39.

44. Sl 25,11.18; 32,1.5; 65,3; 79,9; 85,2; 86,5; 99,8; 103,3; 130,4.

45. Cf. mais no cap. 6, item 2B).

indivíduo. As promessas da aliança se relacionam com *o povo* e mantêm a promessa de longos anos na terra (o povo da aliança sustentado através de gerações contínuas) e prosperidade nela[46].

Como sendo uma esperança religiosa, a esperança consistia em *um relacionamento mais eficaz com Deus*. Os mais incisivos dos profetas e teólogos sempre reconheceram o perigo da superficialidade na observância religiosa de Israel. "O Senhor disse: Visto que este povo se aproxima de mim e com a sua boca e com os seus lábios me honra, mas o seu coração está longe de mim e o seu temor para comigo consiste só em mandamentos de homens que maquinalmente aprendeu" (Is 29,13). Foi bem apreciado que o ato ritual da circuncisão representava (ou deveria representar) um compromisso muito mais profundo do que a excisão da carne; o que era realmente necessário era que o *coração* fosse circuncidado[47].

Diante dos repetidos fracassos, do exílio e da dominação de potências estrangeiras, crescia a esperança de que em uma nova era as coisas seriam diferentes, seriam como sempre deveriam ter sido. Deus, em sua fidelidade à aliança, justificaria e salvaria seu povo, restauraria à terra os exilados dispersos de Israel e concederia a Israel uma prosperidade que nunca havia conhecido antes; liberdade da pestilência, da incapacidade e da opressão, uma restauração, de fato, do paraíso[48]. Ele derramaria seu Espírito sobre eles e lhes concederia o florescente bem-estar da paz[49]. Ele daria ao seu povo um novo coração e um novo espírito para capacitá-los a viver de acordo com as regras de Deus para a vida (Ez 36,26-27). Ele faria uma nova aliança e escreveria sua lei em seus corações para que pudessem viver de acordo com ela instintivamente (Jr 31,31-34). Ele perdoaria os pecados, presumivelmente em algum sentido final ou completo[50].

Essa visão de esperança regularmente incluía, mas nem sempre, um agente que manteria a causa de Deus e perseguiria eficazmente a sua vontade. A figura ou as figuras são caracterizadas de várias maneiras, como visto

---

46. Lv 18,5; Dt 30,19-20.

47. Dt 10,16; Jr 4,4; 9,25-26; Ez 44,9; 1QpHab 11,13; 1QS 5,5; 1QH 10[=2],18; 21,5[=18.20]; FÍLON. *Spec. Leg.* 1,305.

48. Particularmente uma característica dos escritos isaianos – Is 11,6-8; 25,7-8; 29,18; 32,14-20; 35,1-2.5-6; 42,7.18; 44,3; 49,5-6.22-26; 51,3; 56,8; 60,4.9; 66,20. 49.

49. Is 32,15; 44,3; Ez 39,29; Jl 2,28–3,1.

50. Is 4,4; 27,9; Jr 31,34. Cf. tb. Jub. 22,14-15; Sl 18,5.

anteriormente (cap. 3; itens 2 A) e 2B)), mas podem ser agrupadas sem muita simplificação sob o título de "expectativa messiânica". É importante apreciar, entretanto, que muito da esperança delineada acima nunca foi correlacionado a essa expectativa messiânica ou atribuído à figura messiânica. *O enfoque do Novo Testamento na esperança de Israel tão próxima e exclusivamente em Jesus foi um desenvolvimento importante e em grande parte sem precedentes.*

Somente nos livros posteriores do Antigo Testamento e nos escritos apocalípticos pós-bíblicos (pós-Antigo Testamento) do judaísmo do Segundo Templo é que emerge o pensamento de finalidade, de um ponto-final no propósito divino para Israel. Vários profetas falam de "os dias vindouros" ou de "os últimos dias"[51]. Mas somente com Daniel ouvimos falar de "o tempo do fim"[52], "o fim virá no tempo determinado" (8,19; 11,27), "o fim dos dias" (12,13) com o reinado e o domínio dados aos santos do Altíssimo entendidos (implicitamente) como final (7,27). Outros escritos pós-bíblicos falam da "era final", de "o fim dos dias", de "o tempo do fim" e de "o fim da era"[53]. E, aqui, o pensamento da salvação abrangendo o indivíduo além da sepultura também começa a aparecer. Anteriormente, a existência além da sepultura era vista nos termos sombrios do *Sheol*[54]. Mas com Daniel e com os mártires macabeus emerge a esperança da ressurreição, a participação dos mortos e mártires santos na vida da era além desta, a era vindoura[55].

Este último é um caso clássico de material que não faz parte da teologia do Antigo Testamento como tal, mas é parte de um contínuo da Bíblia Hebraica ao Novo Testamento e sem o qual muito do que os escritores do Novo Testamento assumem dificilmente poderia começar a ser compreendido. Os dados para a teologia do Novo Testamento, que incluem a familiaridade com a expectativa escatológica e a esperança de ressurreição, não são dados pela teologia do Novo Testamento como tal, ou apenas pouco. Mas ainda assim são dados de uma teologia bíblica que inclui o contínuo entre a Bíblia Hebraica e o Novo Testamento.

---

51. Is 2,2/Mq 4,1; Ez 38,16; Dn 2,28; 10,14; Os 3,5; e regularmente nos escritos do Mar Morto.

52. Dn 8,17; 11,35.40; 12,4.9.

53. 1QpHab 7,7.12; 1QS 4,16-17; 4QMMT C14; 5Q16; 1Enoc 10,12; 16,1; 22,4; T. Levi 10.2; T. Zab. 9,9; T. Ben. 11,3; T. Moisés 12,4.

54. Cf., p. ex.: LEWIS, T.J. "Dead, Abode of", ABD, 2.101-105.

55. Dn 12,2; 2Mc 7,9-14.23.29.

3 A teologia do Novo Testamento da salvação

Que diferença fez a missão, morte e a ressurreição de Jesus?

A) Escatologia realizada

É difícil evitar isso como ponto de partida. Não porque, conforme acabamos de ver, a escatologia era uma característica proeminente de Israel, uma característica do Antigo Testamento. Antes, porque a ênfase escatológica se torna imediatamente aparente na lembrança da mensagem de Jesus pelo Novo Testamento e porque as afirmações centrais da teologia do Novo Testamento sobre a ressurreição de Jesus e a efusão do Espírito são integral e inevitavelmente de caráter escatológico.

O Evangelho de Marcos chama a atenção para a nota escatológica no início da missão de Jesus: "Jesus foi para a Galileia, pregando o evangelho de Deus, dizendo: o tempo está cumprido e o Reino de Deus está próximo" (Mc 1,14-15). Lucas faz uma nota semelhante ao relatar o sermão de Jesus em Nazaré, no qual Jesus afirma ser aquele sobre quem o Espírito de Deus havia vindo, ungido para representar as esperanças de Israel de boas-novas para os pobres, libertação para os cativos, recuperação da visão aos cegos e liberdade aos oprimidos – o ano do favor do Senhor[56]. Que o Reino de Deus – Deus exercendo plenamente o seu domínio na terra – que ainda estava por vir permaneceu implícito na oração ensinada por Jesus: "Venha o teu reino"[57]. Mas *a característica realmente distintiva da pregação de Jesus* – e claramente como era lembrada – *foi a sua afirmação de que as bênçãos da salvação esperadas na idade vindoura já estavam sendo realizadas na missão de Jesus*[58]. Essa foi uma característica que marcou Jesus em relação aos profetas anteriores, incluindo João Batista: a esperança deles era de que as bênçãos do favor de Deus fossem restauradas em um futuro ainda desconhecido, enquanto que Jesus falava e vivia como alguém que já estava vendo e realizando essas bênçãos em sua missão: o cego recebendo sua visão, o coxo caminhando, o surdo ouvindo,

---

56. Lc 4,18-21 citando Is 61,1-2.

57. Mt 6,10/Lc 11,2.

58. Mt 12,41-42/Lc 11,31-32; Mt 13,16-17/Lc 10,23-24; Mc 2,18-22 par.; Mt 13,44-46. Cf. tb. DUNN, J.D.G. *Jesus Remembered.* Op. cit., item 12.5. • WILCKENS, U. *Theologie des Neuen Testaments.* Op. cit., vol. 1, p. 1.136-1.184. • SCHNELLE, U. *Theologie des Neuen Testaments.* Op. cit., p. 71-94.

o morto sendo ressuscitado, os pobres recebendo boas-novas trazidas a eles[59]. Provavelmente as mais impressionantes de todas foram as afirmações de que Jesus, ao realizar exorcismos, evidenciava que a derrota final de satanás já estava acontecendo, já que foram efetuadas pelo Espírito de Deus; que o Reino de Deus já estava sobre eles[60].

Aqueles que estão familiarizados com essas passagens precisam fazer uma pausa e tentar ouvi-las novamente como que pela primeira vez. A alegação feita foi realmente surpreendente. Sem outros sinais de renovada prosperidade material, de libertação da dominação romana ou de reavivamento espiritual em toda a terra, Jesus, contudo, proclamou a realização de muitas das esperanças mais queridas de Israel. E sem "sacerdotais", muito menos unção real ou autorização, em sua comunhão de mesa com os desprezados e irreligiosos[61], e em seus pecados pronunciados perdoados[62], Jesus estava decretando a realidade do esperado favor de Deus para o seu povo. *A salvação escatológica é agora.*

Como já foi referido no capítulo 2, o mesmo ponto precisa ser apreciado em relação à ressurreição de Jesus e à efusão do Espírito de Pentecostes. A esperança da ressurreição foi, de fato, um dos dados compartilhados pelos fariseus e pelos primeiros cristãos. Mas essa era a esperança de ressurreição no fim da era, a ressurreição na era vindoura – conforme assumido na discussão de Jesus com os saduceus sobre o assunto (Mc 12,18-27 par.). Não havia concepção real ou generalizada de um indivíduo ser ressuscitado antes daquele evento final; talvez um indivíduo sendo restaurado à vida, mas não ressuscitado como tal. No entanto, isso é exatamente o que os primeiros cristãos reivindicaram para Jesus. Com certeza, o pensamento inicial era de que a ressurreição de Jesus fora o começo da ressurreição geral, o começo

---

59. Mt 11,2-6/Lc 7,18-23, com alusão às passagens de Is 26,19; 29,18; 35,5-6; 42,7.18; 61,1. Os escritos do Mar Morto forneceram o notável paralelo na esperança messiânica de Qumran (4Q521). Cf. tb. Mt 11,7-19/Lc 7,24-35; 16,16.

60. Mc 3,22-27 par.; Mt 12,27-28/Lc 11,19-20. O fato de haver duas coleções sobrepostas mas diferentes das declarações de Jesus sobre o assunto (Mc 3,22-29 e Q = Lc 11,15-26) indica que o material desempenhou um papel importante na formação do entendimento cristão mais antigo da missão de Jesus

61. Mc 2,15-16; Mt 11,19/Lc 7,34; Lc 15,1-2; 19,10. Cf. DUNN, J.D.G. *Jesus Remembered.* Op. cit., itens 13.5, 14.8.

62. Mc 2,5-9 par.; Lc 7,48-49.

(primícias) da colheita dos mortos[63]. Mas, mesmo quando os eventos finais não continuaram a se desenrolar na ressurreição final os primeiros cristãos continuaram a confessar, como fundamental para a compreensão deles do evangelho da salvação, que Deus havia ressuscitado Jesus da morte[64]. Se a ressurreição de Jesus é de fato a parte mais distintiva da teologia do Novo Testamento, também é verdade que um elemento inevitavelmente escatológico está no coração da teologia do Novo Testamento.

Voltaremos a considerar abaixo as ramificações adicionais dessa escatologia.

B) A nova aliança

Intimamente correlacionada a tais alegações estava a crença que sustentava a ideia de um *Novo* Testamento. Também importante para os primeiros cristãos foi a convicção de que eles eram herdeiros da promessa da aliança de Deus de renovar o pacto, a promessa de uma aliança nova e mais eficaz.

A *continuidade* da aliança é indicada por vários escritores do Novo Testamento. Por exemplo, o nascimento de Jesus foi Deus agindo em lembrança de sua santa aliança, o juramento que fez a Abraão (Lc 1,72-73); o evangelho foi pregado aos jerusalemitas como herdeiros da aliança dada aos seus antepassados (At 3,25); a esperança de Paulo para Israel estava enraizada na promessa da aliança de Deus (Rm 11,27); a lei não havia anulado a promessa de aliança feita a Abraão (Gl 3,17); a arca da aliança ainda está dentro do templo celestial (Ap 11,17).

No entanto, ainda mais surpreendente é a convicção de que os primeiros cristãos foram os destinatários da *nova* aliança. Não foi uma alegação distintiva, uma vez que Qumran também fez uma afirmação semelhante[65]. No caso do cristianismo primitivo a reivindicação está implícita na maneira como foi recordada e celebrada a última ceia de Jesus com seus discípulos, como participação no sangue da aliança, como nova aliança no sangue de Jesus[66]. A afirmação é explícita em 2Cor 3, onde Paulo elabora seu contraste entre

---

63. Cf. cap. 2, nota 31.

64. Classicamente em 1Cor 15,1-19.

65. CD 6,19; 8,21; 19,33-34; 20,12; 1QpHab 2,3-6; cf. 1QSb (1Q28b) 3,26; 5,21-23.

66. Mc 14,24 par.; 1Cor 11,25.

o ministério de Moisés e seu próprio ministério, em termos de contraste entre a antiga e a nova alianças (2Cor 3,6-14)[67]. E Hebreus realça ainda mais o contraste: existe um grau de continuidade entre o velho e o novo, mas o novo sublinha a inadequação da antiga aliança como agora ultrapassada e obsoleta (Hb 8,6-13; 9,15-22).

Conforme foi dito no capítulo 2, encontramos uma ênfase correlata nas afirmações feitas pelos primeiros cristãos que experimentaram o derramamento do Espírito prometido nos últimos dias. Isso está explícito no relato de Atos do dia de Pentecostes (At 2), onde se afirma que a profecia de Joel a respeito dos "últimos dias" agora havia se cumprido (At 2,16-21). Mas também está implícito na equação de Paulo da participação na nova aliança com a experiência do Espírito vivificante. Aqui Paulo reúne duas vertentes da esperança de Israel: nova aliança e novo espírito; a nova aliança é escrita não em tábuas de pedra (como foi a aliança através de Moisés), mas com o Espírito de Deus vivo em tábuas do coração humano, uma aliança não mais de letra morta, mas de Espírito vivificante (2Cor 3,3-6). Hebreus caracteriza aqueles que creem como "aqueles que uma vez foram iluminados, provaram o dom celestial, tornaram-se participantes do Espírito Santo e provaram [...] os poderes do mundo vindouro" (Hb 6,4-5).

Uma outra ênfase correlata é a afirmação de Paulo de que a esperança de um coração circuncidado tinha sido realizada nos primeiros cristãos. Eles experimentaram a circuncisão do coração em Espírito, e não (ou não mais simplesmente) na letra (Rm 2,28-29). Eles eram "a circuncisão" na medida em que adoravam pelo Espírito de Deus (Fl 3,3). Uma reivindicação tão integralmente relacionada à manutenção da lei e a um povo definido pela lei não pode deixar de ser cruzada com o entendimento de Paulo sobre a lei e sua função contínua para os crentes e com sua fala de conduta cristã como sendo conduzida pelo Espírito; mas deixaremos de seguir esse aspecto da teologia de Paulo até o capítulo 6.

No jogo entre a antiga e a nova alianças, um jogador-chave é *pistis*, pois no Antigo Testamento e no judaísmo do Segundo Templo o sentido dominante é "fidelidade" – a fidelidade de Deus a seu povo e a fidelidade que Ele exige do seu povo. Mas no Novo Testamento o sentido dominante é

---

67. 2Cor 3,6 muito provavelmente alude à promessa de uma nova aliança em Jr 31,31; cf. essa citação em minha *The Theology of Paul the Apostle*. Op. cit., p. 147, nota 103.

"fé, confiança", e Paulo em particular faz questão de destacar a "fé" pela sua insistência em que o termo seja lido em referência principalmente ao ato de Abraão crer na promessa de Deus[68], e por implicação à obediência subsequente de Abraão ("fidelidade"), que foi a interpretação dominante[69]. Aqui a tensão na teologia bíblica é encapsulada no fato de que *pistis* pode ser entendido de ambas as maneiras, devendo ser trabalhado em busca do equilíbrio adequado entre os dois significados, uma questão à qual voltaremos no capítulo 6. Mais do que isso é que *pistis*, no sentido de *confiança*, é apresentado tanto como a atitude que recebe o poder de cura de Deus[70] como a atitude que glorifica a Deus como tal, a atitude da criatura consciente da sua dependência do Criador para o bem de todos (Rm 1,21).

C) Espaço sagrado e expiação

Um ponto de teste primário de continuidade entre a Bíblia Hebraica e o Novo Testamento é o papel do Templo e do culto ao Templo. Pois isso era central para o entendimento de Israel de como o relacionamento entre Israel e sua aliança com Deus deveria ser sustentado (cap. 4, item 2 D)). Mas quando nos voltamos para o Novo Testamento a imagem se torna um pouco confusa.

A ambiguidade começa com Jesus. Ele considerava o Templo como tendo um significado central contínuo? Ele é lembrado como frequentando o Templo em sua(s) visita(s) a Jerusalém, e para fazê-lo deve ter observado a pureza ritual de acordo com a lei. Ele é lembrado como criticando o abuso feito ao Templo na chamada purificação do Templo (Mc 11,15-17 par.); mas a alusão a Is 56,7 – o Templo como "casa de oração para todos os povos" (Mc 13,2 par.) – parece implicar algum papel contínuo para o Templo. Também é lembrado como predizendo a destruição do Templo (Mc 13,2 par.), uma previsão que evidentemente formou o impulso central das acusações feitas contra Ele quando foi levado a julgamento (Mc 14,58 par.). Mas se Ele também pensou em reconstrução do Templo, ou se pensou em seu círculo de

---

68. Rm 4,3-12; Gl 3,6-9.

69. Cf. esp. 1Mc 2,52; Tg 2,23. Cf. tb. DUNN, J.D.G. *Romans*. Op. cit., p. 200-202. • DUNN, J.D.G. *The Theology of Paul the Apostle*. Op. cit., p. 225, nota 95 e p. 375, nota 167. • DUNN, J.D.G. *New Perspective on Paul*. Op. cit.; 2005, p. 43, nota 179; 2008, p. 47, nota 185. • Cap. 6, nota 72.

70. Notavelmente nos evangelhos. Cf. tb. DUNN, J.D.G. *Jesus Remembered*. Op. cit., p. 500-503, 549-553.

discípulos como formando uma nova comunidade do Templo, como a comunidade de Qumran pensava de si mesma[71], permanece obscuro[72]. O Evangelho de João certamente aponta o discurso de um templo renovado longe do próprio Templo de Jerusalém (Jo 2,21; 4,21-24). E a imagem dos primeiros cristãos como uma comunidade do Templo está provavelmente implícita na fala dos apóstolos "pilares" (Gl 2,9) e de crentes individuais como "pilares" no Templo de Deus (Ap 3,12).

Como tal autodesignação se correlacionou com o próprio Templo de Jerusalém não está claro. Certamente o fato de que a mais antiga comunidade de Jerusalém lá permaneceu é um fato significativo, pois a única razão para permanecer em Jerusalém era estar perto do Templo. Isso presumivelmente incluiu a participação no culto do Templo, como está implícito em várias passagens[73], embora a preocupação primária possa ter sido a expectativa de que Jesus retornaria ao Templo – talvez de acordo com Ml 3,1 (cf. At 3,19-21). Quando os dados são tão pouco claros deve haver alguma dúvida sobre a inclusão de tal elemento na teologia do Novo Testamento, mesmo que a expectativa do retorno de Jesus seja um elemento importante na teologia cristã mais antiga e tenha sido mantida nos credos clássicos, apesar de sua falha em ser realizada dentro da primeira geração de cristãos, como parece que eles assumiram que seria[74].

O certo é que o helenista Estêvão foi lembrado como criticando o Templo e negando que ele deveria ser visto como a morada de Deus (At 7,48); também que o Templo de Jerusalém não desempenhava nenhum papel na teologia e religião vivida dos escritores das cartas do Novo Testamento. Um contraste repetido é estabelecido entre a realidade celestial que Deus pretendia e a inadequação do substituto ou cópia terrestre[75]. Mais impressionante é o abandono efetivo da ideia do Templo como um espaço sagrado particular, geograficamente limitado, um desvio do Templo implícito no

---

71. Cf. esp. CD 3,12–4,12; 4QFlor. 1,1-7. • GÄRTNER, B. *The Temple and the Community in Qumran and the New Testament.* Cambridge: Cambridge University Press, 1965, cap. 2 e 3 [SNTSMS, 1].

72. Cf. tb. DUNN, J.D.G. *Jesus Remembered.* Op. cit., p. 514-515, 631-633.

73. Esp. Mt 5,23-24; 17,24-27; At 3,1; 21,20. Cf. DUNN, J.D.G. *Christianity in the Making* – Vol. 2: Beginning from Jerusalem. Op. cit., item 23.5. Cf. tb. nota 92 deste capítulo.

74. Mc 13,26-30; At 3,19-21; 1Cor 16,22; 1Ts 1,10; 4,13-18. Cf. tb. item 3 D) deste capítulo.

75. At 7,44.48; Gl 4,25-26; Hb 8–10; Ap 7,15; 11,1-2.19; 15,5-8; 21,22.

discurso de Estêvão. Agora são os corpos dos crentes que devem ser vistos como templos, e do Espírito Santo[76]; a comunidade como um todo é "um templo sagrado no Senhor" (Ef 2,21). Da mesma forma, Hebreus afirma forçosamente que não há papel para o sacerdote mediador: o único sacerdote eficaz é Cristo; uma ordem especial de sacerdotes dentro da comunidade de adoração é parte da antiga aliança, ultrapassada e obsoleta, e que não tem lugar na nova aliança (Hb 7,9)[77]. Assim também 1Pedro e Apocalipse reavivam a ideia do povo de Deus como um todo, individualmente ou em conjunto como "um reino de sacerdotes" oferecendo sacrifícios espirituais através de Jesus Cristo[78]. E Paulo, em particular, não hesita em ver o serviço cotidiano do evangelho em termos sacerdotais[79] ou a oferta (em sacrifício) de toda a personalidade corpórea e relacionamentos na vida cotidiana como o equivalente pleno ao que anteriormente só o sacerdote podia fazer dentro do espaço sagrado (Rm 12,1). Da mesma forma – para Paulo em particular –, os rituais de pureza, incluindo a observação das leis do puro e do impuro, não eram mais necessários e tinham sido transcendidos por um conceito de pureza espiritual[80].

Essa é uma característica da teologia do Novo Testamento que merece mais atenção do que normalmente tem recebido. É digna de nota na medida em que se assemelha, até certo ponto, ao que se tornou verdade no judaísmo rabínico após a destruição do Templo de Jerusalém. A transição do judaísmo do Segundo Templo para o judaísmo rabínico é marcada precisamente pela perda do Templo de Jerusalém como parte viva da sua religião. É verdade que todo o edifício do culto do Templo e da lei da pureza permaneceu importante (a *Mishná*!), mas foi a própria lei que substituiu o que tinha sido anteriormente lei e templo, e o mestre/rabino de fato substituiu o sacerdote. Em contraste, o Novo Testamento não tinha sido completado antes que a linguagem do sacerdócio e do sacrifício começasse a reemergir, logo seguida

---

76. 1Cor 3,16-17; 6,19.

77. Para mim sempre permaneceu um enigma como a tradição católica – exemplificada na *Lumen Gentium* 28, dentre tantos documentos – tenha usado Hebreus para validar uma ordem contínua do sacerdócio com o caráter do extinto sacerdócio aarônico. Cf. DUNN, J.D.G. *The Parting of the Ways Between Christianity and Judaism*. Op. cit., p. 115-119, 127-128.

78. 1Pd 2,5; Ap 1,5.

79. Rm 15,16; Fl 2,25.

80. Rm 14,14.20; 1Cor 6,11; 10,25-26. Cf. tb. 1Tm 1,5; 3,9; Tg 1,27; 1Pd 1,22.

pela reafirmação da importância de uma ordem sacerdotal – um surpreendente afastamento da autoconsciência escatológica do cristianismo mais antigo, de volta ao padrão estabelecido pela antiga aliança, e não pela nova[81]. Aqui está um bom teste de interação da teologia do Novo Testamento com a teologia dogmática subsequente.

A questão ganha forma se nos perguntarmos se é ou deveria ser de certa forma a mesma coisa em relação aos dois sacramentos cristãos universalmente considerados. Até que ponto o Batismo cristão tem a mesma função, dentro de uma teologia da salvação, do que a circuncisão? Em que medida a Ceia ou a Eucaristia do Senhor tem a mesma função, dentro de uma teologia da salvação, do que a Páscoa? Ou a circuncisão foi cumprida e substituída pela circuncisão do coração, o dom do Espírito?[82] Alternativamente, a Ceia do Senhor é ou deveria ser vista principalmente como uma refeição comemorativa compartilhada? A questão maior é a da teologia do Novo Testamento dentro da teologia bíblica: é primariamente uma questão de continuidade, de desenvolvimento ao longo de um contínuo ininterrupto? Ou a entrada de Jesus Cristo forma uma ruptura no contínuo e um novo começo integralmente diferente? Voltaremos a essa questão nos capítulos seguintes.

Os tópicos mais sensíveis nessa área são as questões da expiação e da *morte de Cristo como expiação*, pois a morte de Cristo é imaginada de várias maneiras no Novo Testamento[83] – incluindo o destino dos profetas[84], a morte de um mártir (Rm 5,6-8)[85], a vindicação depois do sofrimento injusto[86],

---

81. Para mais detalhes, cf. DUNN, J.D.G. *The Parting of the Ways Between Christianity and Judaism*. Op. cit., p. 333-337.

82. Na tradição cristã tornou-se dogma que o Espírito é dado mediante o batismo, embora isso seja menos claro nos próprios documentos do NT.

83. Cf. tb., p. ex., TUCKETT, C.M. "Atonement in the NT", ABD, 1.518-1.522.

84. Mc 12,1-9; Lc 11,49-51; At 7,52; 1Ts 2,15.

85. Räisänen acredita que "os efeitos indiretos atribuídos à morte dos mártires macabeus" foram a "fonte mais provável para a noção de oferta de vida humana a outros" ("Towards an Alternative to New Testament Theology". Op. cit., p. 187, citando outra bibliografia na nota 46), embora se deva notar que a morte dos mártires macabeus poderia ser pensada assim pela aplicação de categorias de sacrifício a eles (4Mc 17,21-22). Ao observar a variedade de imagens e modelos usados pelos primeiros cristãos, Räisänen também observa que "o primário era a experiência de uma nova vida que as pessoas alegavam experienciar" (p. 190).

86. Se os sermões dos Atos têm uma teologia da cruz, trata-se do sofrimento seguido de vindicação – At 3,13.26; 4,27.30; 5,30; 8,30-35 (incluindo a exposição de Is 53); 10,39.

o preço da redenção da escravidão[87], o ato reconciliador[88], a vitória sobre poderes malignos hostis[89] e a conquista do poder da morte[90]. Mas a imagem mais usada é a do sacrifício. Aqui também há variação, incluindo o sacrifício da aliança (como na última ceia) e o sacrifício da Páscoa (1Cor 5,7). Mas a imagem mais poderosa e duradoura é a do sacrifício expiatório, *sacrifício pelos pecados*[91]. Aqui está claro que o ponto teológico só pode ser eficaz se a teologia do sacrifício operativo no sistema sacrificial de Israel for assumida. A menos que a oferta do pecado e as ofertas do dia da Expiação fossem eficazes em lidar com o pecado, por que teriam sido usadas para dar sentido à morte de Jesus? O tratamento mais sofisticado do assunto, em Hebreus, resolve a questão vendo os sacrifícios da antiga aliança como apenas um prenúncio do único e efetivo sacrifício de Cristo (Hb 9–10). Mas permanece difícil ver por que Paulo teria usado a imagem de um sacrifício ineficaz para expressar sua compreensão do que Deus havia realizado através da morte de Cristo. Assim, podemos perguntar: Até que ponto os primeiros cristãos viram a morte de Cristo como um sacrifício que substituiu e tornou desnecessários todos esses sacrifícios futuros, como fizeram os hebreus? O abandono do sacrifício expiatório foi simplesmente um outro aspecto do afastamento mais geral do culto de Jerusalém? Ou a compreensão da morte de Jesus como expiação era tão central para a mais antiga teologia cristã, que recorrer ao sacrifício do culto era simplesmente inimaginável?

Tais questões são importantes para as preocupações históricas da teologia do Novo Testamento, dado – não menos importante, como já observado – que a Igreja mãe do cristianismo parece ter continuado a participar do

---

87. 1Cor 6,19-20; 7,23. Cf. Mc 10,45; 1Tm 2,6; Tt 2,14; 1Pd 1,18; 2Pd 2,1; Ap 5,9.

88. Rm 5,10; 11,15; 2Cor 5,18-21; Ef 2,14-16; Cl 1,20.

89. Cl 2,15. Implica também Rm 8,35-38; 1Cor 15,24-25; Fl 2,10; Jo 12,32; Ap 12,7-12.

90. Rm 6,9; 1Cor 15,54-57; Hb 2,14-15; 1Jo 3,8.

91. Jo 1,29; Rm 3,25; 4,25; 8,3; 1Cor 15,3; 2Cor 5,21; Hb 9,11-14; 10,11-18; 1Pd 1,18-19; 2,24; 1Jo 2,2; 4,10; Ap 1,5; 5,9. Que Deus fez essa provisão, e assim manifestou seu amor, é um tema repetido; cf. esp. Jo 3,16; Rm 3,25; 8,32; 2Cor 5,21; 1Jo 4,10. Sobre a questão da influência de Is 53, não menos importante, em Jesus, cf. esp. JANOWSKI, B. & STUHLMACHER, P. (orgs.). *The Suffering Servant*: Isaiah 53 in Jewish and Christian Sources. Grand Rapids: Eerdmans, 2004. • McKNIGHT, S. *Jesus and His Death*: Historiography, the Historical Jesus, and Atonement Theory. Waco: Baylor University, 2005. Os dados do evangelho me deixam incerto: DUNN, J.D.G. *Jesus Remembered*. Op. cit., p. 809-818.

culto ao Templo (At 21,20-26)[92] provavelmente até o início da guerra judaica em 66. E uma vez que o cristianismo judaico – que formou algum grau de continuidade com a primeira geração da Igreja de Jerusalém – continuou a manter sua lealdade à lei[93] podemos apenas nos perguntar se existe uma parte da teologia do Novo Testamento que tenha sido quebrada e que deva ser reconsiderada como parte de seu espectro.

Isso deixa as perguntas intratáveis sobre o que os escritores do Novo Testamento pensaram que realmente aconteceu na morte de Jesus. Eles pensaram nisso como um sacrifício real, de pecado metafisicamente amontoado sobre o cordeiro imaculado de Nazaré e o pecado expiado e/ou a ira de Deus literalmente aliviada? Presumivelmente estamos no território linguístico da metáfora – da linguagem que indica a realidade, mas não em termos literais. O debate tem sido popular se "expiação" ou "propiciação", "substituição" ou "representação" são os termos mais apropriados para descrever esse ato central na teologia da salvação do Novo Testamento[94]. No entanto, pouquíssima consideração tem sido dada aos fatos; tanto, que a metáfora não pode ser perdida sem que se perca alguma compreensão vital da realidade assim referida, mas também que, se a metáfora for tomada literalmente, a referência será igualmente perdida.

Talvez também devesse ser notado que, quando o pensamento da encarnação emerge (Jo 1,14), ele não é retratado como um evento salvífico (o *Logos* redimindo a carne ao se tornar carne), embora tornar-se carne possibilita para Cristo prover a expiação[95].

D) Diversas imagens de salvação

O sistema sacrificial de Israel certamente deu aos primeiros cristãos uma de suas metáforas mais poderosas da salvação e de como ela havia sido

---

92. As circunstâncias previstas em At 21,20-26 são presumivelmente as cobertas pela lei em Nm 6,9-12, onde a "separação" de um nazireu era contaminada pelo contato com um cadáver; a contaminação exigia uma purificação de sete dias e o cortar dos cabelos; e, no oitavo dia, a oferta de duas pombas ou pombos jovens; uma como oferta pelo pecado, outra como oferta queimada em expiação pelo seu pecado.

93. Cf. DUNN, J.D.G. *Unity and Diversity in the New Testament*: An Inquiry into the Character of Earliest Christianity. Op. cit., item 54.

94. Para as questões e bibliografia, cf. DUNN, J.D.G. *The Theology of Paul the Apostle*. Op. cit., itens 9.2-9.3.

95. Rm 8,3; Gl 4,4-5; Fl 2,6-8; Hb 2,14-17; 1Pd 1,18-20; 1Jo 4,10. A "glória" de Jo 1,14 inclui a glória da cruz (Jo 12,23; 13,31). Cf. HAHN, F. *Theologie des Neuen Testaments*. Op. cit., vol. 1, p. 623-624; vol. 2, p. 399-402, 405, 408-409.

alcançada. Mas a história e a teologia de Israel deram várias outras. Nas metáforas da *redenção* e libertação a redenção de Israel da escravidão do Egito é fortemente ecoada[96]. A metáfora da *herança*[97] remonta à promessa da terra dada a Abraão como parte da aliança. A proclamação da *Boa-nova* provém diretamente da viva esperança do Segundo Isaías no regresso do exílio (Is 52,7-10)[98]. *Reconciliação* (nota 87, acima) provavelmente refletiu as muitas uniões de Yahweh com seu povo quando eles se arrependeram de sua perversidade. O *arrependimento* em si é uma poderosa imagem, não apenas de mudar de ideia, mas, em sua forma hebraica (*sub*), de virar-se, converter-se, retornar ao Senhor[99] – embora, curiosamente, Paulo e João o ignorem amplamente e prefiram usar a linguagem da fé e da confiança[100]. E a metáfora de ser *transferido* para outro reino em Cl 1,13 provavelmente reflete as origens das comunidades judaicas na Ásia Menor, estabelecidas por Antíoco o Grande, quando ele instalou duas mil famílias judaicas em Lídia e Frígia para ajudar a estabilizar a região.

Outros eram mais monótonos, como acordar (Rm 13,11), a noite dando lugar ao dia (Rm 13,12), "vestir ou tirar" roupas (Cl 3,9-10). Ou a semeadura e a rega (1Cor 3,6), o aguaceiro da chuva sobre uma terra sedenta (1Cor 12,13), a colheita (Rm 8,23), o selo da propriedade transferida[101], a colocação de uma fundação (1Cor 3,10-11). Ou grandes pontos de mudança da vida como nascimento[102], adoção[103], noivado e casamento[104], e morte[105].

---

96. P. ex., Dt 7,28; 9,26; 15,15; Sl 25,22; 31,5; Is 43,1.14; 44,22-24; 51,11; 52,3; Lc 2,38; Rm 3,24; Ef 1,7.14; Hb 9,12. Marshall chama atenção para A.J. Hultgren (*Christ and His Benefits*: Christology and Redemption in the New Testament. Filadélfia: Fortress Press, 1988), que distingue no Novo Testamento quatro categorias para a compreensão da obra de redenção de Jesus: redenção realizada em Cristo; redenção confirmada através de Cristo; redenção conquistada por Cristo; e redenção mediada por Cristo (*Theology*, p. 727-730).

97. Como, p. ex., em At 20,32; Gl 3,18; Ef 1,11.14.18; Cl 1,12; Hb 9,15;1Pd 1,4.

98. A passagem se reflete na proclamação jesuânica da Boa-nova (Mt 11,5/Lc 7,22) também citada em Rm 10,15.

99. DUNN, J.D.G. *Jesus Remembered*. Op. cit., item 13.2a.

100. "Arrepender/arrependimento" ocorre em Paulo somente em Rm 2,4; 2Cor 7,9-10; 12,21; 2Tm 2,25; e nunca nos escritos joaninos, tanto no Quarto Evangelho quanto nas cartas. "Perdão/perdoar pecados" ocorre somente em Cl 1,14; Ef 1,7; Jo 20,23; 1Jo 1,9; 2,12.

101. 2Cor 1,22; Ef 1,13; 4,30.

102. Jo 3,3.5; 1Cor 4,15; Tg 1,18; 1Pd 1,3.

103. Rm 8,15; Gl 4,5; Ef 1,5.

104. 2Cor 11,2; Ef 5,25-26.

105. Rm 6,3-6; 7,4.6; Gl 2,19; Cl 2,20; 3,3.

A teologia da reforma deu particular destaque à metáfora da *justificação* usada por Paulo, mas antecipada ou ecoada na tradição de Jesus, pelo menos na Parábola do Fariseu e do Publicano (Lc 18,14). Mais diretamente, o uso de Paulo, como já observado, é extraído diretamente do entendimento da Bíblia Hebraica sobre a justiça de Deus como justiça salvadora[106]. A metáfora é extraída do tribunal de justiça, a justificação como absolvição, a proclamação da inocência do acusado. O discurso de Paulo sobre a absolvição de Deus como "justificando os ímpios" (Rm 4,5) contradiz a percepção de Israel do que se esperava de um juiz – que ele não deveria de modo algum justificar os ímpios[107]. Mas Israel tinha muita experiência de Deus agindo com parcialidade para com Israel, de manter a fé com Israel apesar da apostasia dele, de modo que Paulo podia apresentar o evangelho colocando o paradoxo do amor da aliança de Deus, da sua justiça salvadora apenas nesses termos, até porque era muito verdadeiro para a experiência de Israel da *hesed* e misericórdia de Deus.

Outro modo importante de falar da relação de salvação que Deus estabeleceu com aqueles que confiaram nele foi expresso na linguagem da *habitação* ou da *participação*. A linguagem do ser "Cristo" é uma característica particular da soteriologia de Paulo[108], assim como o pensamento de *morada mútua* nos escritos Joaninos[109]. A imagem não é totalmente clara, pois envolve a linguagem da localização física[110]. Mas em toda conversa da relação com o divino a metáfora e a analogia são inevitáveis. E como é a natureza da metáfora, a realidade prevista pode não ser capaz de se expressar em linguagem não metafórica. Poderíamos dizer, então, que a realidade imaginada inclui o pensamento de estar dentro de uma esfera de poder ou campo de força, ou sob a influência formativa do poder divino que caracterizou a missão de Jesus. Mas isso perderia o sentido da intimidade, da íntima relação entre os crentes e o seu Senhor, da dependência do ser e da existência significativa que está evidentemente envolta em tal imaginário.

---

106. Cf. acima, item 2 C).

107. Um cânon repetido da justiça judaica (Ex 23,7; Pr 17,15; 24,24; Is 5,23; Sr 42,2; CD 1,19).

108. "Em Cristo" ocorre 83 vezes no *corpus* paulino, e "no Senhor (Jesus)" mais 47 vezes. Para mais detalhes cf. DUNN, J.D.G. *The Theology of Paul the Apostle*. Op. cit., item 15.2.

109. Jo 6,56; 14,17; 15,4-7; 1Jo 2,6.24.27.28; 3,6.9.24; 4,12.13.15.16.

110. C.F.D. Moule enfrentou esse recurso no cap. 2 de sua *The Origin of Christology* (Cambridge: Cambridge University Press, 1977).

O mesmo ponto é evidente quando incluímos a outra maneira principal de falar do efeito de entrar numa relação positiva com Deus e/ou Cristo – *o dom do Espírito*[111]. Porque tem implicações de poder ainda mais claras – uma influência transformadora trabalhando a partir de dentro, uma motivação nova e eficaz permitindo fazer a vontade de Deus[112] –, mas a intimidade da relação pessoal com Deus através do seu Espírito também é fundamental[113].

Insuficiente reconhecimento foi dado à *diversidade* da linguagem soteriológica do Novo Testamento e à *força metafórica* de suas imagens. Em particular, tem havido uma tendência a jogar metáforas umas contra as outras, com uma disputa, por exemplo, sobre se a linguagem forense de Paulo é mais importante do que sua linguagem participativa[114]. *Mas Paulo e os outros escritores do Novo Testamento não parecem ter se preocupado com a diversidade das imagens que eles usavam e se as metáforas poderiam ser quase integradas às outras.* Pelo contrário, a sua preocupação parece ter sido antes a de trazer à expressão tão vívida quanto possível a realidade existencial da sua variada experiência de poder salvífico, mesmo quando isso significava saquear o leque de imagens disponíveis para revelar as diferentes formas como tinha impactado os indivíduos. Da mesma forma, tem havido uma rigidez na interpretação do trabalho do Espírito, como se a imagem da água, tão característica da fala bíblica do Espírito, tivesse de ser tomada de alguma forma literalmente, para que o Espírito seja visto como um tipo de material refinado ou substância física, na qual os crentes foram batizados ou ingeriram pela bebida (1Cor 12,13)[115]. Mas *a força metafórica de tais imagens de água deveria ser quase evidente,* tirada particularmente da experiência de um banho de chuva em uma terra seca e da bebida que alivia um viajante sedento. O mesmo ponto é

---

111. Em *The Theology of Paul the Apostle* (op. cit.) noto que, dos três principais modos pelos quais Paulo expressou sua soteriologia, justificação pela fé (item 14), participação em Cristo (item 15) e o dom do Espírito (item 16), o último tema não recebeu a atenção que merecia. Tipicamente, deduziu-se de uma ou duas passagens (notavelmente 1Cor 12,13) que o Espírito foi dado no ou através do batismo, embora nenhum escritor do Novo Testamento se esforce para tornar isso explícito.

112. Esp. Rm 8,4; 12,1-2; 2Cor 3,18; 4,16–5.5; Fl 1,9-11; cf. Hb 6,4-5.

113. Rm 8,15-16; Gl 4,6-7.

114. SCHWEITZER, A. *The Mysticism of Paul the Apostle* (Londres: A & C Black, 1931) ficou famoso ao descrever a "doutrina da justificação pela fé" como "Uma cratera auxiliar, que foi formada dentro da cratera principal – a doutrina mística da redenção através do 'estar em Cristo'" (p. 225). A disputa reviveu com SANDERS, E.P. *Paul and Palestinian Judaism.* Op. cit., p. 502-508. Cf. CAMPBELL, D.A. *The Quest for Paul's Gospel*: A Suggested Strategy. Londres: T & T Clark International, 2005.

115. Assim, p. ex., HORN, F.W. *Das Angeld des Geistes*: Studien zur paulinischen Pneumatologie. Göttingen: Vandenhoeck & Ruprecht, 1992, p. 175 [FRLANT 154]. Cf. tb. RABENS, V. *The Holy Spirit and Ethics in Paul*: Transformation and Empowering for Religious-Ethical Life. Tübingen: Mohr Siebeck, 2009, cap. 2-3 [WUNT II].

evidente com outras imagens do Espírito tiradas da experiência do vento misterioso e poderoso (Jo 3,8) e da própria experiência de vida[116].

Em tudo isso devemos ter em mente, mais uma vez, que o ensino do Novo Testamento sobre a salvação não foi uma teoria ou axioma ensinado e aprendido tanto quanto *uma tentativa de dar sentido ao que tinha sido e estava sendo experimentado*. A partir da proclamação de Jesus de que o Reino de Deus já estava operante no que Ele e àqueles a quem Ele ministrou já estavam experimentando, através da experiência de ver vê-lo depois de sua morte, a experiência de ser perdoado e aceito por Deus ("paz com Deus") e a experiência do Espírito, seja no choro de *"Abbá*, Pai", falando em línguas ou em motivação para servir ou pregar, o que está sempre em vista são as experiências do novo relacionamento e da nova vida possibilitados por Jesus ou pelos primeiros cristãos pregadores. Ser salvo foi primeiramente uma experiência antes de a "salvação" se tornar um dogma ou subtítulo da teologia do Novo Testamento.

E) A esperança da salvação

Há um aspecto consistente do ensino do Novo Testamento sobre a salvação, que é um *processo* de três fases, com um início, ou evento inicial decisivo, uma experiência contínua e um fim, o resultado a ser alcançado[117].

Já notamos a escatologia realizada, tão característica e distintiva do ensinamento de Jesus e (parece) de sua autocompreensão. Aqui precisa ser enfatizado uma característica de sua proclamação era a ênfase ainda futura. Ele não só ensinou seus discípulos a rezar: "venha a nós o teu reino" (Mt 6,10/Lc 11,2), mas também advertiu sobre uma crise iminente e sobre a necessidade de resistir[118] e falar de uma futura vinda do Filho do Homem (ao céu ou de volta à terra)[119]. Os evangelistas suavizam a tensão resultante entre as perspectivas escatológicas realizadas e ainda futuras de várias maneiras[120],

---

116. As imagens esboçadas em Gn 2,7 são mais efetivamente reproduzidas em Ez 37,9-10. Cf. mais acima, item 4 B).

117. "A salvação é um ato triplo de Deus: um fato realizado, uma experiência que continua no presente e uma consumação ainda por vir" (CAIRD, G.B. *New Testament Theology*. Op. cit., p. 118; cf. tb. p. 179).

118. Esp. Mc 13,5-37 par.

119. Mc 8,38 par.; 14,62 par.

120. P. ex., Mc 13,7-8; Lc 19,11.

mas não a removem. E mesmo João, mais notável pela sua ênfase "realizada", retém um claro elemento futuro em sua apresentação do ensinamento de Jesus (p. ex., Jo 5,25-29). A dificuldade de manter as duas ênfases juntas tem encorajado várias tentativas de negar ou remover a tensão escatológica presente/futura na tradição de Jesus[121], mas é inevitável, tanto no nível do Jesus histórico quanto do texto bíblico duradouro.

A mesma tensão está presente em outras partes do Novo Testamento. A ênfase equivalente na crença de que a ressurreição havia sido iniciada com a ressurreição de Jesus e que o Espírito escatológico havia sido derramado é totalmente equilibrada pela expectativa da parusia de Jesus. At 3,19-21 pode ser a mais antiga expressão recordada dessa expectativa, talvez mesmo a mais antiga afirmação pós-pascal registrada[122]. E a crença em uma (segunda) vinda de Jesus é um dos motivos mais proeminentes no Novo Testamento[123], mas surpreendente e pouquíssimo engajada com a teologia pela relativa falta de interesse em trair um sentido de dificuldade em lidar com isso dentro da teologia bíblica, e talvez também um embaraço cristão pelo fato de que Cristo (ainda) *não* voltou[124]. Como um desafio à teologização do Novo Testamento não tem igual. O que despertou sua atenção no século XX foi principalmente o "atraso da parusia", fornecendo uma pista para a datação dos documentos do Novo Testamento. Mas a discussão que surgiu não fez muito progresso, simplesmente porque "o atraso da parusia" não parece ter sido um grande problema para os escritores do Novo Testamento (exceto para 2Pd 3,8-10)[125].

---

121. Dois exemplos famosos são: DODD, C.H. *The Parables of the Kingdom*. Londres: Religious Book Club, 1935), que argumentava que o Reino de Deus era "uma questão de experiência atual" (p. 46). • BULTMANN, R. *The Gospel of John*. Oxford: Blackwell, 1971, que atribuía as referências futuras no Evangelho de João (como Jo 5,28-29) a um redator eclesiástico.

122. ROBINSON, J.A.T. "The Most Primitive Christology of All?" In: *Twelve New Testament Studies*. Londres: SCM, 1962, p. 139-153.

123. Cf., p. ex., a revisão dos dados em ROWLAND, C. "Parousia". In: FREEDMAN, D. N. et al. (orgs.). *The Anchor Bible Dictionary*. Vol. 5. Nova York: Doubleday, 1992, p. 166-170.

124. H. Reimarus não hesita em ecoar 1Cor 15,17: "se Cristo também não voltou para recompensar os fiéis em seu reino, nossa crença é tão inútil quanto falsa" (*Fragments*. Londres: SCM, 1971, p. 228).

125. Cf. mais em: MYERS, C.D. "The Persistence of Apocalyptic Thought in New Testament Theology". In: KRAFTCHICK, S.J. et al. (orgs.). *Biblical Theology*: Problem and Perspectives. Op. cit., p. 209-221, esp. p. 211-216. Myers conclui: "a difusão e a persistência do pensamento apocalíptico no Novo Testamento só podem ser explicadas ao se perceber que a apocalíptica é essencial à crença cristã primitiva" (p. 221).

Outra maneira pela qual a tensão veio à expressão foi com a experiência do amor, alegria e paz[126], equilibrada pela experiência da *esperança* ainda por realizar. A *esperança* é outra expressão comum da fé do salmista[127], retomada espasmodicamente fora do corpo paulino – notavelmente Mt 12,21 ("E, em seu nome, esperarão os gentios")[128], At 23,6 e 28,20 (A mensagem e a missão de Paulo como cumprimento da esperança de Israel), Hb 6,11.19 ("a plena certeza da esperança", "a qual temos por âncora da alma, segura e firme" e 1Pd 1,3 ("nos regenerou para uma viva esperança, mediante a ressurreição de Jesus Cristo dentre os mortos"). Mas é em Paulo que encontramos a articulação mais clara do caráter da esperança cristã: é uma das três grandes características da comunidade cristã, juntamente com a fé e o amor[129]; é a fé que olha para o futuro e não para o que já aconteceu no passado (Rm 8,24-25); a confiança em Deus não é abalada, apenas amadurecida pela experiência do sofrimento no presente (Rm 5,2-5), porque é a esperança em Deus e no seu Cristo, e não em circunstâncias ou em si mesmo[130]; no arsenal cristão é "o capacete da salvação" (1Ts 5,8).

A compreensão de Paulo sobre a salvação como um processo tem sido frequentemente resumida como uma tensão entre o "já" e o "ainda não". O caráter do processo é claro pela maneira consistente como ele fala da própria salvação como *uma meta ainda a ser alcançada,* o bem final (Rm 5,9-11). Os crentes podem ser descritos como "aqueles que estão *em processo de serem salvos*"[131], a salvação completa é "ainda não". A imagem da redenção pode ser usada tanto para o que já foi realizado[132] quanto para o que ainda está para ser realizado[133]. O equilíbrio entre o "já começado" e o "ainda por completar" é bem capturado por Gl 3,3 e Fl 1,6; ou no duplo uso da metáfora da adoção dentro de parágrafos consecutivos, já efetuada no dom do Espírito, mas ainda aguardada como a redenção do corpo (Rm 8,15-23); ou

---

126. Como em Rm 5,1.5 e 1Ts 1,6.

127. P. ex., Sl 33,18.22; 42,5.11; 69,6; 130,5.7.

128. Em alusão a Is 11,10, como também Paulo em Rm 15,12.

129. 1Cor 13,13; Cl 1,4-5; 1Ts 1,3.

130. 2Cor 1,10; Fl 1,20; Cl 1,23.27; 1Tm 1,1; 4,10; 5,5.

131. 1Cor 1,18; 15,2; 2Cor 2,15.

132. Rm 3,24; 1Cor 1,30; Ef 1,7; Cl 1,14. Cf. tb. Hb 9,15.

133. Rm 8,23; Ef 1,14; 4,30. Cf. tb. Lc 21,28.

no próprio Espírito como a "primeira prestação e garantia" da salvação ou os "primeiros frutos" da colheita da ressurreição[134].

Um aspecto importante disso é o da *transformação pessoal*, explicitamente assinalado por Paulo por ocasião da redação de 2Cor 3,18 e Rm 12,2 (salvação como o processo de "ser transformado")[135]. No *corpus* paulino a transformação é explicitamente entendida como *um ser conforme à imagem de Deus em Cristo*[136], incluindo um contínuo compartilhamento nos seus sofrimentos e uma crescente conformidade com a sua morte, na esperança segura de finalmente ser conformado com a sua ressurreição[137]. Assim, o que está implícito no evangelho em uma parte do Novo Testamento chega a uma diferente expressão em outra parte[138], sendo explicitado por Paulo: a salvação prometida pelo evangelho não é um caminho de prímula ou receita para o sucesso material, mas sim um processo de refinamento e amadurecimento. A teologia da cruz (*theologia crucis*) não é simplesmente uma tentativa de descrever o que aconteceu com Jesus e explicar as várias imagens e metáforas usadas no Novo Testamento em relação à sua morte. Ela certamente inclui a completa reversão e transformação dos valores habituais que determinaram a vida social e pessoal, como 1Cor 1,18-31, em particular, deixa claro[139]. Mas isso certamente também inclui a completa transformação da pessoa do crente, de cuja morte Jesus também falou (Mc 8,34-35 par.), bem como a participação na sua vida ressuscitada; não só o julgamento do "inocente" em virtude da cruz (Rm 8,33-34), mas a transformação do pecador penitente na imagem de Cristo crucificado e ressuscitado. Voltaremos a essas questões no capítulo 6.

---

134. Rm 8,23; 2Cor 5,5; Ef 1,13-14.

135. Continua sendo um enigma para mim que o intenso foco no aspecto forense da soteriologia de Paulo tenha ofuscado o aspecto da transformação em tantas teologias luteranas e reformadas do Novo Testamento, quando o próprio Paulo evidentemente estaria confortável com ambas (cf. DUNN, J.D.G. *New Perspective on Paul*. Op. cit., 2005, p. 63-86; na edição revisada de 2008, p. 71-95).

136. Rm 8,29; Ef 4,24; Cl 3,10.

137. Rm 8,10-11.17-23; 2Cor 4,10-11, 16–5,5; Fl 3,10-11.21.

138. Os relatos da paixão nos evangelhos. Cf. Hb 2,10-18; 5,7-10; 1Pd 3,17-22; Ap 7,4-14.

139. M. Wolter, em seu artigo "The Theology of the Cross and the Quest for a Doctrinal Norm" [A teologia da cruz e a busca de uma norma doutrinária] (in: ROWLAND, C. & TUCKETT, C. (orgs.). *The Nature of New Testament Theology*: Essays in Honour of Robert Morgan. Op. cit., p. 263-285), critica a escola britânica do Novo Testamento por não ter compreendido a função crítica e polêmica da *theologia crucis* de Paulo, como apreendida pela teologia alemã (p. 272-273).

Uma exposição mais completa da soteriologia do Novo Testamento teria de continuar tratando da conclusão do processo de salvação, discutindo os temas do juízo final, vida eterna e ressurreição[140]. Aqui é suficiente notar que *apenas imagens ocasionais e representações fragmentárias* estão disponíveis para nós. Jesus responde à pergunta dos saduceus sobre a ressurreição dos mortos comparando a vida de ressurreição à existência angélica no céu (Mc 12,25). Mas Ele também promete ao ladrão penitente: "Hoje estarás comigo no paraíso" (Lc 23,43). Paulo espera estar "com Cristo" depois da morte (Fl 1,23); mas ele também espera um corpo transformado quando Cristo voltar (3,20-21). Ele pensa naqueles que morreram como adormecidos e espera que os mortos em Cristo ressuscitem (da morte) quando Cristo vier (1Ts 4,13-16). O Apocalipse retrata as almas dos mártires que se abrigam sob o altar celestial (Ap 6,9-11) e fala de uma primeira ressurreição, com a implicação de que haverá uma segunda (20,5). Tanto a tradição de Jesus quanto o Apocalipse usam imagens muito poderosas para descrever o resultado do julgamento final[141], mas Paulo é pouquíssimo claro (ou tímido) sobre como o processo irá ocorrer (1Cor 3,15; 5,5). A esperança para a restauração de Israel tinha uma sensação muito terrena (At 1,6)[142], mas também se fala da glória original da criação sendo restaurada ou de uma futura glorificação[143], e o Apocalipse implica uma restauração do Jardim do Éden como acesso à árvore da vida renovada (Ap 22,1-2), como parte de um novo céu e de uma nova terra e da nova Jerusalém descendo do céu (21,1-2).

Tal caleidoscópio de imagens sugere que *qualquer tentativa de conceber uma única imagem coerente das "últimas coisas" é improvável que seja bem-sucedida.* Seria como esperar poder traduzir uma grande pintura ou obra-prima musical em proposição de prosa. Aqui estamos novamente na linguagem da metáfora e do símbolo, a única linguagem aberta a nós para falar do que não sabemos e não podemos saber, linguagem que é mais inspiradora do

---

140. Heikki Räisänen concentra-se nesse assunto no que ele descreve como um rascunho do segundo capítulo de seu "Wredean", um relato das primeiras ideias cristãs. Cf. acima, nota 32.

141. P. ex., Mt 5,29-30; 13,42.50; 25,41; Mc 9,43-47; Lc 12,5; 16,22-26; Ap 19,20; 20,7-15.

142. Cf. abaixo, cap. 5, item 3 A).

143. Rm 8,18.21.30; 1Cor 2,7; 2Cor 4,17; 1Ts 2,12; 2Ts 2,14; 2Tm 2,10; Hb 2,10; 1Pd 1,7; 5,1.4. A implicação de que a glória é a glória da criação original, restaurada ou aprimorada, é dada pelas referências a Adão em Rm 3,23; 8,21; Hb 2,5-8.

que informativa[144]. Traduzir metáfora e poesia em prosa é perder a própria coisa que a metáfora e a poesia nos proporcionam – a possibilidade de falar daquilo que está além da descrição humana.

A escatologia continua sendo o assunto mais desafiador e problemático na teologia do Novo Testamento, bem como para a sua teologização.

4 Conclusão

A salvação, portanto, não pode deixar de ser um tema importante em qualquer teologia bíblica do Novo Testamento.

1) O tema destaca as questões de continuidade e descontinuidade de forma tão acentuada como qualquer outra. O reconhecimento da total dependência da bondade amorosa e da graça de Deus é consistente em toda a parte e da surpreendente fidelidade da justiça salvadora de Deus. Que Deus faz provisão para a salvação humana para lidar com falhas e transgressões é um fio que une ambos os testamentos. O tema da esperança de que existe uma futura salvação a ser buscada e de que o propósito de Deus está se movendo constantemente em direção ao seu objetivo final constantemente reaparece, mesmo depois de um desastre aparentemente irreversível. Ao mesmo tempo, o foco quanto aos meios de salvação muda significativamente do arrependimento, sacerdote e culto sacrificial para a fé em Cristo e confiança em sua morte e ressurreição. Existe uma esperança semelhante para o futuro, para a realização do propósito salvífico de Deus, decisivamente iniciado mas ainda não completo; mas para o Novo Testamento Cristo novamente dá uma nova nitidez de foco, tanto para o que já começou quanto para o que ainda está por vir.

2) Sobre a questão da unidade e diversidade notamos, por exemplo, a tensão com a qual o Novo Testamento geralmente se relaciona tanto com

---

144. Hão de entender-me aqueles que conhecem o grande poema de William Blake (*The New Jerusalem* [A Nova Jerusalém]) e a emoção com a qual é cantado na última noite dos Proms (Promenade Concerts), todos os anos no Albert Hall, em Londres, *Bring me my bow of burning gold! / Bring me my arrows of desire! / Bring me my spear! / O clouds, unfold! Bring me my chariot of fire! // I will not cease from mental fight, / Nor shall my sword sleep in my hand / Till we have built Jerusalem / In England's green and pleasant land* [Traga-me o meu arco de ouro ardente! /Traga-me minhas flechas de desejo! / Traga minha lança! / O nuvens se desdobram! / Traga-me minha carruagem de fogo! // Eu não cessarei de luta mental, / Nem minha espada repousará em minha mão / Até que tenhamos construído Jerusalém / Na terra verde e agradável da Inglaterra].

o passado do Antigo Testamento quanto com o futuro cristão no que diz respeito ao papel do templo e do sacerdote. O evento salvífico da morte e ressurreição de Cristo é representado de várias maneiras, das quais a expiação cúltica é apenas uma. As imagens da salvação são diversas e nem sempre mutuamente compatíveis. As esperanças e expectativas para o futuro são similarmente caleidoscópicas e virtualmente impossíveis de agregar numa única narrativa ou imagem. O atraso da parusia permanece um enigma não resolvido. No entanto, a centralidade de Cristo, para o começo, para o processo de salvação e para a sua conclusão permanece constante.

3) Em relação ao papel da missão de Jesus no enquadramento deste tema teológico deve ficar bem claro que a escatologia cristã começou com Jesus. A missão de Jesus, já cumprindo antigas esperanças e expectativas para a era vindoura, era a própria interpretação dele, a sua própria teologia da salvação. Correlativamente foram as convicções de que na ressurreição de Jesus a ressurreição dos mortos já havia começado e que, com a experiência do Espírito derramado, os últimos dias já haviam chegado, o que se tornou determinante para a compreensão cristã distintiva da salvação. A morte e a ressurreição de Jesus marcaram não apenas os acontecimentos no tempo, mas podiam ser entendidas como encapsulando todo o processo de salvação pessoal, do início ao fim – Jesus, O alfa e o Ômega da salvação.

4) Em tudo isso, a linguagem da imagem e da metáfora conserva a sua capacidade tentadora de indicar o que se deve acreditar e de apontar para uma realidade para além da palavra. A realidade que está sendo experimentada e expressa, seja em termos do Reino de Deus, da ressurreição, do Espírito de Deus ou da própria salvação sempre escapa à definição formal, muito menos final. E, no entanto, a experiência e a esperança sempre se esforçam para exprimir de novo essa realidade; inspirando-se na tradição mas achando sempre a necessidade de encontrar uma nova expressão. Isso também quer dizer que tal linguagem usada no Novo Testamento é, em si mesma, um convite a continuar a teologização da qual ela é uma expressão canônica.

5

A IGREJA DE DEUS

1 Introdução

Outro tema definidor da teologia bíblica tem que ser *Israel*[1], pois ele é constitutivo das escrituras judaicas. Não só o tema da escolha e expectativa de Deus para o povo de Israel é um motivo de integração que perpassa a maior parte dessas escrituras, mas, evidentemente, elas são primordialmente escrituras de Israel; é apenas como as escrituras de Israel e porque foram reconhecidas por ele que são, em primeiro lugar, escrituras. Os cristãos não tentaram decidir seu *status* canônico (até mesmo como Antigo Testamento) independentemente da decisão prévia, *de facto*, de Israel sobre o assunto. O fato de que o cânon cristão do Antigo Testamento coincide perfeitamente com a Bíblia Hebraica simplesmente documenta esse ponto. A imprecisão do(s) cânon(es) cristão(s) da Bíblia – o *status* dos apócrifos do Antigo Testamento (na Vulgata e no cânon católico romano) ou de escritos como 1Enoc (no cânon da Igreja Etíope) – simplesmente reflete o grau de imprecisão que pertencia ao final do próprio judaísmo do Segundo Templo.

O fato de Israel continuar a ser um dado para o Novo Testamento é muito surpreendente, sobretudo levando em conta o fato de que no final do primeiro século o cristianismo embrionário já deve ter sido predominantemente gentio na sua composição. Mas foi fundamental. A mensagem de Jesus pode ser resumida em termos de uma esperança para a restauração de Israel[2]. Os primeiros crentes eram todos judeus, e a grande maioria dos

---

1. No que segue, cf. esp. SCOBIE, C.H.H. *The Ways of Our God*. Op. cit., cap. 11.

2. Este ponto foi apresentado regularmente, p. ex., em MEYER, B.F. *The Aims of Jesus*. Londres: SCM, 1979, p. 133-137, 153-154, 161, 223-241. • SANDERS, E.P. *Jesus and Judaism*. Londres: SCM, 1985, p. 61-119. • WRIGHT, N.T. *Jesus and the Victory of God*. Londres: SPCK, 1996, p. 126-131 e passim. Cf. mais abaixo, item 3A).

escritos do Novo Testamento foi composta por judeus. O Paulo de Atos resume sua missão com referência à "esperança de Israel" (At 28,20), assim como o Paulo de Romanos afirma a irrevogabilidade do chamado de Deus de Israel e o propósito para Israel (Rm 11,25-32). O termo principal para as assembleias cristãs, "Igreja" (*Ekklesia*), foi tomado pela tradução da LXX de *qahal* YHWH ou o *qahal Israel (qahal* = "assembleia, congregação")[3]. A suposição dos versículos iniciais de Tiago e 1Pedro é que as cartas foram endereçadas [às doze tribos(!) da] diáspora. E o profeta do Apocalipse vê a salvação como abrangendo 114.000, 12.000 de cada uma das doze tribos de Israel (Ap 7,4-8).

Dado que o cristianismo logo se tornou uma religião predominantemente gentia e que suas formulações clássicas de credo seriam o resultado da interação com (para não dizer fusão) as categorias gregas filosóficas, um caráter tão focado em Israel dos escritos do Novo Testamento é potencialmente um grande problema para a teologia cristã. E certamente para uma teologia bíblica do Novo Testamento, tendo em mente não apenas a subsequente composição não judaica do cristianismo, mas também a *adversus judaeos*, tradição dentro do cristianismo com o seu mau funcionamento no antissemitismo cristão[4]. Então, qual é o caso, dado que os escritores do Novo Testamento herdaram parte de sua teologia bíblica e esta, portanto, forma um elemento integral na teologização bíblica a partir de então?

Seus elementos podem ser resumidos nos seguintes pontos:

A) A eleição de Israel;

B) Separação, zelo e bênção;

C) O facciosismo judeu;

D) A esperança escatológica de Israel.

A contribuição do Novo Testamento para o debate teológico bíblico sobre Israel mais uma vez pode ser atribuída principalmente ao impacto de Jesus e do Espírito, podendo ser apresentada nos seguintes títulos:

A) A restauração de Israel;

B) Jesus, gentios e "pecadores";

C) "Até mesmo nos gentios";

---

3. Detalhes em DUNN, J.D.G. *The Theology of Paul the Apostle.* Op. cit., item 20.2.

4. Cf., p. ex., WILLIAMS, A.L. *Adversus Judaeos*. Cambridge: Cambridge University, 1935. Mais referências em: *The Partings of the Ways*, 342, nota 11.

D) O cumprimento da missão de Israel;

E) O corpo de Cristo;

F) A substituição ou (re)definição de Israel?;

G) Uma ou duas alianças?

2 A teologia herdada

A) A eleição de Israel

Fundamental para a autocompreensão de Israel foi a convicção de que ele tinha sido especialmente escolhido por Yahweh para si próprio. A convicção, é claro, é parte integrante do entendimento de Israel, de Deus como o Deus de Israel (cf. cap. 3, item 2 C)), como o Deus que fez sua aliança com Israel e como quem é fiel a essa aliança no exercício de sua justiça salvadora em favor de Israel (cap. 4, item2 C)).

O motivo já está explícito na escolha de Abraão e sua semente (descendentes) para serem os destinatários da promessa da aliança[5]. Explícito também no fato, feito em grande parte em Gênesis, que a linha de sucessão à herança prometida passa por Isaac, e não Ismael; por Jacó, e não Esaú (Gn 16-17; 21; 27). Não é sem significado que Paulo posteriormente construiu muito sobre ambos os elementos da narrativa patriarcal[6]. Mas a formulação bíblica mais explícita e de fato clássica vem na canção de Moisés em Dt 32,8-9:

> Quando o Altíssimo distribuía as heranças às nações,
> quando separava os filhos dos homens uns dos outros,
> fixou os limites dos povos,
> segundo o número dos filhos de Israel;
> porque a porção do SENHOR é o seu povo;
> Jacó é a parte da sua herança[7].

O tema é um elemento consistente na literatura judaica expressiva do judaísmo do Segundo Templo, na qual o cristianismo surgiu pela primeira vez; por exemplo, *Jub.* 15,31-32:

---

5. Cf. acima, cap. 4, nota 13.

6. Rm 9,6-13; Gl 4,21-31.

7. Para o pensamento de Israel como herança de Deus, cf., p. ex., 1Rs 8,51.53; Sl 22,12; 74,2; Is 6,17; Jr 10,16; Mq 7,18; Sr 24,8.

Ele escolheu Israel para que fosse um povo para si mesmo. Ele os santificou e os reuniu de todos os filhos do homem, porque [existem] muitas nações e muitos povos e todos eles lhe pertencem, mas sobre eles fez com que os espíritos governassem, para que eles se desviassem de segui-lo. Mas sobre Israel não fez com que nenhum anjo ou espírito governasse, porque só Ele é o seu governante e os protegerá.

Da mesma forma, Salmos de Salomão 9,8-9:

E agora, Tu és Deus e nós somos o povo que Tu amaste; olha e tenha compaixão, ó Deus de Israel, porque nós somos teus, e não tires de nós a tua misericórdia, para que não se ponham sobre nós. Porque Tu escolheste as descendências de Abraão sobre todas as nações e puseste o teu nome sobre nós, Senhor; e isso não cessará para sempre.

A linguagem da "eleição" – Israel como "o eleito de Deus" – ocorre regularmente no Antigo Testamento e na literatura do Segundo Templo[8]. O mais impressionante, então, é a maneira pela qual a terminologia é assumida em autorreferência pelos escritores do Novo Testamento: os dias da tribulação final serão abreviados por causa dos eleitos[9], "quem intentará acusação contra os eleitos de Deus?", pergunta Paulo corajosamente e com confiança (Rm 8,33); os destinatários cristãos de várias cartas do Novo Testamento são saudados como "os eleitos"[10]; a Revelação prevê que o Cordeiro conquiste os reis hostis, acompanhado pelos "chamados, eleitos e fiéis" (Ap 17,14). E não só a terminologia é retomada, mas também, como veremos mais adiante, o dado fundamental da eleição de Israel[11].

As características notáveis da promessa original a Abraão, repleta de consequências sociais e políticas até hoje, são as duas vertentes da promessa a Abraão: a promessa da semente, tão grande como o pó da terra, como

---

8. 1Cr 16,13; Sl 89,3; 105,6; Is 42,1 (LXX); 43,20; 45,4; 65,9.15.22; Sr 46,1; 47,22; Sb 3,9; 4,15; Jub. 1,29; 1Enoc 1,3.8; 5,7-8; 25,5; 93,2; 1 QS 8,6; CD 4,3-4; 1QM 12,1, 1QH 10 [=2]:13; 1QpHab 10,13; Sib. Or. 3,69. Cf. tb. SCHRENK, G. *Theological Dictionary of the New Testament*. Op. cit., vol. 4, p. 182-184.

9. Mc 13,20.22.27 par.

10. Cl 3,12; Tt 1,1; 1Pd 1,1.

11. "Apesar do fato de a direção principal da tradição do Novo Testamento decorrer do impacto de Jesus como a nova intervenção redentora de Deus sobre a Igreja primitiva, é igualmente surpreendente que essa nova revelação da vontade de Deus tenha sido feita de maneira consistente e imediata nos termos de sua relação com compromisso prévio de Deus com Israel" (CHILDS, B.S. *Biblical Theology in Crisis*. Op. cit., p. 212).

as estrelas no céu, como a areia na praia[12]; e a promessa da terra, a terra de Canaã, ou mesmo toda a terra, desde o Nilo até o Eufrates[13]. Um dos dilemas teológicos (e não apenas teológicos) que derivam da primeira vertente da promessa é se a promessa da aliança é feita com todos aqueles que podem se declarar descendentes de Abraão, mesmo que apenas através da linha de Isaac e Jacó. Do lado cristão, a importância da promessa feita à semente de Abraão é reafirmada por Paulo em suas cartas aos Gálatas e aos Romanos[14], e o dilema é colocado pela tentativa de Paulo de afirmar que a "semente" de Abraão pode abraçar todos "em Cristo", tanto gentios quanto judeus (particularmente Gl 3,15-29). Do lado judeu, o dilema é colocado pela pergunta contínua: *Quem é judeu?* Se a promessa é para uma nação etnicamente identificada ou para um povo não definido por etnia; se "judeu" é um identificador nacional ou antes um identificador religioso[15].

A segunda vertente, a promessa da terra, foi igualmente fundamental para o pensamento de Israel, com esperança de restauração do exílio ("próximo ano em Jerusalém"), sempre um sonho durante as décadas de exílio e depois os séculos de dispersão. O tema permanece vital no Novo Testamento, seja com a promessa das Bem-aventuranças de que "bem-aventurados são os mansos porque herdarão a terra" (Mt 5,5), ou com o jogo de Hebreus sobre a promessa ao povo errante de Deus, de um descanso que os espera na terra da promessa (Hb 3,7–4,11)[16]. Não menos importante – e especialmente na contínua tragédia de uma terra disputada e combatida por Israel e Palestina hoje – é se a promessa da terra, como a terra de Israel/Palestina, ainda é parte integrante de uma teologia/teologização bíblica contemporânea ou se a sua extensão mais metafórica como uma promessa que abrange toda a terra[17], como refletido também no pensamento de Paulo (Rm 4,13), é tão ou ainda mais verdadeira para a intenção da promessa original.

---

12. Gn 14,16; 15,5; 22,17.

13. Gn 14,14-15; 15,17-21; 17,8.

14. Gl 3; Rm 4.

15. Cf. tb. SCHIFFMAN, L. H. *Who Was a Jew?* – Rabbinic and Halakhic Perspectives on the Jewish-Christian Schism. Hoboken: Ktav, 1985.

16. Cf. ainda DAVIES, W.D. *The Gospel and the Land*: Early Christianity and Jewish Territorial Doctrine. Berkeley: University of California, 1974. • ANDERSON, B.W. "Standing on God's Promises: Covenant and Continuity in Biblical Theology". In: KRAFTCHICK, S.J. et al. (orgs.). *Biblical Theology*: Problem and Perspectives. Op. cit., p. 145-154.

17. Sr 44,21; Jub. 17,3; 22,14; 32,19; 1Enoc 5,7; FÍLON, Som. 1,175; Mois. 1,155; referências rabínicas em Str-B 3,209.

Aqui o material da teologia bíblica é o material do diálogo judeu/cristão e tem uma contribuição possivelmente decisiva a fazer para os princípios e as políticas que ainda informam a política do Oriente Médio[18].

B) Separação, zelo e bênção

O corolário do axioma da eleição de Israel naturalmente é a não eleição das outras nações (gentios). Isso foi por vezes expresso em termos do "particularismo" de Israel, uma antítese conveniente ao apologismo cristão do "universalismo" do cristianismo[19], embora, como já foi dito no capítulo 3, a teo-logia de Israel foi de um Deus universal. Israel e o judaísmo primitivo eram tão "universais" quanto o cristianismo, assim como o cristianismo, pela sua insistência na fé em Cristo, era tão "particular" quanto o judaísmo, pela teologia deste último da nação eleita[20]. O único Deus é, mais ou menos por definição, o Deus de todas as nações. Como Paulo argumentou, a implicação inevitável do *Shemá* é que Deus é Deus não apenas dos judeus, mas também dos gentios (Rm 3,29-30).

Não obstante, o corolário de Deus ter escolhido Israel para ser seu foi que Israel deveria se manter separado somente para Yahweh. A *separação de Deus* (sendo santo) necessitava *separação de outros povos*. Como Deuteronômio deixa explícito, para que Israel fosse totalmente de Yahweh, para que a terra de Canaã fosse totalmente entregue a Israel era necessário que a terra fosse completamente limpa das outras nações que já estavam lá, para evitar qualquer envolvimento, conjugal ou religioso, com elas (Dt 7,1-7). Foi precisamente o fracasso de Israel em implementar essa estratégia, completa ou consistentemente, que resultou no exílio na Babilônia, conforme Am 5,25-27

---

18. Os colonos israelenses na Cisjordânia sabem que, em algumas versões da promessa, a terra prometida é do Nilo ao Eufrates (Gn 15,18; Dt 1,7-8; cf. Dt 11,24; Js 1,4) – um fato de significado político explosivo pouco apreciado pelos cristãos que apoiam os colonos com base na promessa a Abraão.

19. Esse contraste foi um dos principais temas em BAUR, F.C. *The Church History of the First Three Centuries* (2 vols. Londres: Williams & Norgate, 1878-1879, p. 5-6, 33, 43, 47) e tem sido uma chaga no diálogo judaico-cristão e no entendimento mútuo mais ou menos desde então.

20. Cf. tb. SEGAL, A.F. "Universalism in Judaism and Christianity". In: ENGBERG PEDERSEN, T. (org.). *Paul In his Hellenistic Context*. Mineápolis: Fortress Press, 1995, p. 1-29. • LEVENSON, J.D. "The Universal Horizon of Biblical Particularism". In: BRETT, M. G. (org.). *Ethnicity and the Bible*. Leiden: Brill, 1996, p. 143-169. • DUNN, J.D.G. "Was Judaism Particularist or Universalist?" In: NEUSNER, J. & AVERY-PECK, A.J. (orgs.). *Judaism in Late Antiquity*. Parte 3. Vol. 2: Where We Stand: Issues and Debates in Ancient Judaism. Leiden: Brill, 1999, p. 57-73.

aponta com firmeza e que teve efeito poderoso no discurso de Estêvão em At 7,42-43. A lição foi bem aprendida no período pós-exílico sob as reformas de Esdras, com o abandono de casamentos mistos, para limpar as pessoas e a terra de todos os envolvimentos contaminantes (Esd 9–10). Israel seria um povo separado para o Senhor e por causa do Senhor.

Por sua vez, a força da resistência dos macabeus à assimilação cultural e religiosa na primeira metade do século II a.C. foi motivada precisamente pela mesma convicção de que Israel, tanto a terra quanto o povo, não era simplesmente um entre tantos outros, mas uma escolha especial do único Deus. O termo "judaísmo", de fato, surgiu da resistência dos macabeus ao sincretismo infernal de Antíoco. O nome aparece pela primeira vez em 2Macabeus[21], precisamente como uma expressão dessa resistência, como uma expressão da fortaleza e da fidelidade daqueles que continuaram a premiar a Torá, a praticar a circuncisão e a observar as leis do puro e do impuro, apesar da mais brutal perseguição. Aqui novamente, na autoafirmação forte e ferozmente nacionalista que o termo "judaísmo" expressou, temos uma importante percepção da matriz da qual emergiu o cristianismo, um fator importante para moldar a posição teológica dos primeiros cristãos e, portanto, um importante elemento contextual na nossa compreensão de uma teologia bíblica do Novo Testamento.

A expressão mais clara e pungente do sentido da necessidade de Israel se manter separado das nações aparece no motivo de "ciúme" ou "zelo" (a mesma palavra). Pois no coração disso estava o próprio ciúme de Yahweh, que exigia adoração exclusiva e lealdade do seu povo[22]. Não surpreendentemente, a história de Israel está repleta de correspondentes *heróis do zelo* que o exerceram pelo compromisso exclusivo com Deus, reflexo do compromisso exclusivo de Javé com Israel. E não inteiramente surpreendente, esses heróis do zelo eram famosos precisamente por suas ações que impediram que o aparato de Israel fosse corrompido e poluído: Simeão e Levi, que expurgaram a impureza de Diná[23]; Fineias, que recuou na ira ciumenta de Yahweh de consumir um povo que estava se unindo a Baal de Peor[24];

---

21. 2Mc 2,21; 8,1; 14,38.

22. Ex 20,5; 34,12-16; Nm 25,11-13; Dt 4,23-24; 5,9 etc.

23. Gn 34; Jt 9,2-4; Jub. 30.

24. Nm 25,1-13; Sr 45,23-24; 1Mc 2,54.

Elias, cuja vitória sobre os sacerdotes de Baal e depois a matança dos mesmos impediu a corrupção da santidade de Israel[25]; e os próprios macabeus, apelando notavelmente aos antigos heróis do zelo e, por sua vez, impedindo a diluição da lealdade de Israel a Deus somente pela força das armas[26]. Um fator pouquíssimo observado na formação da teologia do Novo Testamento, na medida em que Paulo o fez, é que este aparece primeiramente em cena como um perseguidor motivado pelo mesmo zelo[27], e que sua conversão na formação teológica foi em grande parte uma reação contra tal zelo para manter a separação de Israel das nações[28].

Ao mesmo tempo, e apesar dessa forte vertente de santidade na teologia e na prática de Israel, havia outra vertente, menos proeminente mas repetidamente reavivada e reexpressa de várias maneiras. Além de qualquer outra coisa havia – deve ser lembrado – a forte tradição da *hospitalidade de Israel ao estrangeiro* e a provisão dentro da comunidade para o "residente estrangeiro"[29]. O acolhimento subsequente dos *prosélitos* e o reconhecimento dos *gentios "tementes a Deus"* foram características do judaísmo do Segundo Templo, das quais emergiu o cristianismo[30]. Mais concretamente, há repetidos avisos, também dentro da própria literatura canônica de Israel, de que a eleição de Israel não deve ser considerada como garantida ou presumida: Amós dá a salutar lembrança de que assim como Deus trouxe Israel da terra do Egito, assim também Ele trouxe os filisteus de Caftor e os arameus de Quir (Am 9,7-8); a história de Jonas é uma advertência marcante para todos os que podem ficar ofendidos com o pensamento de Deus cuidando de Nínive; e João Batista, o último dos profetas de Israel antes de Jesus, adverte

---

25. 1Rs 18,36-40; Sr 48,2-3; 1Mc 2,58.

26. 1Mc 2,23-27; JOSEFO, *Ant.* 12,271.

27. At 22,3-4; Gl 1,13-14; Fl 3,5-6.

28. Cf. DUNN, J.D.G. "Paul's Conversion – A Light to Twentieth Century Disputes". In: ÅDNA, J. et al. (orgs.). *Evangelium – Schriftauslegung – Kirche*. Göttingen: Vandenhoeck & Ruprecht, 1997, p. 77-93 [reimp. em *The New Perspective on Paul*, cap. 15. • DUNN, J.D.G. *The Theology of Paul the Apostle*. Op. cit., item 14.3].

29. Esp. Lv 17,8-9.10-14; 18,26.

30. Cf., p. ex., SCHÜRER, E. *The History of the Jewish People in the Age of Jesus Christ*. Vol. Edimburgo: T & T Clark, 1973-1987, p. 165-168 [obra em 4 vols. revisada e editada por G. Vermes e F. Millar]. • LIEU, J.M. The Race of the God-fearers. *The Journal of Theological Studies* 46, 1995, p. 483-501. • LEVINSKAYA, I. *The Book of Acts in its Diaspora Setting*. Grand Rapids: Eerdmans, 1996, cap. 4-7. • WANDER, B. *Gottesfürchtige und Sympathisanten*: Studien zum heidnischen Umfeld von Diasporasynagogen. Tübingen: Mohr Siebeck, 1998 [WUNT, 104].

contra a presunção que poderia surgir entre os descendentes de Abraão, salientando abruptamente que Deus é capaz de suscitar filhos a Abraão das pedras que estão ao redor (Mt 3,9/Lc 3,8).

De certa forma, o mais salutar de todos é o fato muitas vezes negligenciado de que a promessa e a aliança com Abraão tinham *uma terceira vertente*: não apenas semente e terra, mas que *em Abraão todas as tribos/nações da terra seriam abençoadas*[31]. A força original da promessa é pouco clara[32], e essa terceira vertente não parece ter recebido tanta proeminência quanto as outras duas vertentes da teologia bíblica de Israel. Mas temos diversos indícios de uma preocupação tão ampla ou abrangente em passagens como a determinação de Jeremias para ser "um profeta para as nações" (Jr 1,5) e a do Servo para ser "uma luz para as nações" (Is 42,6; 49,6). E notaremos abaixo a forte expectativa nos profetas e no judaísmo primitivo de uma peregrinação escatológica das nações a Sião. Mais intrigante ainda é a maneira pela qual o cristianismo primitivo foi capaz de assumir essa terceira vertente e usá-la como desculpa por sua missão sem precedentes aos gentios.

C) O facciosismo judeu

A contrapartida desse grau de abertura aos não judeus e aos gentios justos é a preocupação de que todo o Israel não conseguiria permanecer fiel à aliança dele com Deus, com a consequente resposta de *restringir a aliança e o povo da aliança* a um remanescente fiel ou a uma facção dentro de Israel. Daí a ênfase na "fidelidade" no judaísmo do Segundo Templo como a única resposta apropriada à aliança oferecida por Deus, como exemplificado por Abraão em particular e com especial referência à disponibilidade obediente de Abraão em oferecer seu filho Isaac em sacrifício[33]; uma leitura de Gn 15,6 que Paulo parece ter contestado em sua famosa exposição dessa passagem em Rm 4.

O tema *remanescente*, tanto como medo quanto como esperança, é persistente no Antigo Testamento. As histórias de Noé e do dilúvio e também de Abraão e Sodoma já fornecem avisos de que o maior propósito de salvação

---

31. Gn 12,3; 18,18; 22,17-18; 26,4; 28,14.

32. Cf. MOBERLY, R.W.L. *The Bible, Theology, and Faith*: A Study of Abraham and Jesus. Cambridge: Cambridge University, 2000, p. 120-126.

33. Sr 44,19-21; Jt 8,26; 1Mc 2,52; Jub. 17,15-18; 18,16; 19,8; *m.'Abot* 5,3.

de Deus para a humanidade talvez tenha de ser reduzido para focar nos justos (Gn 6,9; 18,22-23). José é um exemplo da provisão de Deus para sustentar um remanescente (Gn 45,7). Elias tem de estar seguro de que, embora Israel como um todo pareça ter abandonado o Senhor, ainda existem sete mil que se recusaram a dobrar o joelho em Baal (1Rs 19,18). Amós repetidamente profetiza que apenas um remanescente sobreviverá[34], mas Miqueias é mais esperançoso apesar dos mesmos pressentimentos[35]. A catástrofe da destruição Assíria, do reino do Norte, deixaria apenas um remanescente (Is 17,1-6), mas Isaías confrontou com os mesmos nomes de ameaça seu filho Sear-Jasube ("um remanescente retornará")[36], e Jeremias, posteriormente enfrentando uma catástrofe semelhante, é igualmente esperançoso (Jr 31,7). Em Ageu e Zacarias "o remanescente do povo" torna-se uma forma de se referir àqueles que haviam retornado do exílio na Babilônia[37].

No segundo período do Templo o equivalente à teologia remanescente veio à expressão como um *facciosismo* muitas vezes amargo que coloca grupos uns contra os outros. A preocupação compartilhada era com um Israel que permanecia leal à aliança, mas esse compromisso envolvido na prática se tornou cada vez mais contestado. Característica era a atitude faccional dos fariseus, cujo próprio nome ("os separados")[38] em si mesmo faz o ponto. Manifestou-se como uma preocupação de pureza; isto é, estender a santidade do Templo para toda a terra (Ex 19,5-6), e isso talvez incluísse o de regularmente comer em separado. A principal preocupação dos fariseus era manter a lei com precisão escrupulosa (*akribeia*)[39], o que também e inevitavelmente implicava uma condenação daqueles que não a mantinham com a mesma precisão, como os infratores da lei ("pecadores"). Como veremos abaixo, esse contexto é vital para compreender o confronto de Jesus com os fariseus. A lembrança de Paulo de seus dias como fariseu

---

34. Am 3,12; 5,3.14-15; 9,1-4.

35. Mq 2,12-13; 4,6-7; 5,7-8; 7,18-20.

36. Is 6,11-13; 7,3.

37. Ag 1,12.14; 2,2; Zc 8,6.11.12.

38. *Perushim*, de *parash*, "separar". Cf. p. ex., SCHÜRER, E. *The History of the Jewish People in the Age of Jesus Christ*. Op. cit., vol. 2, p. 396-397. • SALDARINI, A.J. *Pharisees, Scribes and Sadducees in Palestinian Society*. Edimburgo: T & T Clark, 1988, p. 220-225.

39. JOSEFO. *De bello*. 1,110; 2,162; *Ant*. 17,41; *Vita*. 191; At 22,3; 26,5. Cf. esp. BAUMGARTEN, A. J. "The Name of the Pharisees". In: *JBL*, 102, 1983, p. 413-417.

provavelmente dá uma expressão um tanto extrema, mas também justa, do ideal farisaico e da autoavaliação[40].

Os essênios de Qumran parecem ter sido uma seita de pureza mais extrema que viu seu compromisso com a lei, ou pelo menos sua interpretação dela, como uma razão apropriada para que eles se "separassem" não apenas dos gentios, mas também da maioria das pessoas (4QMMT C7), e também se retirassem para sua comunidade ao lado do Mar Morto. Eles se viam como os únicos fiéis à aliança dos pais, como "os filhos da luz", "a casa da perfeição e da verdade em Israel", os eleitos, e assim por diante[41]. O outro lado da mesma moeda de tal autoafirmação foi a demissão de outros, isto é, de *outros judeus*, como "os homens da sorte de Belial", "traidores", "os ímpios", "os filhos de Belial", que tinham se retirado dos caminhos da justiça, tinham transgredido a aliança e coisas semelhantes[42]. Evidentemente, eles contavam os fariseus entre seus adversários, dispensando-os, ao que parece, como "aqueles que buscam coisas suaves", "os enganadores"[43].

E além de fariseus e essênios devemos observar a frequente e vituperativa crítica de outros (companheiros) judeus, que encontramos em documentos do período, como 1Enoc, o Testamento de Moisés, Jubileus e os Salmos de Salomão. Por exemplo, o *corpus enóquico* dá evidência de uma amarga disputa de calendário que atacou o judaísmo provavelmente ao longo do século II a.C. "Os justos", "os que andam nos caminhos da justiça" claramente se distinguiram daqueles que "pecam como os pecadores" ao calcularem erroneamente os meses, as festas e os anos (1Enoc 82,4-7). Curiosamente, uma atitude semelhante de condenação e desqualificação desdenhosas é evidente na oposição à Igreja colossense (Cl 2,16-23), uma oposição que provavelmente teve origem em uma ou mais sinagogas em Colossos[44]. A acusação em 1Enoc 1–5 novamente traça uma nítida linha de separação entre "justos/escolhidos" e "pecadores/ímpios" (1,1.7-9; 5,6-7), evidentemente outros judeus que praticaram seu judaísmo de forma diferente. Um outro exemplo é a intensa polêmica nos Salmos de Salomão em

---

40. Gl 1,13-14; Fl 3,5-6.

41. 1QS 2,9; 3,25; 8,9; 11,7.

42. P. ex., 1QS 2,4-10; CD 1,11-21; 1QH 10[=2]:8-19; 1QpHab 5,3-8; 4Q174 [= 4QFlor] 1,7-9.

43. 1QH 10[=2],14-16.31-32; 12[=4]:9-11; 4QpNah. 1,2.7; 2,2.8; 3,3-7.

44. Como sustentei em DUNN, J.D.G. *The Epistles to the Colossians and to Philemon*. Grand Rapids: Eerdmans, 1996, p. 29-35.

favor daqueles que se consideravam "os justos", "os devotos", contra os "pecadores". Esses últimos incluíam não só os inimigos gentios e os manifestamente perversos, mas, ao que parece, também os saduceus hasmoneanos que (aos olhos dos devotos) tinham contaminado o santuário[45].

Aqui novamente está o material vital para a nossa compreensão de muitos escritos do Novo Testamento. Não podemos e não devemos considerá-los como se fossem os manuscritos do Mar Morto, como parte da teologia bíblica. Mas certamente não começaremos a compreender o caráter da teologia do Novo Testamento sem uma apreciação do meio em que o cristianismo começou e com o qual interagiu, já que essa interação foi um fator importante na formação das posições teológicas e argumentos de vários dos escritores do Novo Testamento (e de Jesus).

D) A esperança escatológica de Israel

Os documentos do Antigo Testamento não nutriam ilusões sobre a fidelidade de Israel. Arquetipicamente, Deuteronômio não apenas coloca diante do povo a escolha entre vida e morte, entre bênção e maldição (Dt 27-29), mas espera que *ambos*, tanto bênção quanto maldição, sejam a experiência de Israel. Em particular, a dispersão de Israel da terra é inteiramente esperada, e a esperança que é manifestada é de um povo que regressa ao Senhor para se reunir novamente em todas as partes do mundo para as quais foram exilados (30,1-10). O fato de Paulo aproveitar essa mesma passagem (30,11-14) para mostrar como seu evangelho está enraizado no Antigo Testamento (Rm 10,6-10) indica sua consciência de quão importante era sua esperança de restauração da terra de Israel para seus companheiros judeus da diáspora. Certamente podemos ver com facilidade que, a partir de um caleidoscópio de escritos bíblicos e pós-bíblicos judaicos, uma esperança muito apreciada era a de que os marginalizados de Israel, espalhados entre as nações, fossem trazidos de volta à terra prometida, para a unidade das doze tribos ser restabelecida e para que a relação de aliança de Israel como povo de Deus fosse totalmente restaurada. A esperança é uma ênfase repetida do Segundo Isaías[46], mas também é comum em outros

---

45. *Sl. Sal.* 1,8; 2,3; 4,1-8; 7,2; 8,12-13; 17,5-8.23.
46. Is 49,5-6.22-26; 56,8; 60,4.9; 66,20.

lugares[47]. O tema do pecado-exílio-retorno é particularmente proeminente nos *Testamentos dos doze patriarcas*[48]. E a décima Oração das Dezoito Bendições (*Shemoneh 'Esreh*) reflete bem os anseios de Israel no tempo de Jesus: "Proclamai a libertação com a grande trombeta, levantai um estandarte para reunir os dispersos e congregai-nos dos quatro cantos da terra. Bendito és Tu, Senhor, que recolheste os banidos do teu povo Israel". Naturalmente essa esperança estava ligada à esperança de um messias real, um filho de Davi que reverteria as fortunas de Israel e restauraria a monarquia à sua prosperidade davídica[49].

Como é que as nações não eleitas se saíram dentro dessa esperança para Israel? De fato, o futuro das outras nações (gentios) era uma questão de especulação e desacordo. Para alguns existia um elemento de vingança na esperança de que os antigos perseguidores e opressores do povo disperso sofreriam o mesmo destino e experimentariam as maldições que caíram sobre Israel (notavelmente Dt 30,7). Alguns só podiam imaginar a destruição dos gentios como condição prévia inevitável e complemento da restauração e prosperidade de Israel, uma premonição ecoada no Ap 19,17-21[50]. Mas a maioria os gentios peregrinava a Sião para prestarem homenagem[51] ou adorarem a Deus[52] – frequentemente chamados de *prosélitos escatológicos*. Isso estava muitas vezes ligado à esperança de reunir as tribos dispersas de Israel[53]; para que Israel fosse plenamente abençoado não era necessário que as outras fossem amaldiçoadas! Deve-se notar, entretanto, que as facções

---

47. Jr 3,18; 31,10; Ez 34,12-16; 36,24-28; 37,21-23; 39,27; Sf 3,20; Zc 8,7-8; Tb 14,5-6; Sr 36,13-16; Br 4,37; 2Mc 1,27; 1Enoc 90,33; Jub. 1,15-18; Salmos de Salomão 11,1-9; 17,31.44; 11Q19 [Temple] 55,9-13.

48. T. Levi 14–16; T. Jud. 23; T. Iss. 6; T. Zab. 9,5-9; T. Dã 5,4-9; T. Naf. 4; T. Aser 7; T. Ben. 9,1-2. Cf. HOLLANDER, H.W. & DE JONGE, M. *The Testaments of the Twelve Patriarchs*. Leiden: Brill, 1985, p. 39-40, 53-56.

49. Cf. acima, cap. 3, item 3B).

50. Sl 2,8-9; Sf 2,9-11; Sr 36,1-9; Br 4,25.31-35; Jub. 15,26; 1Enoc 90,19; 1QM; 4Esdras 12,33; 13,38; 2Br. 40,1.

51. Novamente notável é Is 18,7; 45,14; 60,3-16; 61,5-6. Cf. tb. Ag 2,7-9; 1QM 12,14;4Q504 4,9-12; Salmos de Salomão 17,30-31; *Sib. Or.* 3,772-776.

52. Sl 22,27-28; 86,9; Is 22,2-4 = Mic 4,1-3; Is 45,20-23; 56,6-8; 66,19-20.23; Jr 3,17; Sf 3,9-10; Zc 2,11-12; 8,20-23; 14,16-19; Tb 13,11; 14,6-7; 1Enoc 10,21; 90,30-36; *Sib. Or.* 3,715-719. Cf. tb. DONALDSON, T.L. "Proselytes or 'Righteous Gentiles'? The Status of Gentiles in Eschatological Pilgrimage Patterns". In: *JSP* 7, 1990, p. 3-27. • SCOBIE, C.H.H. *The Ways of Our God*. Op. cit., p. 514-522.

53. Cf. as notas 46-48, acima.

dentro do judaísmo do Segundo Templo contavam outros *judeus* entre os praticantes do mal a serem derrotados e julgados, sendo notáveis as maldições temíveis aos homens de Belial em 1QS 2,5-10 e a proclamação nos Salmos de Salomão de que o julgamento de Deus contra "os justos" era uma questão de disciplina, mas contra "os pecadores" era para a destruição (p. ex., Salmos de Salomão 13,6-11). Um fator que também pode ser relevante na medida em que vamos preenchendo o contexto dentro do qual o cristianismo embrionário começou a crescer foi que o maior recrutamento de prosélitos para o judaísmo primitivo ocorreu pela força das armas, como uma consequência da conquista da Galileia e da Idumeia pelos hasmoneus (JOSEFO. *Ant.* 13,257-258,318). É difícil, se não impossível, separar a herança que veio dos primeiros cristãos de suas ramificações nacionais e políticas.

3 Israel redefinido?

É quase impossível sobrepujar o fato de que o cristianismo começou dentro e como parte do judaísmo do Segundo Templo. Jesus era um judeu, um galileu. Embora tenham sido feitas tentativas para suavizar seu judaísmo[54], continua sendo fundamental que Jesus era um judeu galileu[55] e que Ele se comportou como um judeu devoto[56]. Isso permanece não apenas um fato histórico, mas um fato teológico de significado não diminuído: "Digo, pois, que Cristo foi constituído ministro da circuncisão, em prol da verdade de Deus, para confirmar as promessas feitas aos nossos pais..." (Rm 15,8). Da mesma forma, como já observado, os primeiros cristãos eram todos judeus, incluindo Paulo, a figura mais controversa para judeus não cristãos. E os documentos do Novo Testamento são predominantemente escritos por judeus. Portanto, a questão da relação desses primeiros cristãos com Israel e como

---

54. Como defendeu de maneira infame W. Grundmann em *Jesus der Galiläer und das Judentum* (Leipzig: Wigand, 1941), com as teses gêmeas de que a "Galileia era gentia" e "Jesus não era judeu" (p. 166-175). Há ecos perturbadores, se não intencionais, em CROSSAN, J.D. *The Historical Jesus*: The Life of a Mediterranean Jewish Peasant. São Francisco: Harper, 1991.

55. *Ioudaios* significa inicialmente "da Judeia", mas é claro que na época de Jesus havia se tornado um identificador religioso ("judeu") e não mais do que um identificador territorial ("Judeia"). Cf. COHEN, S. J.D. *The Beginnings of Jewishness*: Boundaries, Varieties, Uncertainties. Berkeley: University of California Press, 1999, cap. 3 ("Ioudaios, Iudaeus, Judean, Jew"). Portanto, "judeu da Galileia" não é um oxímoro. Cf. tb. DUNN, J.D.G. *Jesus Remembered*. Op. cit., item 9.6.

56. Cf. DUNN, J.D.G. *Jesus Remembered*. Op. cit., p. 315-317. Embora G. Vermes (*The Religion of Jesus the Jew*. Londres: SCM, 1993) enfatize demais o caráter tradicional do judaísmo de Jesus.

eles entenderam essa relação é inevitável, embora colocar a questão em termos de "a Igreja e Israel", como se fossem duas categorias bem distintas, é prejulgar a questão e uma forma prejudicial para a teologia do Novo Testamento, podendo levá-la a caminhos não bíblicos.

A) A restauração de Israel

É importante, mais uma vez, começar com Jesus; sobretudo porque Ele deve ter dado o tom para muitas das primeiras reflexões cristãs sobre o assunto, como é evidente na maneira como a tradição de Jesus foi mantida e moldada em sua forma duradoura nos evangelhos.

Imediatamente nos recordamos, como já foi observado anteriormente, que a missão de Jesus pode ser resumida como visando a restauração de Israel[57]. Isso é evidente em seu chamado ao arrependimento (Mc 1,15), com seu eco de chamados proféticos semelhantes, como o de Jeremias: "Voltai, ó filhos rebeldes" (Jr 3,12,14,22)[58]. É ainda mais claro na escolha evidentemente deliberada de Jesus de doze discípulos próximos (Mc 3,16-19 par.), na qual quase todos reconhecem ter um poderoso simbolismo de restauração: os doze em certo sentido representando as doze tribos de Israel em seu estado escatologicamente reconstituído[59]. O simbolismo do "rebanho de Yahweh", incluindo o pensamento de reunir as ovelhas espalhadas ao redor do mundo, aparece também com bastante frequência na tradição de Jesus[60], com a alusão óbvia à imagem popular de Israel como o rebanho de Yahweh[61]. Consistente com isso é o pensamento de "bem-aventurados os mansos, porque herdarão a terra" (Mt 5,5), da morte de Jesus como sacrifício da aliança por uma/a nova aliança (Lc 22,30/1Cor 11,25) e a sugestão de que a conversa de Jesus sobre um templo reconstruído (Mc 14,58 par.) tinha em vista uma nova comunidade com um templo novo[62]. Também é relevante o fato de que a preocupação de Jesus com os pobres[63] fortemente

---

57. Cf. acima, nota 2.

58. Cf. tb. Is 44,22; 55,7; Ez 18,30; Os 3,5; 6,1; 14,2; Jl 2,12-13; Zc 1,3; Ml 3,7.

59. O simbolismo é mais claro em Mt 19,28/Lc 22,30.

60. Mt 18,12/Lc 15,4; Mc 14,27/Mt 26,31; Mt 10,6; 15,24; Lc 12,32.

61. P. ex., Gn 49,24; Sl 28,9; Is 40,11; Jr 13,17.20; Ez 34. Mais referências em DUNN, J.D.G. *Jesus Remembered.* Op. cit., p. 511, nota 107.

62. Cf. acima, cap. 4, item 3C).

63. Esp. Mt 5,3/Lc 6,20; Mt 11,5/Lc 7,22.

ecoa o estado de preocupação tipicamente judaico com os pobres na comunidade de Israel, tão proeminente na legislação deuteronômica[64].

O que Jesus pode ter pretendido para "a restauração de Israel" permanece obscuro, incluindo a questão do que Ele esperava alcançar em sua jornada final a Jerusalém e em sua "limpeza do templo" (Mc 11,1-19 par.). O relato de Lucas sobre a aparição de Jesus no caminho de Emaús inclui o comovente lamento de dois discípulos: "nós esperávamos que fosse ele quem haveria de redimir a Israel" (Lc 24,21). E não deve deixar de ser observado que, de acordo com os Atos dos Apóstolos, a única pergunta feita a Jesus pelos seus discípulos durante as aparições de ressurreição para eles foi igualmente pungente: "Senhor, será este o tempo em que restaurarás o reino a Israel?" (At 1,6) – uma pergunta que Jesus não repreende, mas simplesmente empurra para o lado (1,7). O fato já observado de que Lucas encerra seu relato dos inícios do cristianismo por meio da recordação de Paulo – que descreve a sua missão como "é pela esperança de Israel" (28,20) e "pregando o Reino de Deus... sem impedimento algum" (28,31) – deixa a questão no ar.

Aqui é apropriado notar, de certa forma e a título de parênteses, que a dimensão política da missão de Jesus e posteriormente do evangelho de Paulo se tornou um tema notável na discussão recente. Em particular, que a proclamação de Jesus como Senhor seria inevitavelmente vista em oposição às reivindicações feitas por César, bem como o discurso de "paz" e "salvação" seria contrastado com a paz e a prosperidade introduzidas por Augusto[65]. Tais afirmações têm sido exageradas, já que títulos como "Senhor" e "Salvador" foram usados mais amplamente para divindades como Serápis e Esculápio, sem que eles tenham sido vistos como colidindo ou lutando contra as afirmações feitas pelo culto imperial. Mais ao ponto é a acentuada minimização de títulos como "Filho de Davi" e "Messias"[66] e a orientação

---

64. Esp. Dt 15,7-11; 24,10-15.19-22. O destaque da preocupação com os pobres em Israel é óbvio pelas muitas referências nos Salmos e nos profetas. Para mais detalhes, cf. DUNN, J.D.G. *Jesus Remembered*. Op. cit., p. 518-519, notas 140-143. Cf. tb. cap. 6, item 2B).

65. Cf. esp. HORSLEY, R.A. (org.). *Paul and Empire*: Religion and Power in Roman Imperial Society. Harrisburg: Trinity Press International, 1997. • WRIGHT, N.T. "A Fresh Perspective on Paul". In: *BJRL* 83, 2001, p. 21-39. • WRIGHT, N.T. *Paul*: Fresh Perspectives. Londres: SPCK, 2005, cap. 4.

66. Fora dos evangelhos, a ascendência davídica de Jesus, enquanto tal, é mencionada apenas em Rm 1,3 ("segundo a carne") e 2Tm 2,8; e a tradução grega de "Messias" (*Christos*) já perdeu a maior parte de sua conotação titular nas cartas de Paulo.

explícita dada por Paulo aos cristãos romanos para evitar provocações e ser bons cidadãos (Rm 12,9–13,7). As conotações políticas e sociais nos escritos do Novo Testamento são um aspecto muito relevante da teologia do Novo Testamento, assim como as implicações políticas e sociais são para a teologização do Novo Testamento. Mas o processo de avaliá-las não é ajudado pela promoção excessiva de conotações e implicações.

B) Jesus, gentios e "pecadores"

Ainda mais surpreendente é a relativa falta de interesse na tradição de Jesus no que se poderia chamar de "a questão dos gentios". É verdade que Jesus é lembrado como encontrando gentios e respondendo positivamente a eles – notavelmente o (presumivelmente gentio) centurião e a mulher siro-fenícia[67]. Nos dois casos, lembra-se que Jesus ficou impressionado com a fé deles. E na versão de Mateus do primeiro episódio também está incluída a conversa de Jesus sobre os muitos vindos do Oriente e do Ocidente para comerem com Abraão, Isaac e Jacó no Reino dos Céus (Mt 8,11/Lc 13,29). Então Jesus partilhou a esperança de uma peregrinação escatológica dos gentios?[68] No material comum a Mateus e Lucas ("Q") também há avisos para aldeias recalcitrantes de que, no dia do julgamento, seria mais favorável para Nínive e Tiro do que para eles[69]. E Marcos inclui a citação completa de Is 56,7 em seu relato da purificação do Templo – "a minha casa será chamada casa de oração para todas as nações" (Mc 11,17) –, um dos textos clássicos da expectativa judaica de prosélitos escatológicos em peregrinação a Jerusalém.

Ao mesmo tempo, no entanto, nas instruções lembradas como dadas por Jesus quando Ele enviou seus discípulos para estender sua missão, Mateus preservou a injunção explícita: "Não tomeis rumo aos gentios, nem entreis em cidade de samaritanos; mas, de preferência, procurai as ovelhas perdidas da casa de Israel" (Mt 10,5). E Mateus também inclui na sua narração do encontro com a mulher siro-fenícia a resposta inicial de Jesus, um tanto desdenhosa: "Não fui enviado senão às ovelhas perdidas da casa de Israel" (15,24). É também digno de nota que, quando Jesus estendeu a varredura de sua própria missão para as regiões ao redor de Tiro e Sidom (Mc 7,24-31), a

---

67. Mt 8,5-13/Lc 7,1-10; Mc 7,24-30/Mt 15,21-28.

68. Cf. mais em JEREMIAS, J. *Jesus' Promise to the Nations*. Londres: SCM, 1958.

69. Mt 11,22/Lc 10,14; Mt 12,41/Lc 11,32.

inferência pode ser que Ele estava pensando em termos da "Israel maior", territórios que poderiam ser considerados como parte da herança de Israel, parte da terra prometida a Abraão. Ou seja, é bem possível que Jesus tenha visto como parte de sua tarefa estender sua missão aos filhos de Israel ainda residentes nessas regiões. Embora os evangelistas, incluindo Mateus, não tivessem dúvida de que o evangelho iria para as nações[70], o próprio Jesus, ao que parece, estava menos preocupado em recuar ou romper os limites ao redor de Israel. Contar as próprias intenções de Jesus como parte da teologia do Novo Testamento é, obviamente, controverso. Mas ao incluir tal tradição dentro de seus evangelhos os evangelistas, ou Mateus pelo menos, reconhecem que essas memórias da missão de Jesus devem ser conservadas, e, portanto, foram fixadas à própria teologização deles/dele sobre Jesus e à teologia do Novo Testamento.

Se Jesus não viu isso como uma parte principal de sua missão – recuar ou atravessar os limites *em torno de* Israel –, pode-se afirmar com maior confiança que Ele estava preocupado em *desafiar as fronteiras dentro de Israel*. O ponto diz respeito ao facciosismo tão prevalente em Israel no tempo de Jesus (item 2 C), acima) e chega à expressão mais clara na atitude de Jesus para com os "pecadores". O significado básico de "pecador" é "infrator da lei", como, por exemplo, o uso regular do termo nos Salmos deixa claro[71]. Mas já foi observado como o termo foi usado como uma "palavra-vaia" nos escritos do judaísmo do Segundo Templo. Não apenas para os gentios, que, por definição, estavam à margem da lei, os fora da lei[72]. Mas também para os outros judeus, julgados por uma das facções como infiéis ao pacto[73]. *A violação da lei, nesse caso, estava principalmente nos olhos do observador.* O devoto que interpretou a lei de uma maneira particular considerava aqueles que não seguiam sua interpretação e prática como infratores da lei, "pecadores". Assim, já com Daniel, "os pecadores" que falharam em entender a revelação dada a Daniel foram contrastados com "os sábios"

---

70. Mt 28,19-20; Mc 13,10; Lc 24,47.

71. Sl 1,1.5; 10,3; 28,3; 37,32; 50,16-18; 71,4; 82,4; 119,53.155.

72. Sl 9,17; Tb 13,6; Jub. 23,23-24; *Sl. Sal.* 1,1; 2,1-2; Lc 6,33 (*hoi hamartoloi-*) = Mt 5,47 (*hoi ethnikoi*); Mc 14,41 par. Cf. RENGSTORF, K.H. *Theological Dictionary of the New Testament*. Op. cit., vol. 1, p. 325-326, 328.

73. Para o que segue, cf. mais em DUNN, J.D.G. *Jesus Remembered*. Op. cit., item 13.5a.

que entenderam (Dn 12,10). Em 1Macabeus os "pecadores e homens iníquos" certamente incluíam outros judeus que os macabeus consideravam apóstatas[74]. Da mesma forma, os "pecadores" da literatura inicial de Enoc são adversários dos autodenominados "justos"[75]. Do mesmo modo, nos pergaminhos do Mar Morto, "pecadores" se refere aos oponentes da seita[76], e novamente foi uma falha aceitar a interpretação da seita a respeito da lei que os numerou entre os ímpios[77]. O mais surpreendente de tudo, como já foi observado, é que os Salmos de Salomão repetidamente falam pelos "justos" e repreendem os "pecadores", que, ao que parece, eram os guardiões saduceus do culto do templo de Jerusalém[78].

A luz que essa característica do facciosismo judeu do Segundo Templo difunde sobre a missão de Jesus, como se recorda nos evangelhos sinóticos, é considerável, embora não tenha sido apreciada como deveria. Pois a missão de Jesus foi notável pelo próprio resumo que fez dela; era por causa dos "pecadores", e não por aqueles que eram (ou afirmavam ser) "justos" (Mc 2,17 par.); um eco marcante de uma típica antítese faccionista, como mais claramente expresso nos Salmos de Salomão. Lucas observa que Jesus contou a Parábola da Ovelha Perdida como uma resposta específica à crítica de que Ele acolheu os pecadores e comeu com eles (Lc 15,1-7). A Parábola do Fariseu e do Publicano rezando no Templo faz o mesmo ponto, retratando o fariseu, confiante na justiça da Torá, depreciando o cobrador de impostos pecador (Lc 18,9-14). E Jesus, evidentemente, era tido como infame por se associar àqueles considerados irreligiosos ou que estavam além da pálida práxis aceitável – isto é, além do que os justos consideravam aceitável para Deus (Mt 11,19/Lc 7,34). Também não devemos esquecer a Parábola do Bom Samaritano, com sua repreensão implícita à típica hostilidade e desprezo pelos samaritanos por causa da interpretação faccional deles da Torá e por afirmarem ter o verdadeiro local do Templo do Monte Garizim (Lc 10,30-37).

---

74. 1Mc 1,34; 2,44.48.

75. 1Enoc 1,7-9; 5,4.6-7; 22,9-13; 94-104. Cf. tb. acima, item 2C).

76. 1QpHab 5,1-12; 1QH 10[= 2],10-12; 12[=4],34; CD 2,3; 11,18-21; 19,20-21; 4Q174 [4QFlor] 1,14.

77. P. ex., 1QS 5,7-13; 1QH 15[= 7],12; CD 4,6-8.

78. Cf. novamente item 2C), acima.

Embora Jesus não tenha feito da missão aos não judeus uma prioridade, nesse caso parece que *Ele viu como importante desafiar as concepções faccionais de Israel e do que significava ser um membro do povo de Deus.* Isso presumivelmente era parte do que poderíamos chamar de "programa de restauração de Israel". Aquilo que constituía a restauração de Israel e que pertencia ao Israel restaurado não seria determinado pelo que Ele designou em um ponto como "as tradições dos homens" (Mc 7,8 com referência a Is 29,13). Foi a *aceitação por Deus que determinou a pertença do povo de Deus*, e, como Jesus claramente notou, Deus aceita mais o penitente "pecador" do que o confiante "justo" (Lc 18,14). *Não houve uma crítica mais contundente de um facciosismo religioso que exclui o outro por não estar à altura do critério de Jesus.* Perder essa posição teológica crucial tomada por Jesus como não fazendo parte da teologia do Novo Testamento seria irresponsável.

C) "Até mesmo nos gentios"

Se Jesus desafiou os limites *dentro* de Israel, a característica mais marcante da primeira seita de Jesus é que ela desafiou as fronteiras *ao redor* de Israel. De fato, pode-se dizer, como um importante ponto de continuidade teológica entre Jesus e as primeiras Igrejas, que os líderes da missão aos gentios estavam simplesmente (!) seguindo a lógica teológica que a própria missão de Jesus tinha tão encarnada e decretada.

Um ponto histórico de não pouca importância tem de ser realçado aqui, pois nem a religião de Israel nem o judaísmo primitivo eram religiões missionárias. É claro que não. O judaísmo do Segundo Templo era a religião dos judeus; *Ioudaismos* era a religião dos habitantes da *Ioudaia,* os *Ioudaioi.* Era uma religião de um povo particular, uma religião mais fortemente identificada com um povo particular do que qualquer uma das outras religiões principais da época. Como já foi observado, Israel e o judaísmo eram muito hospitaleiros com o estrangeiro que vivia no meio deles, bastante tolerantes com os muitos não judeus que se sentiam atraídos pelo judaísmo (os assim chamados "tementes a Deus") e muitíssimo acolhedores dos prosélitos que se convertiam ao judaísmo. Também se preocupou através dos seus vários escritos apologéticos (4Macabeus, Fílon e Josefo sendo os exemplos mais óbvios) em fortalecer a autoconfiança da maioria dos judeus que viviam entre as nações (A Diáspora). E a maioria dos judeus gostaria de receber os prosélitos escatológicos quando chegassem ao Monte Sião nos últimos dias. Mas há pouca ou nenhuma evidência de judeus reivindicando uma ordenação missionária ou evangelista para *sair* e converter não judeus[79].

Em consequência, a fusão de uma seita dentro do judaísmo do Segundo Templo, que se via como tendo tal propósito, foi um desenvolvimento surpreendente. Por que os não judeus deveriam ser chamados a acreditar em uma figura do messias judeu? Por que os não *Ioudaioi* deveriam pensar em fazer alguma reivindicação para participar da herança de Abraão sem dar o passo lógico de se tornarem prosélitos? Mas foi isso que aconteceu. E esse desenvolvimento forma uma parte tão grande dos primórdios do cristianismo e dos escritos do Novo Testamento, que deve ser considerado como um dos principais fatores e elementos de qualquer teologia do Novo Testamento.

Traçar o porquê desse desenvolvimento extraordinário ter acontecido é tarefa de uma história do começo do cristianismo[80], mais do que de uma teologia do Novo Testamento. Mas é importante destacar os fatores que fizeram toda a diferença, já mencionados acima, item 2. Os impulsos para uma nova concepção do que significava ser o povo de Deus podem certamente ser rastreados até a compreensão de que Deus tinha ressuscitado Jesus dentre os mortos e a experiência do Espírito, assim como os mais implícitos na missão de Jesus examinada acima (item 3 B)). É precisamente porque esses fatores principais produzidos dentro de uma ou duas gerações, um entendimento tão diferente de como o povo de Deus é formado e como deve agir, que eles são tão cruciais para a teologia do Novo Testamento. Uma teologia do Novo Testamento que não se concentra na ressurreição de Jesus e no derramamento do Espírito de Pentecostes simplesmente não se desenvolverá, uma vez que será incapaz de explicar como surgiu o cristianismo.

---

79. Cf. esp. McKNIGHT, S. *A Light among the Gentiles*: Jewish Missionary Activity in the Second Temple Period. Mineápolis: Fortress Press, 1991. • GOODMAN, M. *Mission and Conversion*: Proselytizing in the Religious History of the Roman Empire. Oxford: Clarendon, 1994. A disposição dos "escribas e fariseus" de "atravessar o mar e a terra para fazer um único prosélito" (Mt 23,15) provavelmente se refere ao zelo de Eleazar para garantir que os futuros convertidos ao judaísmo, como o Rei Izates de Adiabene, se convertessem de qualquer forma (JOSEFO. *Ant*. 20.38-46). Mt 23,15 pode refletir a experiência de Igrejas como as da Galácia e Filipos, nas quais os judeus tradicionalistas tentavam convencer os convertidos gentios a serem circuncidados (tornar-se, na visão dos tradicionalistas, prosélitos completos/genuínos).

80. Posso me referir simplesmente ao meu *Beginning from Jerusalem*, item 27.

Como Lucas claramente observou, o episódio de Pedro e Cornélio em At 10–11 foi, ao mesmo tempo, fundamental e arquetípico em seu significado. Aqui Lucas retrata Pedro como o modelo do judeu devoto, leal às tradições que tornaram o seu judaísmo tão distinto; nesse caso, as leis do puro e do impuro, que marcaram a separação de Israel dos outros povos (Lv 20,22-26). Confrontado com a ordem celestial de matar e comer animais limpos ou impuros, Pedro recua horrorizado: "Porque jamais comi coisa alguma comum (*koinon*)[81] e imunda" (At 10,14). A resposta do céu abalaria os próprios fundamentos dessa lógica teológica, exigindo a separação de Israel das (outras) nações: "Ao que Deus purificou não consideres comum (*koinou*)" (10,15). Implícita é a mesma antítese, como em Mc 7,8, entre uma escritura construída sobre a tradição humana e Deus eliminando os obstáculos (principalmente obstáculos religiosos) à sua vontade. E enquanto Lucas desvenda a história Pedro aprende a lição. As primeiras palavras que ele diz ao gentio (impuro) Cornélio não são que ele agora (Pedro) estava livre para comer carne de porco ou comer com ele (Cornélio); porém, mais profundamente: "*Deus me demonstrou que a nenhum homem considerasse comum (koinon) ou imundo*" (10,28 – ênfase adicionada) – qualquer *pessoa*, não qualquer animal! E a história culmina com Cornélio e seus amigos recebendo o Espírito de uma maneira igualmente inesperada, convencendo até mesmo os crentes mais tradicionalistas que tinham acompanhado Pedro, que Deus realmente tinha aceitado Cornélio e seus amigos, e que, portanto, não poderia haver impedimento para que os crentes tradicionalistas também os aceitassem (10,44-48). No relato de Lucas sobre o Concílio de Jerusalém (At 15), o testemunho de Pedro a respeito de Cornélio (15,7-11) foi decisivo na questão de que os crentes gentios em Jesus não precisavam se tornar prosélitos (15,1-21.28-29).

Paulo dá um relato diferente do avanço da missão gentílica (Gl 2,7-9), mas em ambos os casos a característica marcante foi que *Deus* tinha deixado clara a sua aceitação dos gentios que estavam respondendo ao evangelho

---

81. *Koinos* no grego significa simplesmente "comum, ordinário". O sentido de "profano, impuro" deriva do uso de *koinos* como equivalente ao bíblico *tame'* (p. ex., Lv 11,4-8; Dt 14,7-10; Jz 13,4; Os 9,3) ou *chol* (Lv 10,10; Ez 22,26; 44,23), um passo subsequente à interpretação da LXX do AT, mas que refletia as preocupações crescentes acerca da pureza dos macabeus e período pós-macabeus (1Mc 1,47.62). Em Mc 7,2.5 o evangelista tem de explicar o uso incomum de *koinos* = "impuro" à sua audiência grega.

com sinais manifestos de graça (2,9). Presumivelmente, Paulo tinha em mente o mesmo tipo de evidência visível da entrada do Espírito na vida desses gentios[82]. Se não fossem essas marcas visíveis da intenção e aprovação de Deus, é duvidoso que o cristianismo teria empurrado as fronteiras ao redor de Israel. Alternativamente expresso, sem tais marcas de aceitação divina é duvidoso que um movimento judeu se abrindo assim aos não judeus tivesse sido aceitável para o mais tradicional da primeira geração de cristãos[83]. *Essa abertura ao Espírito, rompendo com a antiga e enraizada tradição, torna-se, assim, um dos principais marcadores do cristianismo emergente.* Como tal, está claramente incorporada no Novo Testamento e deve funcionar como um fator integral e fundamental em qualquer teologia do Novo Testamento.

D) O cumprimento da missão de Israel

O que também surpreende é a maneira como a missão dos gentios é defendida: ela não constituiu um afastamento da eleição de Israel, mas foi, na verdade, um cumprimento da própria missão de Israel. O caso é feito de forma mais eficaz por Paulo, o autodenominado "apóstolo dos gentios" (Rm 11,13), e por consentimento comum, a pessoa que fez mais do que qualquer outra pessoa para afastar as fronteiras ao redor de Israel.

Por um lado, Paulo claramente via sua missão de forma completa na tradição profética. Isso é indicado em uma de suas poucas referências à sua própria conversão, na qual ele ecoou deliberadamente dois dos grandes chamados proféticos. Ao falar tanto de ter sido separado antes de seu nascimento como de ter sido chamado a proclamar às nações (Gl 1,15-16) ele estava obviamente ecoando duas passagens referidas anteriormente – a determinação de Jeremias como "um profeta para as nações" (Jr 1,5) e a do servo como "uma luz para as nações" (Is 49,1-6). Então, pelo menos até certo ponto, Paulo parece ter visto sua missão como cumprindo ou completando o papel do servo[84], que é o servo Israel (Is 49,3). E Lucas, em seu relato da

---

82. Cf., p. ex., Gl 3,1-5; 1Cor 1,4-7; Hb 2,4.

83. Mesmo assim, o desenvolvimento da missão gentia não se mostrou aceitável para uma proporção substancial dos crentes judeus. Esse é o testemunho de At 21,20-21 e, posteriormente, das seitas cristãs judaicas.

84. Rm 15,20-21 (= Is 52,15); 2Cor 6,1-2 (= Is 49,8); Fl 2,16 (cf. Is 49,4).

conversão de Paulo, ecoa as mesmas passagens de Isaías[85], reforçando que Paulo não era um *apóstata de* Israel, mas um *apóstolo de* Israel[86].

Outra característica mais marcante nas cartas de Paulo sobre esse ponto é a maneira como ele capta a terceira vertente da promessa a Abraão: não apenas a promessa de semente e terra, mas também que em Abraão todas as tribos/nações da terra seriam abençoadas (item 2 B)). Essa é a vertente da promessa a Abraão sobre a qual Paulo acende em sua exposição crucial em Gl 3. É essa promessa que ele descreve como "o evangelho" proclamado anteriormente a Abraão: "Em ti, serão abençoados todos os povos" (Gl 3,8). Aqui Paulo deixa claro que *o evangelho para ele tinha em vista não simplesmente a justificação de pecadores individuais, mas também o alcance além dos limites que até então tinham circunscrito o povo de Deus.* Para ter certeza de que o particularismo da eleição de Israel estava sendo substituído pelo particularismo da fé em Cristo. Mas o alcance do evangelismo e o fim da separação entre os povos foi uma parte importante do evangelho, em muitos aspectos o mais importante para Paulo e para qualquer teologização que tente lidar com a teologia de Paulo[87].

Lucas também deixa claro que a missão e a expansão inicial do cristianismo foram resultado do destino de Israel. Ele capta a mesma vertente da promessa a Abraão em At 3,25, dessa vez nos lábios de Pedro. E como já foi observado, ele descreve Paulo como afirmando que sua missão foi direcionada para cumprir a esperança de Israel (28,20). Mas o aspecto mais surpreendente da representação de Lucas é o papel central que ele dá ao outro grande líder da primeira geração do cristianismo, Tiago o irmão de Jesus, em At 15. Lá ele retrata Tiago como resolvendo o grande enigma de como comunidades misturadas de judeus e gentios deveriam viver juntas – um enigma que Paulo também tentou resolver[88], provavelmente com menos sucesso. Ao

---

85. At 13,47 (= Is 49,6); 26,16-18 (cf. Is 42,7); tb. 18,9-10 (cf. Is 41,10; 43,5).

86. Aqui e no parágrafo seguinte utilizo: DUNN, J.D.G. "Paul: Apostate or Apostle of Israel?". In: *ZNW* 89, 1998, p. 256-271. • DUNN, J.D.G. "The Jew Paul and His Meaning for Israel". In: SCHNELLE, U. & SÖDING, T. (orgs.). *Paulinische Christologie*: Exegetische Beiträge, H. Hübner FS. Göttingen: Vandenhoeck & Ruprecht, 2000, p. 32-46. Cf. tb. nota 18, acima. Para Childs "é igualmente surpreendente que essa nova revelação da vontade de Deus tenha sido feita de maneira consistente e imediata em termos de sua relação com o compromisso anterior de Deus com Israel" (*Biblical Theology*. Op. cit., p. 212).

87. Cf. mais em DUNN, J.D.G. *New Perspective on Paul*. Op. cit. 2005, p. 26-33; 2008, p. 29-36.

88. Rm 14,1–15,6; 1Cor 8–10.

abordar a questão do que se deve esperar dos crentes gentios ao se tornarem parte da nova seita messiânica do cristianismo, Tiago cita Am 9,11-12 – a esperança profética para a restauração de Israel (o tabernáculo caído de Davi) ligada à esperança de que outros povos possam buscar o Senhor: "todos os gentios sobre os quais tem sido invocado o meu nome" (At 15,14-18). *A promessa de bênção para as nações é parte integrante da própria restauração de Israel.* Mas então Tiago continua estabelecendo condições modestas para a comunhão de mesa entre judeus e gentios nas Igrejas mistas – o que tem sido chamado de "o decreto apostólico": "Aqueles que, dentre os gentios, se convertem a Deus [...] que se abstenham das contaminações dos ídolos, bem como das relações sexuais ilícitas, da carne de animais sufocados e do sangue" (15,20)[89]. É geralmente reconhecido que a principal fonte do "decreto apostólico" é a legislação a respeito do "estrangeiro residente", isto é, os não judeus que residiam permanentemente na terra de Israel, "no meio" do povo[90]. Aqui podemos ver uma solução alternativa mas potencialmente complementar para a entrada dos gentios na herança de Israel: que a legislação em relação ao *residente estrangeiro* forneceu o precedente desejado – de qualquer maneira, um modelo muito diferente dos gentios assumindo e usurpando a herança de Israel. Não precisamos prosseguir as questões históricas aqui levantadas, particularmente se uma ou outra solução era viável a longo prazo. O ponto é que tanto Paulo quanto Tiago (em Atos) fornecem mais um grão para a teologização sobre a relação entre Igreja e Israel, e, de fato, entre ambas e as nações do mundo, na medida em que procuram abraçar a herança de Israel e de Jesus.

Qualquer outra questão que normalmente não é considerada na teologia do Novo Testamento não tem importância aqui. Para Paulo, histórica e teologicamente a questão deu grande peso à coleta que ele fez entre suas Igrejas predominantemente gentias para os cristãos pobres na Igreja mãe em

---

89. Os termos atuais do "decreto apostólico" são motivo de alguma confusão na tradição textual (cf., p. ex., a discussão em METZGER, B.M. *A Textual Commentary on the Greek Testament.* Londres: UBS, 1975, p. 429-434), embora essa mesma confusão seja um lembrete de que os termos de associação continuaram sendo debatidos e revisados durante o período no qual "o decreto apostólico" – como podemos deduzir – teve um papel vital como base das Igrejas mistas.

90. Lv 17,8-9.10-14; 18,26. Cf. esp. BAUCKHAM, R.J. "James and the Jerusalem Church". In: BAUCKHAM, R. (org.). *The Book of Acts in its First Century Setting* – Vol. 4: Palestinian Setting, p. 452-462.

Jerusalém[91]. Mas o eco de Is 66,20 em Rm 15,16 e a provável alusão à esmola em At 24,17 sugerem que ela poderia ter sido interpretada como uma espécie de cumprimento da esperança de uma peregrinação escatológica gentia a Jerusalém trazendo presentes e ofertas. Em outras palavras, Paulo pode ter permitido, ou até mesmo encorajado, o pensamento de que sua missão não estava avançando além dos limites de Israel, tanto quanto os atraindo para Israel. O que também quer dizer que teologicamente a coleta não deve ser vista ou reduzida a um ato bondoso de recursos compartilhados. Pelo contrário, o seu potencial para uma espécie de resolução da questão judeus/ gentios, que nunca saiu do cristianismo, e a sua ambivalência hermenêutica significam que havia e há um potencial teológico muito pouco explorado.

E) O corpo de Cristo

Desde que o movimento de renovação messiânica dentro do judaísmo do Segundo Templo rapidamente se expandiu além dos limites de Israel, isto é, além de "Israel a terra" e "Israel o identificador étnico", é óbvio que "Israel" como tal não poderia mais ser a entidade à qual os novos gentios convertidos ao movimento pertenciam. A terra e o templo, que davam identidade para a maior parte dos judeus da Diáspora, não podiam funcionar da mesma forma – se é que funcionavam – para os crentes gentios não prosélitos. Hebreus faz uma tentativa fascinante de transformar ambos os elementos, terra e templo, em motivos teológicos viáveis para os crentes, que tinham uma necessidade sentida de ambos e acesso a nenhum deles. Mas, na maior parte dos casos, os escritores do Novo Testamento procuram em outros lugares fatores de identificação cristã. "A Igreja de Deus" não era mais entendida como a assembleia reunida de Israel na terra prometida. O que então esse novo entendimento de *qahal Yahweh* envolveu? A quem pertenciam as novas Igrejas?

A resposta óbvia é *Cristo*. A noção de que Cristo foi entendido como, de alguma forma, um lugar pelo qual todos os crentes no Messias Jesus podiam se identificar, é evidente na linguagem da habitação. A terminologia predominante de Paulo "em Cristo" tem um sentido de local inescapável para grande parte de seu uso[92]. Os crentes podem ser definidos como estando

---

91. 1Cor 16,1-4; 2Cor 8,1-7; Rm 15,25-32.
92. Cf. acima, cap. 4, nota 110.

"em Cristo" e como "aqueles que estão em Cristo Jesus"[93]. Aqui devemos notar novamente o argumento de Paulo em Gl 3: Cristo é a "semente" definidora de Abraão, e aqueles que estão "em Cristo" são, dessa forma, a semente e herdeiros de Abraão, de acordo com a promessa dada a Abraão[94]. Mais impressionante é a imagem de Paulo das Igrejas como formando "o corpo de Cristo"[95], na qual fica claro que a pertença a Cristo, como um membro ou órgão pertence a um corpo, é uma imagem definidora da assembleia cristã. Notavelmente, o corpo de Cristo se torna o primeiro tema de Paulo depois de sua exposição sobre o que aconteceu com Israel e o que isso tende para o futuro (Rm 9–11), com a implicação de que talvez a noção corpo de Cristo, que funciona para os cristãos como para Israel, tinha funcionado para o povo de Deus até então[96]. Se a questão pôde ser trabalhada até então, podemos dizer que, para Paulo, é pela ação coletiva dos crentes como membros ativos do corpo de Cristo que Ele age na terra à proporção em que os membros de seu corpo se conhecem. É um fato mais marcante do que normalmente se nota que Paulo pode identificar tanto o pão da Ceia do Senhor quanto a assembleia reunida como "o corpo de Cristo"[97]; em cada caso, a experiência compartilhada da graça espiritual encarnada em Cristo sendo o fator da ligação[98].

No Evangelho de João uma imagem equivalente é a dos crentes como ramos da videira, que é Cristo (Jo 15,1-11). Um paralelo mais próximo é o entendimento de que o corpo ressuscitado de Jesus cumpre a esperança de um templo reconstruído (2,19-21) – o corpo de Jesus desempenhando um papel semelhante ao de Paulo, fornecendo um ponto de referência para os novos crentes, semelhante ao que o templo havia fornecido para Israel e o judaísmo do Segundo Templo. E da mesma forma, o motivo "em Cristo" de Paulo, é a oração de Jesus para que os cristãos estejam no Pai e no Filho (Jo 17,21)[99]. Um motivo mais sustentado no Evangelho de João é a apresen-

---

93. P. ex., Rm 8,1; 1Cor 15,18; 2Cor 5,17; Gl 1,22; Fl 1,1; 1Ts 2,14.

94. Gl 3,6-9.14.27-29. Para efeito semelhante mas menos vulnerável à contraexegese, cf. Rm 4.

95. Esp. Rm 12,4-5; 1Cor 12.

96. Fiz essa sugestão em *Romans*. Op. cit., p. 704-705.

97. 1Cor 10,16; 12,27.

98. 1Cor 10,16-22; 12,14-26.

99. Cf. acima, cap. 4, nota 109.

tação de Cristo como aquele que cumpre e substitui os traços característicos e definidores da práxis religiosa de Israel. O corpo ressuscitado de Jesus não cumpre apenas a esperança de um templo reconstruído (2,19-21). Cristo também fornece o novo e melhor vinho, que é a água transformada nos ritos de purificação (2,6-11) e a água viva que é muito mais potente e saciante do que a água do poço de Jacó (4,10-14) ou os ritos de água que marcaram a Festa dos Tabernáculos (7,37-39). Não menos importante, Cristo é o Pão Vivo do céu que transcende de longe o maná que Moisés forneceu no deserto (6,25-28).

O mesmo ponto é apresentado em outro lugar no Novo Testamento e forma um importante tema teológico que une os diversos documentos do Novo Testamento, que Jesus Cristo cumpre ou completa tudo o que Israel representou nos propósitos escatológicos de Deus. As escrituras que falam de Israel encontram nele o seu cumprimento[100]; Ele transcende Moisés como aquele que revelou Deus[101]; rituais e festivais judaicos "porque tudo isso tem sido sombra das coisas que haviam de vir; porém o corpo é de Cristo" (Cl 2,17). A ordem sacerdotal de Jesus, na sucessão do misterioso Melquisedec, transcende muito à ordem de Aarão, pois o seu sacrifício é a realidade para a qual o culto de Jerusalém apenas preparou (Hb 5-10). Era Cristo que os profetas estavam lutando para expressar em suas profecias (1Pd 1,10-12). O cordeiro que foi morto sozinho tem o poder e a autoridade para abrir o pergaminho que revela o propósito de Deus, quando ninguém mais, mesmo os grandes da história de Israel, poderia fazê-lo (Ap 5).

Essa *transferência do identificador decisivo do povo de Deus*, da Igreja de Deus, da semente étnica de Abraão e da terra prometida a Abraão *para Cristo como aquele a quem toda a história e propósito de Israel aspirou* é uma das características mais revolucionárias do primeiro movimento cristão. É isso que reduz toda e qualquer tentativa posterior de identificar o cristianismo como uma determinada nação, etnia ou cultura. *O cristianismo é definido por Cristo e por referência a Cristo* – ponto-final! Esse é o giroscópio que, por si só, mantém firme o navio do bom cristianismo e permite que ele mantenha a dinâmica de avanço, mesmo nas condições mais tempestuosas.

---

100. Mt 2,15; 12,17-21; 21,42; 26,31.

101. Os cinco sermões de Mateus em comparação com os cinco livros de Moisés. Cf. Jo 1,17; 5,39-47; Hb 1,1-2; 3,1-6.

F) A substituição ou (re)definição de Israel?

Os dados que foram analisados levantam uma questão teológica importante: O cristianismo assumiu e substituiu Israel nos propósitos de Deus? Essa foi uma conclusão proeminente tirada nos círculos cristãos a partir do século II. Por exemplo, Justino Mártir considerava os cristãos como "o verdadeiro Israel espiritual", "a verdadeira raça israelita" (*Dial.* 11,5; 135,3-6). E Melitão de Sardes considerava Israel como o modelo, agora anulado e abolido, mas a Igreja como "a realidade" (*Peri Pascha* 39–45). Foi essa dedução que Deus tinha acabado com Israel, limpado suas mãos de seu antigo povo, que produziu toda a tradição *adversus judaeos* dentro do cristianismo, com seu amargo fruto do antissemitismo cristão. Mesmo durante o século XX, e mesmo depois da *Shoah* (Holocausto), os teólogos ainda se referiam ao judaísmo do primeiro século como *Spätjudentum* ("judaísmo tardio"), a lógica teológica tendo a mesma suposição de que o judaísmo tinha como único propósito preparar para o cristianismo e que este havia substituído aquele, drenando sua substância e deixando apenas a casca vazia – o fim do judaísmo; por conseguinte, judaísmo "tardio"!

O teólogo bíblico do Novo Testamento não pode ignorar tudo isso como indo além da concepção bíblica, uma vez que pode ser facilmente argumentado que a tradição *adversus judaeos* começou no próprio Novo Testamento. E certamente não é difícil fazer isso. Mt 27,25 – a multidão gritando no julgamento romano de Jesus: "Caia sobre nós o seu sangue e sobre nossos filhos" – tornou-se uma justificativa bíblica para acusar as gerações posteriores de judeus de "assassinos de Cristo" e para os pogrons resultantes. Em Atos, Lucas não faz qualquer esforço para corrigir a impressão de que os judeus crucificaram Jesus, ainda que a crucificação fosse uma pena romana[102]. João também não tem escrúpulos em fazer Jesus acusar "os judeus" de terem o diabo por seu pai (Jo 8,44). E Hebreus não hesita em concluir que Deus fez a nova aliança (com os crentes em Jesus Messias); "quando Ele diz nova, torna antiquada a primeira. Ora, aquilo que se torna antiquado e envelhecido está prestes a desaparecer" (Hb 8,13). A tradição da substituição está enraizada em Hebreus[103].

---

102. At 2,23; 3,14-15; 10,39.

103. Cf. tb. HÜBNER, H. *Biblische Theologie des Neuen Testaments*. Op. cit., vol. 1, p. 90-100. Childs observa que, apesar de o escritor de Hebreus ver "o antigo Israel como provisório, obsoleto e imperfeito, ele não relega as escrituras de Israel ao passado, mas continua vendo o texto bíblico como a voz viva de Deus dirigindo-se a um povo peregrino que aguarda a cidade celeste (13,14)"

Uma teologia do Novo Testamento não deve ignorar ou camuflar tal material perturbador. Deve ser capaz de salientar que muito desse material pode ser suavizado pelo lembrete de que tal condenação e exagero contundentes sempre figuraram na repreensão intraisraelita polêmica e profética[104]. Mais importante é sublinhar o caráter histórico da teologia do Novo Testamento em sua preocupação de ouvir os escritores do Novo Testamento em suas próprias situações e contextos. Por exemplo, uma acusação de responsabilidade pela morte de Jesus por parte dos cidadãos de Jerusalém é muito mais compreensível nos meses seguintes a essa morte, quando os sentimentos brutos ainda estavam entre os discípulos de Jesus. E a pregação em Jo 8,44, *simpliciter*, como que promovendo a demissão de judeus em geral como filhos do diabo, seria altamente irresponsável. Pelo contrário, em um contexto no final do século I (quando a maioria deduz que o Evangelho de João foi escrito), quando havia evidentemente algum confronto acrítico entre as sinagogas sobreviventes e reemergentes e aqueles que acreditavam no Messias Jesus, tal amargura é compreensível, mas lamentável. Quando as circunstâncias históricas e o âmbito limitado dos textos particulares são mais plenamente apreciados, torna-se quase impossível generalizar a partir deles uma condenação universal dos judeus de todas as gerações e nações.

Igualmente, se não mais importante, é o fato de que uma teologia do Novo Testamento pode e deve levar em conta a outra vertente da teologia do Novo Testamento observada no início deste capítulo. Por exemplo:

1) O fato de que o próprio Jesus permaneceu totalmente dentro do judaísmo do Segundo Templo;

2) A maneira pela qual Tiago e 1Pedro endereçam suas cartas à (às doze tribos[!] da) Diáspora; e particularmente,

3) A tentativa de Paulo de resolver a desconfortável questão de por que a maioria dos seus companheiros judeus estavam rejeitando o evangelho do Messias Jesus (Rm 9–11).

(*Biblical Theology*. Op. cit., p. 439). Mas Lincoln defende este argumento: "A questão [...] com a qual a teologia bíblica em particular deve continuar lutando é se – e se sim –, como é possível respeitar a validade religiosa contínua da sinagoga [...] enquanto ainda mantém a afirmação central de Hebreus e do Novo Testamento como um todo – ou seja, que Jesus Cristo é a revelação decisiva de Deus para todos os seres humanos" ("Hebrews and Biblical Theology". Op. cit., p. 335-356).

104. JOHNSON, L.T. "The New Testament's Anti-Jewish Slander and the Conventions of Ancient Polemic". In: *JBL*, 108, 1989, p. 419-941: "tendo em vista a polêmica judaica contemporânea, a difamação do NT contra outros judeus é notavelmente leve" (p. 441).

É este último que fornece a alternativa mais substantiva à tradição *adversus judaeos*. Para Paulo, como um judeu que também era um cristão, não era possível separar os dois. Seu tratamento de Rm 9–11 não é, como muitas vezes descrito, um tratamento de "Israel e a Igreja"[105]; o tema desses capítulos é o próprio Israel. Notavelmente, nesses capítulos ele fala pouco de judeus e gentios/gregos (sua formulação predominante nos capítulos anteriores), mas quase apenas de Israel[106]. Não se trata mais de tentar preencher a lacuna entre dois conjuntos de povos identificados etnicamente (judeus e outras nações). Agora é uma questão de tentar entender melhor o propósito de Deus para Israel. "Quem é Israel?", Paulo pergunta (9,6)[107]. A sua resposta é tentar *definir Israel de novo:* não como por descendência física (Ismael) nem por obras (Esaú), mas pelo chamado de Deus (Rm 9,6-12), um chamado que agora inclui tanto os gentios quanto os judeus (9,23-24). Deus não arrancou a oliveira de Israel e a substituiu por outra. Pelo contrário, ramos não cultivados de azeitonas silvestres (gentios) foram enxertados na oliveira de Israel – a mesma plantação original (11,17-24). Mas, mesmo ampliando a definição de Israel, Paulo não pode duvidar ou negar a fidelidade de Deus ao seu povo escolhido: as bênçãos de Israel ainda são de Israel (9,4-5), "porque os dons e a vocação de Deus são irrevogáveis" (11,29). Sua confiante certeza é que, quando o número total de gentios tiver sido trazido, então "todo o Israel será salvo" (11,12-25). Para uma teologia do Novo Testamento essa é uma visão desafiadora para interpretar e integrar com outro material do Novo Testamento relevante para o assunto.

G) Uma ou duas alianças?

Uma maneira de resolver o enigma da certeza de Paulo a respeito de Israel é a proposta de que ele estava pensando em duas alianças, e não apenas em uma. Isto é, com base na fidelidade de Deus ao seu povo da aliança Paulo deduziu que Deus salvaria Israel em virtude da eleição prévia deste.

---

105. P. ex., este é o cabeçalho sob o qual Strecker (*Theology of the New Testament*. Op. cit. p. 203-208) e Childs (*Biblical Theology*. Op. cit., p. 248) discutem Rm 9–11.

106. "Judeu/grego, judeu/gentio": 1,16; 2,9-10.17-24; 3,9.29; 9,24; 10,12; "Israel": 9,6.27.31; 10,19.21; 11,2.7.11.23.25.26.

107. Gl 6,16 ("paz e misericórdia sejam sobre eles e sobre o Israel de Deus") coloca a mesma questão ("Quem é Israel?") mas não oferece uma resposta clara como Rm 9.

Ou seja, Ele salvaria Israel, nos termos da aliança original, através da lei, e não do evangelho; através da obediência de Israel à lei, conforme estabelecido no Pentateuco[108]. Mas Paulo claramente pensou no chamado de Deus, o mesmo chamado como abraçando tanto gentios quanto judeus (Rm 9,11-12,24), e no evangelho chamando pela fé em Cristo como universal em seu alcance (10,6-18; 11,28-32). Por que motivo ele teria ficado tão perturbado com a rejeição do evangelho por parte de Israel? (9,1-3)[109]. Com certeza, não está claro como Paulo poderia afirmar tanto a *irrevogabilidade* da eleição do Deus de (étnica) Israel quanto *Cristo* como critério *sine qua non* para identificar o povo de Deus. O que impressiona no penúltimo parágrafo de Rm 9–11 é o fato de que sua confiança está mais firmemente enraizada na misericórdia de Deus (11,30-32). Isso também, conforme observado acima (cap. 4, item 2B)), é porção de sua herança da revelação mais fundamental do caráter de Deus por parte de Israel (Ex 34,6-7). Como um princípio axiomático da teologia bíblica, no entanto, ele fornece, se não uma resolução para tais enigmas, pelo menos uma maneira de lidar com eles; que, na análise final, "o amor de Deus é mais amplo do que a medida da mente do homem", e que a amplitude da misericórdia de Deus sempre surpreenderá o tradicionalista e o dogmático, o faccionista e o sectário.

A mesma consideração provavelmente pode ser aplicada ao outro enigma que a mesma passagem em particular provoca: se a misericórdia de Deus é *universal.* "Porque Deus a todos encerrou na desobediência, a fim de usar de misericórdia para com todos" (Rm 11,32). Que a teologia de Paulo aqui pode ser simplesmente classificada como "universalista", na verdade não é tão claro quanto pode parecer; o "tudo" desde o início da carta é dirigido particularmente à divisão judeu/gentio, que a sua própria missão pretendia superar – "todos, judeus primeiro, mas gregos também"[110]. O ponto teológico a ser compreendido pode ser que Deus tem misericórdia dos desobedientes; que

---

108. Isso é chamado regularmente de *Sonderweg*, uma maneira especial de Israel ser salvo (exceto por meio do evangelho). Cf., p. ex., GAGER, J.G. *Reinventing Paul.* Nova York: Oxford University Press, 2000, p. 59-61 (esboçado esp. por F. Mussner, L. Gaston e S. Stowers).

109. Cf. esp. HVALVIK, R. A "'Sonderweg' for Israel: A Critical Examination of a Current Interpretation of Romans 11,25-27". In: *JSNT*, 38, 1990, p. 87-107. • DONALDSON, T.L. "Jewish Christianity, Israel's Stumbling and the Sonderweg Reading of Paul". In: *JSNT*, 29, 2006, p. 27-54. • LONGENECKER, B.W. "On Israel's God and God's Israel: Assessing Supersessionism in Paul". In: *The Journal of Theological Studies*, 58, 2007, p. 26-44.

110. Rm 1,16; 2,9-10; 3,9; 4,11.16; 9,7; 10,4.12-13; 15,11.

o evangelho é uma boa-nova, menos para os justos e mais para os pecadores. Em qualquer caso, há mais motivo para a teologização; pois é precisamente o fato de que não é possível chegar a conclusões claras sobre a descrição histórica da teologia dos escritores do Novo Testamento (ou da teologia do Novo Testamento em geral) sobre questões teológicas particulares de importância contínua que torna imperativo que o mesmo material do Novo Testamento seja um estímulo e recurso para a teologização adicional sobre as mesmas e similares questões de hoje.

O mesmo se aplica ainda mais à questão específica que surge deste capítulo para as relações e o diálogo judeu/cristão. O material do Novo Testamento revisado acima não deve ser considerado como fora dos limites de tal diálogo. Pelo contrário, deveria estimulá-lo. Em particular, Paulo, que é geralmente visto como um apóstata de Israel, deve ser revisitado sobre o assunto. Pois, como já vimos, Paulo se considerava mais como um apóstolo comissionado para ajudar a cumprir a missão de Israel de ser uma bênção e uma luz para os gentios. Paulo não teria escrito como escreveu se não estivesse totalmente convencido de que estava sendo fiel às escrituras e à herança de Israel (cf. novamente Rm 9,4-5). É como *uma voz autenticamente judaica* das últimas décadas do judaísmo do Segundo Templo que Paulo exige ser escutado. Todos, sejam eles judeus e gentios, que desejam respeitar devidamente os escritos daquele período e o caráter do judaísmo do Segundo Templo, devem incluir a voz de Paulo entre as vozes que eles desejam ouvir novamente. E o que se aplica ao diálogo judeu/cristão aplica-se, *mutatis mutandis*, a outros diálogos inter-religiosos. A teologia do Novo Testamento como teologização abre o caminho para que o Novo Testamento seja uma voz (várias vozes) contribuindo para questões e temas de interesse religioso e cultural.

4 Conclusão

As perguntas "O que significa ser 'o povo da Igreja de Deus'?" ou em uma perspectiva cristã, "O que significa ser o corpo de Cristo?" são de primeira importância hoje, talvez como nunca antes. Isto é, quais são as implicações para a crença e a adoração, para as relações dentro e entre grupos de fé, para a missão, alcance e serviço, para a comunidade e sociedade, para o envolvimento político e posições morais, para a vida diária e a conduta?

Estes foram os tipos de questão com os quais os profetas e sábios de Israel lutaram, e as reflexões iniciais do cristianismo emergente sobre suas relações com seus antepassados judeus e com Israel dentro de um Império Romano antipático (quando não hostil) tiveram uma urgência que deixou marcas claras nos escritos do Novo Testamento. Aqui, principalmente, a teologia do Novo Testamento não pode se contentar com sua tarefa histórica e descritiva, mas deve encontrar nessas escrituras recursos para teologizar sustentadamente sobre as questões equivalentes hoje em dia.

Para uma declaração sumária do que emergiu dessa investigação exploratória da "Igreja de Deus" no que se refere às questões de uma teologia bíblica do Novo Testamento devemos observar o seguinte:

1) A tensão entre o princípio de uma nação eleita e a crença em um Deus único – que é Deus de todos e se preocupa com todos os povos – acontece desde o início da história de Abraão. É tão evidente nos profetas – outras nações derrotadas/destruídas ou acolhidas, mas apenas como prosélitos? – como na missão de Jesus: até que ponto a restauração de Israel era central para a concepção de Jesus a respeito de sua missão e quão "exclusivo" foi isso? Quão válida foi a tentativa de Paulo de identificar novamente a semente de Abraão? Os gentios crentes em Cristo podem ser classificados como pertencentes a Israel, sem custo ou perda dos identificados de "Israel"? O chamado para ser uma bênção para as nações é consistente e a possibilidade de um universalismo baseado na misericórdia de Deus está presente em toda a parte.

2) A diversidade na apresentação do Novo Testamento sobre o assunto é suficientemente clara. Mateus não esconde o fato de que Jesus falou da missão somente como missão a Israel. O antagonismo evocado pela missão de Paulo aos gentios é evidente em passagens como At 21,21 e Fl 3,2-16. A tensão entre a afirmação de Paulo de Israel e a rejeição hebraica da antiga aliança como "obsoleta" é parte integrante da teologia do Novo Testamento. A evidente hostilidade manifestada em relação "aos judeus" em João e nos Atos pode ser compreensível em termos históricos, mas ainda deixa um problema para o leitor do século XXI e para o uso litúrgico desses textos. As diferentes soluções para "o problema dos gentios" indicadas em At 15,14-21 e Gl 2,11-17 e as diferentes interpretações possíveis para a coleta de Paulo indicam feridas purulentas que não foram completamente curadas.

E se Paulo procurou resoluções para o problema, que nunca se mostraram aceitáveis teologicamente ou realistas em termos práticos, onde isso deixa o *status* de suas resoluções dentro do cânon?

3) Se o outro lado do "problema dos gentios" é "o problema de Israel", então a teologia bíblica da "Igreja de Deus" fala diretamente das preocupações permanentes do diálogo judeu/cristão. Indica para nós, principalmente, que a questão da relação entre judaísmo e cristianismo, entre judeu e cristão, é muito mais uma questão de diálogo ecumênico do que de missão evangelística[111]. O Novo Testamento consiste em uma sequência de vozes judaicas falando com preocupações judaicas. A "Igreja de Deus" é um assunto não apenas da teologia do Novo Testamento, mas da teologia bíblica como um todo, e a teologização do Novo Testamento sobre o assunto nunca deve se afastar do que foi dado.

4) Falei pouco sobre as questões habituais que dominam as discussões eclesiais e ecumênicas – ministério e ordenação, carisma e cargo, sacramentos e ordem da Igreja[112] –, não porque não sejam importantes, mas simplesmente porque as questões analisadas acima são muito importantes sob a perspectiva teológica bíblica e porque essas preocupações fundamentais da teologia bíblica não receberam a atenção que merecem e exigem.

---

111. Cf. HAHN, F. *Theologie des Neuen Testaments*. Op. cit., vol. 2, p. 656-658.

112. Mas, pelo menos, posso me referir ao meu *Unity and Diversity in the New Testament*: An Inquiry into the Character of Earliest Christianity. Op. cit., cap. 6-9.

6

AS SAÍDAS ÉTICAS

1 Introdução

A lei é uma quarta questão fundamental para a teologia bíblica. A centralidade da lei para Israel e o judaísmo colocaram um problema consistente para a teologia da Bíblia cristã. Pois Jesus é popularmente considerado como tendo colocado o seu rosto contra a lei, ou pelo menos contra uma vida regulada pela lei, nas suas controvérsias com os fariseus. E Paulo tem sido consistentemente caracterizado como aquele que defendeu o evangelho contra a lei e que garantiu a liberdade do cristianismo contra a lei (cf. Gl 5,1). Ao fazer uma distinção fundamental entre evangelho e lei, Lutero, em particular, reforçou um senso de descontinuidade entre judaísmo e cristianismo, o que tem assombrado a teologia cristã mais ou menos desde o início[1]. Mas uma distinção tão nítida corre o perigo de minar todo o projeto da teologia bíblica, precisamente porque a lei é tão fundamental para o Antigo Testamento e para o judaísmo.

É essencial, portanto, que o papel da lei dentro do Antigo Testamento e do judaísmo do Segundo Templo seja entendido o mais completamente possível, de modo que a questão da relevância da lei para a conduta den-

---

1. Cf., p. ex., MÜLLER, H.M. "'Evangelium latuit in lege': Luthers Kreuzespredigt als Schlüssel seiner Bibelhermeneutik". In: LANDMESSER, C. et al. *Jesus Christus als die Mitte der Schrift* – O. Hofius FS. Berlim: De Gruyter, 1997, p. 101-126 [BZNW, 86]: "A distinção entre lei e evangelho surgiu da obra exegética de Lutero em seu contato com o Apóstolo [...] a distinção entre lei e evangelho como base para a doutrina da justificação pela fé. [...] Somente quem aceita essa distinção e deixa seu pensamento ser conduzido por ela é, segundo Lutero, um bom teólogo" (p. 101-102, 107-109). BERGMEIER, R. *"Das Gesetz im Römerbrief"* – Das Gesetz im Römerbrief und andere Studien zum Neuen Testament (Tübingen: Mohr Siebeck, 2000, p. 31-35) nota, entre outras coisas, a observação de Harnack de que "toda a esfera da lei pertence religiosamente, segundo Lutero", a um estágio ultrapassado; quem não reconhece isso deve permanecer judeu" (p. 34). Cf. mais em DUNN, J.D.G. *New Perspective on Paul*. Op. cit., cap. 1, notas 88 e 89.

tro do cristianismo primitivo e o papel da lei dentro da teologia do Novo Testamento possam ser adequadamente avaliados. A Torá, que significa o Pentateuco (os cinco livros de Moisés), é o centro do cânon da Sagrada Escritura de Israel. Se um "cânon dentro do cânon" é um conceito válido, então a Torá é o cânon dentro da Bíblia Hebraica, "a norma que normatiza a norma". É claro que a Torá como fundamento e documento constitucional de Israel e do judaísmo é mais do que regras para adorar e viver. Além de qualquer outra coisa o Pentateuco inclui os relatos da criação, as narrativas patriarcais, as histórias do êxodo, o estabelecimento da aliança no Sinai e vários episódios do período das peregrinações pelo deserto. E a dependência do Novo Testamento da Torá, nesse sentido mais amplo, não está em questão, como já vimos no capítulo 2, item 2. Mas o sentido primário da Torá é "instrução", e a Torá como *lei* é o sentido dominante, tanto para o judaísmo quanto para o cristianismo, a Torá como a lei de Moisés, como "os decretos, estatutos e ordenanças"[2] que constituem a maior parte do Pentateuco e que permitem que a *Torá* seja traduzida em grego simplesmente como *nomos*, "lei" e que exige nosso foco aqui.

A pergunta "Como deve viver o povo de Deus? não é um adendo à teologia do Novo Testamento, mas a integra. Os princípios, valores e critérios que determinam as relações sociais e a conduta individual não devem ser simplesmente abordados sob os títulos de "aplicação" ou de "religião" como algo distinto da teologia. Porque a teologia não é ou não deve ser vista simplesmente como uma atividade cerebral ou algo realizado exclusivamente na sala de aula, no estudo ou na sala de um santuário. E onde a teologia encontra mais eficazmente as agendas mais amplas da sociedade em geral são nas atitudes e condutas que ela encoraja e traz à expressão. Ética é a expressão diária da teologia, um dos testes ou frutos pelos quais a verdade e o valor da teologia podem ser testemunhados e avaliados.

Assim como fizemos nos capítulos anteriores olhamos primeiro para os dados teológicos herdados da religião de Israel, do judaísmo primitivo e do Antigo Testamento:

A) A prioridade da graça sobre a lei;

B) A lei de Israel;

---

2. Tipicamente em Dt 4,45; tb. 4,1.5.8.14.40; 5,1.31; 6,1.2.17.20; 7,11; 8,11; 11,1.32 etc.

C) O muro de separação;

D) O caminho de vida e o caminho para a vida.

Em seguida nos voltamos para examinar a maneira como Jesus e os primeiros cristãos responderam e se valeram dessa herança tão valiosa:

A) Jesus e as *halakhôt*;

B) Paulo violou a lei?;

C) Os cristãos cumprem a lei (ou espera-se isso deles)?;

D) Julgamento de acordo com as obras.

2 A teologia herdada

A) A prioridade da graça sobre a lei

Já sublinhei a ênfase que as escrituras de Israel colocam na iniciativa de Deus, tanto na sua eleição de Israel quanto na sua justiça salvadora[3]. É importante que a teologia bíblica compreenda que o mesmo se aplica à lei de Israel.

O fato de que a Torá é mais do que lei e de que a lei é estabelecida dentro dos relatos da criação de Deus, de suas relações com os patriarcas e de suas relações iniciais com "os filhos de Israel", é de importância crucial em qualquer apreciação do *status* e papel da lei para Israel e para o judaísmo do Segundo Templo, pois o contexto faz notar que a entrega da lei está profundamente enraizada na narrativa da história de Israel. A entrega da lei no Sinai é, por assim dizer, uma segunda fase do propósito salvífico de Deus, que pressupõe como antecedente essencial o juramento feito a Abraão, Isaac e Jacó e que depende dessa iniciativa divina preveniente para sua lógica – uma graça preveniente que é também parte indissociável da Torá.

Particularmente impressionante é a maneira como toda a sequência da entrega da lei é introduzida no Êxodo com as palavras "Eu sou o SENHOR, teu Deus, que te tirei da terra do Egito, da casa da servidão" (Ex 20,2); e segue a sequência mais famosa das leis de Israel, os dez mandamentos. A sequência faz o ponto: "Eu sou o Senhor, teu Deus" [e não: "Faça isso para que eu possa me tornar o teu Deus"]; "Eu te tirei da terra do Egito, da casa

---

3. Cf. cap. 4, itens 2B) e 2C) e cap. 5, item 2A).

da servidão" – redenção como anterior à obrigação, o pressuposto da obediência, *o imperativo da exigência de obediência de Deus, segundo o indicativo da ação salvífica de Deus.*

Esse é o ponto-chave que E.P. Sanders fez em seu protesto justificado e eficaz contra a caricatura popular nos círculos cristãos, do judaísmo como uma religião que entendia a obediência à lei ("obras da lei") como o meio necessário para alcançar a aceitação de Deus em primeiro lugar[4]. A lei *não* foi apresentada como um meio para se tornar o povo de Deus. Pelo contrário, foi dada para mostrar àqueles que *já* eram o povo de Deus, que já haviam recebido a sua redenção, como eles deveriam viver. A entrada na graça da aliança não era o objetivo final da lei; a graça da aliança era o ponto de partida para a obediência. Na antítese popularmente formulada por Sanders, a lei não era um meio de *entrar* no povo da aliança de Deus, mas sim um meio de *permanecer* no povo da aliança de Deus. Ele resumiu a soteriologia de Israel na frase certeira, "nomismo da aliança": (1) como pressupondo a graça livremente pactuada de Deus ("pactual"); e (2) como exigindo uma consequente obediência à lei (em grego *nomos,* daí, "nomismo")[5]. A frase resumida tem atraído muitas críticas[6], e certamente é

---

4. Cf. cap. 4, nota 21.

5. Sanders resumiu a frase da seguinte maneira: "o nomismo da aliança é a visão de que o lugar de alguém no plano de Deus é estabelecido com base na aliança e que esta exige como resposta adequada do homem sua obediência a seus mandamentos, ao mesmo tempo em que fornece meios de expiação da transgressão" (*Paul and Palestinian Judaism*. Op. cit., p. 75; cf. tb. p. 236, 420, 544).

6. Esp. CARSON, D.A. et al. (orgs.). *Justification and Variegated Nomism* – Vol. 1: The Complexities of Second Temple Judaism. Tübingen: Mohr Siebeck, 2001 [WUNT, 2.140]. • AVEMARIE, F. *Tora und Leben*: Untersuchungen zur Heilsbedeutung der Tora in der frühen rabbinischen Literatur. Tübingen: Mohr Siebeck, 1996. Pensa-se, geralmente, que este último tenha dado uma resposta esmagadora a Sanders, e sua monografia exige uma declaração mais cuidadosa das opiniões variadas do judaísmo rabínico sobre o assunto. Cf tb. AVEMARIE, F. "Erwählung und Vergeltung – Zur optionalen Struktur rabbinischer Soteriologie". In: *NTS* 45, 1999, p. 108-126. • AVEMARIE, F. "Bund als Gabe und Recht: Semantische Überlegeungen zu berît in der rabbinischen Literatur"". In: AVEMARIE, F. & LICHTENBERGER, H. (orgs.). *Bund und Tora*: Zur theologischen Begriffsgeschichte in alttestamentlicher, frühjüdischer und urchristlicher Tradition. Tübingen: Mohr Siebeck, 1996, p. 163-216. Nesta obra a conclusão é muito mais favorável à noção de Sanders de "nomismo da aliança" (p. 213-215). A crítica de Stuhlmacher de que "o 'nomismo da aliança' é uma tautologia, já que *berît* e *diatheke* significam principalmente 'regulação' ou 'obrigação'" (*Biblische Theologie*. Op. cit., vol. 1, p. 255), ignora tanto a "característica essencial [da *diatheke* bíblica] [...] que é a declaração por iniciativa de uma pessoa" (BDAG, 228) e o caráter predominantemente de promessa/graça das alianças oferecidas por Deus (Gn 9,9-17; 15,18; 17,2-8; Ex 2,24; 6,4-5). Scobie cita a definição de W. Brueggemann: "[No AT aliança significa] um compromisso duradouro de Deus e seu povo com base em votos mútuos de lealdade e obrigação recíproca, por meio dos quais ambas as partes têm sua vida radicalmente afetada e empoderada" (*The Ways of Our God*. Op. cit., p. 475).

verdade que a própria frase não especifica como a relação simbiótica entre a graça divina e a resposta humana deve funcionar ou tem funcionado na prática. Mas os pontos principais permanecem: a frase indica que *ambos* os elementos são parte integrante da soteriologia de Israel e do judaísmo; ela também nos lembra a prioridade da escolha da aliança de Deus e da iniciativa redentora[7].

O fato mais básico de todos, o que por si só é o ponto, é que a lei foi dada a Israel, a lei que mostrou ao povo de Deus como viver. O fato, evidentemente, deixa a teologia bíblica com uma questão: Até que ponto a lei de Israel também era/é lei para os não israelitas?

B) A lei de Israel

A discussão sobre a lei de Israel frequentemente tem se ocupado com a dicotomia entre a lei cerimonial e a lei moral. Isso provou ser um dispositivo conveniente na teologia bíblica (e na teologia cristã em geral) para resolver o dilema de como manter juntas atitudes negativas em relação à lei no Novo Testamento e o fato de a lei de Moisés ainda fazer parte das escrituras cristãs. A solução oferecida pela dicotomia foi a de que o cristianismo primitivo rejeitou a lei cerimonial, mantendo firme a lei moral[8]. Que essa distinção poderia encorajar uma suspeita de todo ritual e cerimônia tornou-se especialmente claro na reforma radical, mas essa distinção normalmente feita é falsa; a Torá não as fez. O Pentateuco não separa os dois tipos de lei em categorias diferentes. Por exemplo, os dez mandamentos incluem regras relativas ao sábado e também exigências éticas, e a sequência de regras em Ex 21–23 passa ininterruptamente da legislação social para o que poderia ser descrito apropriadamente como decisões religiosas.

Provavelmente uma maneira mais satisfatória de descrever o alcance coberto pela lei é notar que a lei de Moisés inclui tanto as leis que governam as relações entre israelitas e Deus como as leis que governam as relações entre aqueles.

---

7. Preparei uma defesa mais completa da frase em *The New Perspective on Paul*. Op. cit., 2005, p. 55-63; 2008, p. 60-71.

8. Classicamente em Tertuliano (*De Pudicitia*, 6.3-5) e na Confissão de Westminster, n. 19.3.

1) Leis que governam as relações entre israelitas

Em seu artigo "Biblical and Ane Law" no *Anchor Bible Dictionary*, Samuel Greengus fornece uma conveniente taxonomia[9].

1) leis que protegem a família (tabus sexuais, adultério, estupro);

2) lesões pessoais (chifrada de um boi, aborto espontâneo, talião[10] e compensação);

3) homicídio (incluindo assassinato não resolvido);

4) roubo;

5) bem-estar social (dívidas e escravidão, resgate e libertação).

Essa lista deixa claro o que deveria ser óbvio, mas às vezes é esquecido: que a lei de Moisés não era simplesmente uma lei religiosa, não simplesmente uma coleção de rubricas religiosas que poderiam ser distinguidas da lei civil. *A lei de Moisés era a lei da nação de Israel*, mas também uma lei de inspiração religiosa. Portanto, é claro que cobriu uma ampla gama de legislação social, como seria de se esperar ao lidar com a lei da terra, mas tomou seu ponto de partida e inspiração da aliança que Deus tinha feito com o povo de Israel através de Moisés.

Merece particular destaque o *grande sentido de responsabilidade para com os menos favorecidos da sociedade,* desconsiderados pela lei, a obrigação para com os menos capazes de se defenderem por si mesmos. Caracteristicamente são destacados a viúva, o órfão, o estrangeiro e o pobre[11]. Um bom exemplo da preocupação típica é Zc 7,9-10:

> Assim falara o SENHOR dos exércitos: Executai juízo verdadeiro, mostrai bondade e misericórdia, cada um a seu irmão; não oprimais a viúva, nem o órfão, nem o estrangeiro, nem o pobre, nem intenteis, em seu coração, o mal contra o próximo.

Essa preocupação com os desfavorecidos não deve ser confundida com uma caridade puramente individualista. Ela foi consagrada no direito civil,

---

9. *Anchor Bible Dictionary*, vol. 4., p. 242-252. Greengus observa o grau de sobreposição com os códigos de leis do antigo Oriente Próximo e observa a ausência de leis bíblicas que regulam as profissões de comerciantes e artesãos.

10. *Lex talionis* = a lei da retaliação, pela qual a punição se assemelha à ofensa cometida em espécie e grau.

11. Os fortes protestos contra o abuso da lei em relação aos pobres são especialmente proeminentes em Amós, Miqueias e Isaías. Cf. esp. Am 5,21-24; Mq 3; Is 58,3-7.

e, portanto, formalmente reconhecida como uma responsabilidade da sociedade. Aqui não se deve perder de vista Dt 24,10-22 com sua exigência de não reter as promessas aos pobres de um dia para o outro, não reter seu salário, mas pagá-los diariamente; não tirar proveito de estrangeiros, órfãos ou viúvas e sempre deixar-lhes a respiga para colherem por si mesmos. Também deve-se notar que a preocupação para com os pobres mostrada no Novo Testamento é extraída integralmente do Antigo Testamento. Isso fica evidente não apenas na prioridade dada ao tema na proclamação de Jesus[12]; em Tg 5,1-6 é uma denúncia profética dos ricos impiedosos, inteiramente na tradição de Amós; e um fato muitas vezes ignorado é que a coleta de Paulo para os pobres em Jerusalém tinha a mesma motivação (2Cor 9,9-10); ou seja, a esmola que ele pedia a seus convertidos coríntios era apresentada como um ato de "justiça", à semelhança do judaísmo do Segundo Templo[13].

Em vista do que foi dito no capítulo 5, item 2B) sobre a exclusividade da escolha feita por Deus a Israel e do que será dito no item 2C), abaixo, sobre a lei, que Efésios chama de "muro de separação" entre Israel e as outras nações, deve ser ressaltado que a ordem de amar ao próximo como a si mesmo (Lv 19,18) foi estendida, sem dúvida, ao "estrangeiro que reside entre vós": "Como o natural, será entre vós o estrangeiro que peregrina convosco; amá-lo-eis como a vós mesmos, pois estrangeiros fostes na terra do Egito. Eu sou o SENHOR, vosso Deus" (19,34). Observe a motivação: a própria experiência de alienação e escravidão de Israel deve tornar os israelitas mais sensíveis e preocupados com os não israelitas em seu meio. A história de Rute está incluída no corpo da história sagrada de Israel para destacar esse mesmo ponto: cuidar do estrangeiro é um dever que decorre de Yahweh ser o seu Deus. O "Estado de Bem-estar Social" de Israel tinha uma motivação profundamente religiosa e ressalta as implicações morais e sociais que devem ser seguidas para que qualquer teologia bíblica seja verdadeira consigo mesma.

2) Leis que governam as relações entre israelitas e Deus

Inevitavelmente uma grande parte das leis de Israel está relacionada à ordem do Templo, do sacerdócio e do culto sacrificial, dos dízimos, do sábado,

---

12. Lc 6,22; Mt 11,5. Cf. DUNN, J.D.G. *Jesus Remembered*. Op. cit., item 13.4.

13. Dn 4,27; Sr 3,30; 29,12; 40,24; Tb 4,10; 12,9; 14,11. Cf. tb. SCHRENK, G. *Theological Dictionary of the New Testament*. Op. cit. Vol. 2, p. 196.

da circuncisão e da pureza. Digo *inevitavelmente* porque a relação entre Yahweh e seu povo era primária, e foi isso que os constituiu como um povo e os motivou a elaborar sua lei social. Provavelmente no capítulo 4, item 2D) foi dito o suficiente sobre o Templo e o sistema sacrificial. Aqui é particularmente importante focar na questão da *pureza*, uma vez que ela parece ter se tornado uma questão importante para os judeus na época de Jesus, como pode ser atestado arqueologicamente pelo grande número de *miqwaoth* (banhos rituais) descobertos na terra de Israel[14]. Mais concretamente, talvez tenha sido a divisão sobre questões de pureza um fator – senão o fator principal – no facciosismo que atingiu o judaísmo do Segundo Templo: os fariseus como "os separados"; os essênios com seu forte ritual de pureza, conforme atestado em 1QS 6-7 e em Qumran; os ataques aos saduceus por profanarem os sacrifícios nos Salmos de Salomão[15]; e a acusação brutal dos (provavelmente) fariseus que "tocam coisas impuras" mas dizem: "Não me toquem para que não me poluam" (*Testamento de Moisés* 7,9-10).

A lógica em tudo isso poderia ser resumida na palavra *santidade*. Foi porque o Senhor Deus era santo que Israel tinha de ser santo: "Santos sereis, porque eu, O SENHOR, vosso Deus, sou Santo" – o refrão repetido de Levítico[16]. Santidade significava separar; separação do caráter inevitavelmente contaminante e corruptor da vida humana e da sociedade, surpreendentemente representado pela morte e pelo cadáver em decomposição como o agente mais seriamente contaminante. A pureza era essencial, sobretudo se alguém entrasse no santuário onde Deus colocou seu nome, o Templo de Jerusalém[17]. Mas a preocupação religiosa pela pureza se estendeu mais ou menos por toda a terra (a terra santa), como demonstrado pela presença de *miqwaoth* em toda a terra de Israel[18]. Foi para salvaguardar essa santidade estendida e a própria santidade deles em particular, a própria separação

---

14. Cf., p. ex. DUNN, J.D.G. *Jesus Remembered*. Op. cit., p. 269 e 295. Mais detalhes em SANDERS, E.P. *Jewish Law from Jesus to the Mishnah*. Londres: SCM, 1990, p. 214-227.

15. Cf. acima, cap. 5, nota 45.

16. Lv 11,44-45; 19,2; 20,26; 21,8.

17. SANDERS, E.P. *Judaism*: Practice and Belief 63 B.C.E.-66 C.E. Op. cit., p. 70-72, 218.

18. J. Milgrom (*Leviticus*. 2 vols. Nova York: Doubleday, 1991 [AB 3]) observa que "os legisladores sacerdotais estão muito preocupados com a necessidade de eliminar ou pelo menos controlar a ocorrência de impurezas em qualquer lugar da terra; seja em casa, na mesa ou no leito" (vol. 1, p. 1.007).

deles para Deus, que os fariseus e os essênios se separaram literalmente do resto das pessoas.

Isso ajuda a explicar por que a legislação de pureza frequentemente tem mais o caráter de tabu do que de princípio moral. Os rituais de purificação naturalmente exemplificam o aspecto da limpeza, mas, de outra forma, a sua lógica parece primariamente destinada a realçar a natureza da santidade como algo a ser temido ou admirado. Por que um determinado lugar, peça de roupa ou pessoa deve ser considerado como "santo" e outros não? Parte da questão é presumivelmente que a interação entre Deus e seu povo não pode ser reduzida diretamente ao racional; há uma dimensão fundamentalmente irracional em todo o encontro com o sagrado. E parte da razão de ser do ritual seria simbolizar a distinção absoluta entre o divino e o humano. É precisamente pelo fato de ir além da racionalidade de todos os dias que a categoria de santo provou ser tão poderosa.

A importância de tratar separadamente as relações entre Deus e Israel e dos israelitas entre si é que nos ajuda a ver a diferença entre *impureza* e *pecado*[19]. A impureza como tal não é pecado, mas simplesmente uma condição na qual uma pessoa inevitavelmente entra, no curso da vida cotidiana, em interação com o impuro. O pecado, por outro lado, é transgressão da lei; "pecador" significa "infrator da lei". Assim, o pecado não entra na categoria da impureza, mas apenas quando e se a pessoa impura falhar em tomar as medidas necessárias para remover a sujeira ou acabar como o estado de impureza. A distinção, porém, é facilmente perdida, uma vez que "a limpeza" como metáfora presta-se tão somente ao processo de remoção do pecado, como a espiritualidade cristã e a hinódia atestam com tanta frequência. *Purificado* se torna sinônimo de *perdoado*. Isso é profundamente lamentável, uma vez que identifica a distância de Deus com *culpa*, ao passo que a legislação de impureza de Israel nos ensina que uma pessoa pode ser impura e estar distante de Deus sem ser culpada de pecado.

Aqui novamente está um tema importante para qualquer teologização bíblica: Como dar ao tema da pureza seu peso apropriado, especialmente quando o Templo de Jerusalém já não existe? Tudo isso simplesmente passa

---

19. Um ponto que Sanders enfatizou repetidamente e com razão. Cf SANDERS, E.P. *Jewish Law from Jesus to the Mishnah*. Op. cit., p. 33-34. • SANDERS, E.P. *Judaism: Practice and Belief 63 B.C.E.-66 C.E.* Op. cit., p. 71, 218.

para qualquer outro centro de culto, já que muitas vezes o cristianismo simplesmente transferiu a legislação do sábado para o domingo cristão? O batismo cristão é uma espécie de lavagem ritual, ou será que o seu caráter único exclui a ideia de purificações renovadas que os adoradores presumivelmente necessitam quando se aproximam do Santo? (cf. Hb 10,22). E de maneira mais ampla, como avaliar a racionalidade de tanto simbolismo de pureza e integrá-la aos diferentes padrões de adoração, bem como às obrigações morais e sociais do povo de Deus? E como manter o senso de *admiração* que a legislação de santidade promoveu e salvaguardou?

C) O muro de separação

Um terceiro aspecto da lei de Moisés tem sido frequentemente desconsiderado ou minimizado: o fato de a lei ter servido como um marcador de fronteira, separando Israel das outras nações ao redor[20]. Eu já chamei a atenção (item cap. 5, item 2B)) para as exigências rigorosas de que a terra (Canaã) deveria ser completamente limpa das outras nações para evitar qualquer envolvimento marital ou religioso (Dt 7,1-7). Esdras é lembrado como aquele que trouxe os retornados exilados de volta à lei, insistindo que todos os casamentos mistos (judeus com "esposas estrangeiras") deveriam ser terminados e as esposas estrangeiras serem obrigadas a ir embora; a Judeia deve se separar do povo da terra (Esd 9-10). A atitude é mais severamente expressa no século II a.C. no Livro dos Jubileus:

> Separe-se dos gentios, não coma com eles nem faça ações como as deles. E não se torne associado deles, porque as ações e todos os caminhos deles são contaminados, desprezíveis e abomináveis (*Jub.* 22,16).

O papel da lei em proteger Israel de tais influências corruptoras é bem ilustrado na Carta de Aristeias:

> Em sua sabedoria, o legislador [isto é, Moisés] [...] nos cercou com paliçadas inquebrantáveis e muro de ferro para impedir que nos misturássemos com qualquer um dos povos e em qualquer assunto... Assim, para evitar que fôssemos pervertidos pelo contato com os

---

20. Chamei a atenção para essa função da lei em várias publicações, começando por *Romans* (op. cit., p. lxix-lxxi). Em vista de algum mal-entendido sobre o assunto devo enfatizar aqui que essa função, já mencionada por alusão a Ef 2,14 ("o muro de separação") não substitui as outras nem foi a única ou principal função da lei de Israel.

outros ou pela mistura com más influências, ele nos cobriu de todos os lados com estritas observâncias ligadas à carne, à bebida, ao toque, à audição e à visão, de acordo com a lei (*Carta de Aristeias* 139,142).

Fílon, o filósofo judeu alexandrino e mais antigo contemporâneo de Paulo, inspira-se na profecia de Balaão (Nm 23,9) para descrever Israel de forma semelhante, como um povo "que habitará sozinho, não contado entre outras nações [...], porque, em virtude da distinção dos seus costumes peculiares eles não se misturam com outros para se afastarem dos caminhos dos seus pais" (*Mos.* 1,278). E o historiador romano Tácito mostra que tais atitudes dos judeus eram bastante conhecidas no Império Romano: "Eles se sentam à parte nas refeições e dormem à parte [...]. Eles adotaram a circuncisão para se distinguirem dos outros povos por essa diferença" (*Hist.* 5.5.2).

A preocupação com a pureza por trás de ambas as atitudes e regras é óbvia, e a ligação entre limpeza (pureza) e separação já está clara em Lv 20,24-26:

> Mas tenho dito a vós: em herança possuireis a terra, e eu vô-la darei para a possuirdes [...]. Eu sou o SENHOR, vosso Deus, que vos separei dos povos. Fareis, pois, distinção entre os animais limpos e os imundos e entre as aves imundas e as limpas; não vos façais abomináveis por causa dos animais ou das aves ou de tudo o que se arrasta sobre a terra, as quais coisas apartei de vós, para tê-las por imundas. Ser-me-eis santos, porque eu, o SENHOR, sou santo e separei-vos dos povos para serdes meus.

A passagem deixa claro que a lógica teológica por trás das leis do puro e do impuro, selada pelo sangue dos mártires macabeus (1Mc 1,62-63), e tão fundamental para os (ortodoxos) judeus se identificarem até hoje, não é a questão da higiene ou saúde, mas a necessidade sentida pelos legisladores de Israel e do judaísmo primitivo de manter o povo escolhido *separado das outras nações*, santo apenas a Deus. Alternativamente expresso havia um aspecto excludente da lei de Moisés que tem sido muito negligenciado – não apenas o fato de que a lei excluiu o pecador ou o impuro da presença de Deus, mas o fato de que outros povos além de Israel foram excluídos das misericórdias da aliança de Deus em virtude de serem diferentes de Israel, à margem da lei, fora da lei, e, como tal (considerados como) impuros e pecadores.

No capítulo 5 já vimos mais detalhadamente a tensão que essa função da lei estabeleceu dentro do judaísmo do Segundo Templo e a seita missionária messiânica de Jesus que surgiu dentro do judaísmo do Segundo Templo. Aqui está a importância da lei de Moisés como sublinhando e reforçando essa separação que precisa ser trazida mais claramente do que tem ocorrido.

D) O caminho de vida e o caminho para a vida[21]

A função mais óbvia da lei era mostrar a Israel o estilo de vida que eles deveriam ter como povo de Deus. Foi o corolário e a consequência da aliança que Deus fez com Israel em cumprimento ao juramento feito anteriormente aos patriarcas – Com efeito, Deus diz: Uma vez que vocês são o meu povo, é assim que devem viver, tanto para me honrarem quanto para demonstrarem às outras nações que vocês são o meu povo[22].

O fundamento teológico é exposto mais claramente em Deuteronômio – Moisés estabelecendo a lei sobre como o povo de Israel deveria viver na terra que estava prestes a possuir. A cenoura e o pau [lit. no orig. *"carrot and stick"*, no sentido de "recompensa e punição"] são particularmente claros nos capítulos iniciais: se Israel observasse essas leis, seu povo prosperaria na terra; mas se falhassem em obedecer às leis de Moisés pereceriam e seriam expulsos da terra, como as outras nações[23]. Ilustro citando a declaração inicial do tema repetido e o clímax para a lista oposta de bênçãos e maldições colocadas diante do povo nos capítulos 28 e 30.

> Agora, pois, ó Israel, ouvi os estatutos e os juízos que eu vos ensino, para os cumprirdes, para que vivais e entreis, e possuais a terra que o SENHOR, Deus de vossos pais, vos dá [...]. Guardai-os, pois, e cumpri-os, porque isso será a vossa sabedoria e o vosso entendimento perante os olhos dos povos que, ouvindo todos estes estatutos, dirão: Certamente, este grande povo é gente sábia e inteligente (Dt 4,1-6).

> Vê que proponho, hoje, a vida e o bem, a morte e o mal; se guardares o mandamento que hoje te ordeno, que ames o SENHOR teu Deus, andes nos seus caminhos e guardes os seus mandamentos, os

---

21. A frase foi usada por H. Lichtenberger, em "The Understanding of the Torah in the Judaism of Paul's Day: A Sketch" (in: DUNN, J.D.G. (org.). *Paul and the Mosaic Law*. Tübingen: Mohr Siebeck, 1996 [WUNT 89] [reed.: Grand Rapids: Eerdmans, 2001, p. 22-23, com base em *Tora und Leben* (p. 376-399, 582) de Avemarie.

22. A falha em obedecer a Israel faria com que o nome do Senhor fosse profanado aos olhos das nações. Cf., p. ex., Ez 20,14.22; 36,17-23; Is 52,5.

23. Dt 2,24–3,18; 4,3.25-31.37-38.40; 5,32-33; 6,24; 7,1-2.12-24; 8,1.19-20.

seus estatutos e os seus juízos; então, viverás e te multiplicarás, e o SENHOR teu Deus te abençoará na terra à qual passas a possuí-la. Porém, se o teu coração se desviar, não quiseres dar ouvido, fores seduzido, te inclinares a outros deuses e os servires, então, hoje, declaro-te que certamente perecerás; não permanecerás longo tempo na terra à qual irás passando o Jordão para a possuíres. Os céus e a terra tomo, hoje, por testemunhas contra ti, que propus a vida e a morte, a bênção e a maldição; escolhe, pois, a vida para que vivas, tu e a tua descendência, amando o SENHOR teu Deus, dando ouvidos à sua voz e apegando-te a Ele; pois disto depende a tua vida e a tua longevidade; para que habites na terra que o SENHOR, sob juramento, prometeu dar a teus pais: Abraão, Isaac e Jacó (30,15-20).

Nessas formulações normativas da lei de Moisés, a lei da aliança – Deuteronômio é a formulação clássica do nomismo pactual – são encontradas três importantes características para a teologia bíblica:

1) A primeira é o argumento de que a lei foi dada para mostrar às pessoas *como elas deveriam viver* na terra prometida.

2) Uma segunda é o caráter *condicional* dos mandamentos: obedecei e prosperareis, e vivereis muito tempo na terra; desobedecei e não prosperareis, mas perecereis e sereis expulsos da terra.

3) Uma terceira é que a promessa é para o *povo*, não para os indivíduos; a obediência é necessária para que os descendentes dos que entram na terra prosperem na terra, vivam por muito tempo e a possuam.

Um texto que expressou bem o raciocínio teológico em forma resumida e uma nota especial para uma teologia bíblica do Novo Testamento, uma vez que Paulo o cita duas vezes[24], é Lv 18,5: "Portanto, os meus estatutos e os meus juízos guardareis; cumprindo-os, o homem viverá por eles"[25]. O sentido óbvio do texto é "que se viva de acordo com as leis e os mandamentos de Deus e que se obedeça a eles durante toda a vida ou enquanto ainda estiver vivo"[26]. E o fato de que isso foi assim compreendido pelas gerações subsequentes é confirmado pelo que pode ser considerado o primeiro

---

24. Rm 10,5; Gl 3,12.

25. Esta é a maneira mais direta de traduzir o hebraico: *yachai bahem*.

26. LEVINE, B.A. *The JPS Torah Commentary on Leviticus*. Skokie: Varda, 2004, p. 91. "A Torá é dada a Israel para que este possa permanecer vivo diante de Deus e não se perder na falta de Deus" (STUHLMACHER, P. *Biblische Theologie des Neuen Testaments*. Op. cit., vol. 1, p. 260).

comentário sobre o texto de Ez 20,5-26: "Dei-lhes os meus estatutos e lhe fiz conhecer os meus juízos; os quais, cumprindo-os, o homem viverá por eles" (20,11-13.21), equilibrado mais tarde por 20,25: "pelo que também lhes dei estatutos que não eram bons e juízos pelos quais não haviam de viver". O mesmo entendimento se reflete em outra parte da literatura judaica[27] e, eu argumentaria, é refletido também no reconhecimento de Paulo de que o papel da lei não é estabelecer a relação básica entre Deus e os humanos, mas indicar o estilo de vida, a vida a ser vivida por fazer o que a lei exige (Gl 3,12). O papel da lei não era *dar* a vida, mas *dirigir* a vida (3,21)[28].

No entanto, à medida que o pensamento da salvação do *indivíduo*, e não simplesmente a prosperidade do povo na terra, tornou-se mais forte, o pensamento da vida *longa* evoluiu para a ideia da vida *eterna* na era vindoura. As cláusulas de Lv 18,5 se prestaram a que o texto fosse entendido como uma promessa condicional: guardar os meus estatutos e assim adquirir a vida. A transição é evidente nos textos de Qumran: 1QS 4,6-8 – "paz abundante em uma vida longa [...] prazer eterno com vida sem fim"; CD 3,20 – ele "adquirirá a vida eterna"; 7,6 – "eles viverão mil gerações". E novamente nos Salmos de Salomão – aqui, 14,1-10:

> O Senhor é fiel àqueles que o amam verdadeiramente...
> Aos que vivem na justiça dos seus mandamentos,
> Na lei, que Ele comandou para a nossa vida.
> Os devotos do Senhor viverão para sempre.
> O devoto do Senhor herdará a vida em felicidade (14,1-3.10)[29].

A compreensão do caráter condicional da obediência à lei na época de Jesus é bem ilustrada pela pergunta do homem rico a Jesus: "O que devo fazer para herdar a vida eterna?" (Mc 10,17 par.). E o mesmo entendimento também está por trás de muito facciosismo do judaísmo do Segundo Templo: o desejo dos fariseus e dos essênios de não apenas salvaguardar a herança da lei de Israel, mas também de assegurar a sua participação na herança do mundo vindouro.

---

27. Ne 9,29; Pr 3,1-2; 6,23; Sr 17,11; Br 3,9; 4,1; *Ep. Arist.* 127; *T. Moisés* 12,10; FÍLON, *Cong.* 86-87; PSEUDO-FÍLON, *Lab* 23,10; 4Ezra 7,21.

28. Cf. mais em DUNN, J.D.G. *Galatians*. Londres: Black, 1993, p. 192-194 [BNTC].

29. Cf. tb. *Sl. Sal.* 3,11-12; 9,5.

É esse caráter condicional da vida mantido pela lei – Faça isso e você viverá – que veio dominar o entendimento da lei particularmente na percepção protestante do judaísmo do Segundo Templo e que deu substância à crítica cristã do "legalismo" judeu: salvação/vida eterna como tendo que ser adquirida por atos. E certamente há uma ênfase em muitos ensinamentos no judaísmo do Segundo Templo que reforça essa crítica. Simon Gathercole, por exemplo, chamou a atenção para um motivo consistente na literatura do judaísmo do Segundo Templo, no qual "as imagens do julgamento final e da recompensa ou punição para os indivíduos após a morte são proeminentes", onde fica claro que "a obediência é uma base vital para receber a vida eterna"[30]. O argumento não deve ser surpreendente para aqueles que tomaram toda a força do "nomismo da aliança" de Deuteronômio[31]. Para o nomismo, parte da formulação sublinha a importância sempre estabelecida, do Sinai em diante, da obediência de Israel à lei se a aliança fosse mantida, se a duração da vida, e então a vida eterna, fosse alcançada e desfrutada. O único ponto que precisa ser reiterado, a fim de assegurar que o equilíbrio da formulação do "nomismo pactual" seja devidamente mantido, é que a promessa foi feita a Israel, à nação eleita. O chamado à obediência assumiu que foi *dirigido ao povo já escolhido pela iniciativa bondosa de Deus.* O equilíbrio nem sempre é mantido em textos individuais; as exortações e advertências utilizam um vocabulário diferente da premissa teológica. Mas o contexto da aliança é sempre assumido, e para qualquer teologia bíblica da soteriologia judaica ele certamente pode ser tomado como antecedente de chamados à obediência e promessas de vida[32].

É importante para a teologia bíblica que esses vários aspectos ou dimensões da lei de Israel (itens 2B-2D)) sejam plenamente apreciados e levados em conta ao avaliar o papel da lei na teologia do Novo Testamento.

3 A lei e o Novo Testamento

A) Jesus e as halakhôt

A interpretação da lei foi uma grande preocupação entre as várias facções em Israel no tempo de Jesus. O historiador judeu Josefo (da ge-

---

30. GATHERCOLE, S.J. *Where Is Boasting?* – Early Jewish Soteriology and Paul's Response in Romans 1–5. Parte I, Grand Rapids: Eerdmans, 2002, citações de 90.

31. Cf. acima, nota 5.

32. Cf. tb. a minha defesa do "nomismo da aliança" como um resumo ainda útil do duplo aspecto da soteriologia de Israel (acima, nota 7).

ração seguinte a Jesus) caracterizou dessa maneira a diferença entre os fariseus e os saduceus:

> Os fariseus transmitiram ao povo certos regulamentos proferidos pelas gerações anteriores e não registrados pelo grupo dos saduceus que sustentam que somente aqueles regulamentos que foram escritos [isto é, as escrituras] devem ser considerados válidos, e que aqueles que foram transmitidos pelas gerações anteriores não precisam ser observados. E em relação a esses assuntos, as duas partes vieram a ter controvérsias e sérias diferenças (*Ant.* 13,297-298).

O ponto de diferença é claro: os saduceus eram mais conservadores, satisfeitos com a lei em sua linguagem e termos tradicionais e centenários, enquanto que os fariseus reconheceram que o passar dos anos e a mudança das circunstâncias levantaram problemas e questões não tratadas na Torá; problemas e questões para as quais a aplicação da lei deveria ser estendida. Halaca [ou *Halakhá*] (plural *halakhôt*), da raiz hebraica *hlk*, "andar", refere-se às decisões que os fariseus (e outros) derivaram da Torá escrita para determinar como eles deveriam se conduzir (andar) em situações particulares – de fato, jurisprudência. Essas decisões foram transmitidas oralmente e cresceram em número até serem escritas na Mishná por volta de 200 d.C.[33] Um dos principais pontos fascinantes do documento de Qumram 4QMMT, publicado apenas em 1994, é que ele contém um catálogo das *halakhôt*, que distinguiam o grupo essênio e com base no qual se separaram do restante do povo para viver de acordo com essas regras[34].

Jesus é tido como aquele que se referiu às *halakhôt* farisaicas como "a tradição dos anciãos" (Mc 7,5), e a percepção geral é que, conforme os saduceus (!), Ele rejeitou as tradições orais dos fariseus. Mais desafiador ainda é que muitos insistiram mais no argumento de que Jesus revogou a lei abolindo alguns ou muitos de seus preceitos[35]. Certamente a tradição de Jesus é clara

---

33. Sobre a Mishná, cf. esp. NEUSNER, J. *Judaism*: The Evidence of the Mishnah. Chicago: University of Chicago, 1981.

34. Cf. cap. 5, item 2C).

35. P. ex., E. Stauffer descreveu Jesus como "aquele que anuncia uma moralidade sem legalismo, que em princípio está livre de qualquer vínculo com a Torá mosaica e a obediência judaica à Torá" (apud THEISSEN, G. & MERZ, A. *The Historical Jesus*: A Comprehensive Guide. Londres: SCM, 1998, 347). Seria justo cf. nas antíteses de Mt 5,31-48 uma "crítica explícita à Torá"? (STUHLMACHER, P. *Biblische Theologie des Neuen Testaments*. Op. cit., vol. 1, p. 104). Cf. tb. DUNN, J.D.G. *Partings of the Ways*. Op. cit., cap. 6, nota 2. • DUNN, J.D.G. *Jesus Remembered*. Op. cit., p. 564. Schnelle prefere falar de Jesus "des-centralizando" a Torá (*Theologie des Neuen Testaments*. Op. cit., p. 124).

no sentido de que Ele contestou várias práticas desenvolvidas pelos fariseus com base nas *halakhôt*. Os casos óbvios são o sábado e algumas das *halakhôt* de pureza[36]. Mas é necessário dizer que Jesus não negou a necessidade de interpretar a lei. Pelo contrário, Ele a interpretou mais radicalmente. No que diz respeito ao sábado Ele foi, além das questões de trabalhar nesse dia, para a questão mais fundamental, sobre se poderia ser ilegal fazer o bem ou salvar a vida, mesmo no sábado (Mc 3,4). E no que se refere à pureza Ele ultrapassa a questão da limpeza das mãos; ou seja, toca a questão fundamental da pureza do coração (7,1-8, 14-23). Da mesma forma, a tradição de Jesus recorda que Ele, em relação às leis que proíbem o assassinato e o adultério, aprofundou as questões mais fundamentais da raiva injustificada ou insulto, e do desejo luxurioso descontrolado (Mt 5,21-30). Aqui há uma consistência que trata a lei como indicativa ou como uma janela para a intenção divina das relações humanas e que conduz a lógica teológica do mandamento para fazer emergir sua força plena. *Ele criticou os fariseus não porque eles interpretavam a lei, mas porque suas interpretações estavam obscurecendo o que Ele afirmava ser a verdadeira intenção da lei*[37].

Se Jesus disputou com os essênios, de Qumran ou em qualquer outro lugar, é menos claro. O único ponto na tradição de Jesus em que nosso conhecimento do contexto histórico pode indicar uma alusão crítica a Qumran é encontrado em Lc 14. Lá Jesus exorta duas vezes que a comunhão de mesa e a hospitalidade sejam abertas "aos pobres, aos aleijados, aos coxos e aos cegos" (14,13-21). Mas essa lista ecoa fortemente as categorias excluídas do sacerdócio (Lv 21,17-24), uma lista que a comunidade de Qumran elaborou para indicar quem deveria ser excluído de suas assembleias; os coxos, os cegos e os feridos na carne estavam entre esses excluídos, porque os anjos da santidade estavam presentes na comunidade[38]. Em completo contraste, Jesus inculcou o espírito de comunhão aberta, a sua própria fraternidade acolhendo os irreligiosos (excluídos das *halakhôt*) e os desprezados, os cobradores de impostos e os pecadores. Como já foi observado, Ele não via a santidade como alcançada ou salvaguardada pela multiplicação

---

36. Mc 2,23–3,5; 7,1-23.

37. Cf. mais em DUNN, J.D.G. *Jesus Remembered*. Op. cit., item 14.4; e, no que se segue, itens 14.5 e 14.8.

38. 1Q28a = 1QSa 2.3-10. Detalhamento ulterior em DUNN, J.D.G. *Jesus Remembered*. Op. cit., p. 604.

das *halakhôt*, pela construção dos limites protetores. Ao contrário de João Batista, Ele nem mesmo pediu que os futuros discípulos fossem batizados durante sua missão. Tal abertura não deve ser confrontada com a lei enquanto tal; mas, no espírito da tradição de Jesus, deve ser vista antes como a expressão do que Ele viu como a intenção da lei[39].

A expressão mais clara da atitude de Jesus em relação à lei é provavelmente dada na tradição de sua resposta às perguntas: "Qual é o principal de todos os mandamentos?" (Mc 12,28); "Qual é o grande mandamento na lei?" (Mt 22,36). A resposta de Jesus é notável. Ele aponta primeiro para o *Shemá:* "Amarás, pois, o Senhor teu Deus de todo o teu coração, de toda a tua alma, de todo o teu entendimento e de toda a tua força" (Mc 12,30 par.). E acrescentou: "O segundo é: "Amarás o teu próximo como a ti mesmo. Não há outro mandamento maior do que estes" (12,31). Mateus traz Jesus concluindo de maneira diferente: "Destes dois mandamentos dependem toda a Lei e os Profetas" (Mt 22,40). O mais notável é que, ao citar o segundo (maior) mandamento de Lv 19,18, Jesus o abstraiu de uma lista de mandamentos (Lv 19) e *exaltou esse parcialmente inverso como sendo um mandamento de cabeçalho que regia todo o resto.* Não conhecemos outra referência a Lv 19,18 na literatura judaica anterior a Jesus; portanto, quase certamente foi Jesus quem primeiro insistiu na injunção de "amarás o teu próximo como a ti mesmo" como uma síntese do coração da lei[40]. O fato de que o mesmo texto seja destacado da mesma maneira e com a mesma intenção na literatura cristã primitiva confirma que "o comando do amor" se tornou uma característica distintiva da parênese cristã, quase certamente na dependência consciente da tradição de Jesus[41]. Tal continuidade entre Jesus e Paulo, por um lado, e Jesus e a lei, por outro, é de primeira importância para uma teologia bíblica

---

39. Esta é a mensagem de Mateus no famoso parágrafo sobre Jesus dando pleno cumprimento à lei e exortando seus discípulos a uma justiça que exceda a dos escribas e fariseus (Mt 5,17-20).

40. Duas gerações depois o Rabino Akiba é lembrado referindo-se a Lv 19,18 como "o maior princípio geral da Torá" (Sipra sobre Lv 19,18).

41. Rm 13,8-10; Gl 5,14; Tg 2,8; *Didaqué* 1,2; 2,7; *Barnabé* 19,5. Observe como em Romanos e Gálatas Paulo relaciona o mandamento do amor com alusão à maneira como o próprio Jesus agiu (Rm 15,2-3; Gl 6,2); além de Rm 13,9 e Gl 5,14, Rm 15,2 é a única referência ao "próximo" nos paulinos indiscutíveis. Observe-se também a forte ênfase no amor em 1João, esp. 3,16-18; 4,7-12.16-21. Cf. tb. HAHN, F. *Theologie des Neuen Testaments.* Op. cit., vol. 2, p. 670-672, 694-695.

do Novo Testamento – novamente não para mostrar que a lei foi dispensada, mas sim como ela foi interpretada de uma maneira muito mais exigente.

Outros dois pontos devem ser notados aqui. Um deles é a questão de saber se o ensinamento de Jesus tinha a intenção de fornecer orientação apenas por um período limitado, isto é, o período anterior à vinda do Reino de Deus – o que Albert Schweitzer classicamente descreveu como uma "ética interina"[42]. Em certo sentido pelo menos ele tinha razão. Independentemente do que façamos em relação à tensão na pregação de Jesus entre o reino já presente ativamente e a vinda do reino, como algo pelo qual ainda se deva rezar (cap. 4, item 3A)), não é injustificado descrever o seu ensinamento ético como um ensinamento para viver entre as duas manifestações ou vindas do reino. O fato de que a oração pelo Reino de Deus ainda deve ser feita é um grande problema teológico, como já observamos (cap. 4, item 3E)). Mas o ponto mais importante é que *o próprio Jesus evidentemente viveu à luz do reino,* presente ou ainda por vir, e ensinou seus discípulos a fazer o mesmo[43]. Ele ministrou as necessidades das pessoas como características da era vindoura (Mt 11,5/Lc 7,22). Os pobres já estavam experimentando as bênçãos do Reino de Deus através de sua pregação[44]. Sua comunhão de mesa já era uma representação da hospitalidade aberta do banquete celestial[45]. Sua última refeição com os seus discípulos foi indicativa da aliança renovada[46]. Em resumo, os seus discípulos deveriam viver *agora* como se vivessem apenas sob o domínio de Deus, perdoar os outros como haviam sido e estavam sendo perdoados, viver à luz do futuro que esperavam e pelo qual oravam. O fato de que muito do ensinamento de Jesus tenha sido absorvido na parênese cristã primitiva – conforme indicado pelas muitas alusões e indicações da influência da tradição de Jesus nas epístolas do Novo Testamento[47] – indica igualmente que a mesma atitude (ético-escatológica) foi herdada pelos primeiros cristãos.

---

42. SCHWEITZER, A. *The Quest of the Historical Jesus*. Londres: SCM, 2000, p. 454-456.

43. DUNN, J.D.G. *Jesus Remembered*. Op. cit., item 14.9. Cf. tb. WILCKENS, U. *Theologie des Neuen Testaments*. Op. cit., vol. 1, p. 1.238-1.281. • SCHNELLE, U. *Theologie des Neuen Testaments*. Op. cit., p. 94-104.

44. Lc 4,16-21; como também está implícito em Lc 6,20 e Mt 11,5/Lc 7,22.

45. Cf. Mc 2,15-19 par.; Lc 14,1-24; 15,1-2.23.32; Mt 8,11-12/Lc 13,28-29.

46. Mt 26,28/Mc 14,24; Lc 22,20/1Cor 11,25.

47. Cf. novamente DUNN, J.D.G. *Jesus Remembered*. Op. cit., p. 181-184 para o detalhe; tb. cap. 3, nota 89.

O outro ponto a ser observado é que o Novo Testamento reflete *diferentes atitudes em relação à lei e ao ensinamento de Jesus*. A tradição de Jesus a respeito do sábado ainda pressupõe a importância de observar esse dia; enquanto isso, Rm 14,5 e Cl 2,16 refletem uma visão cristã de que o sábado não era diferente dos outros dias. A reprodução de Mateus do ensinamento de Jesus sobre a pureza (Mt 15,17) é menos antiética à observância contínua das leis da pureza do que a de Marcos (Mc 7,18-19), assim como Mateus sai do seu caminho para negar que Jesus aboliu a lei ou pediu menos obediência à lei do que os fariseus (5,17-20). E a recomendação de Tiago sobre a tradição de Jesus do comando do amor (Lv 19,18) é colocada no contexto de uma atitude geralmente muito mais positiva para com a lei do que a de Paulo[48]. Naturalmente, o que está por trás de tais diferenças é a realidade dos diferentes tipos de cristianismo que surgiram durante as duas primeiras gerações dele: um cristianismo judeu de mente mais tradicional e um cristianismo gentio, que se soltou muito mais do mandamento de Moisés, com o qual a maioria dos judeus cristãos se sentiu confortável, para não dizer mais fortificada[49]. Para uma teologia bíblica do Novo Testamento, a evidência de que a tradição do ensinamento de Jesus foi lembrada e usada diferentemente para validar diferentes padrões de conduta é um aspecto importante do testemunho do Novo Testamento, digno de considerável reflexão.

B) Paulo violou a lei?

É Paulo quem realmente coloca o problema da lei no cristianismo e na teologia bíblica cristã. Então vamos nos concentrar nele.

A conclusão histórica inevitável é que Paulo foi considerado por quase todos os seus companheiros judeus – incluindo provavelmente aqueles que tinham aderido à fé no Messias Jesus – como um apóstata da lei[50]. Isso é evidente em suas cartas, mostrando que ele foi confrontado e fortemente resistiu à insistência de muitos companheiros judeus crentes de que a lei deveria ser imposta em seus termos tradicionais sobre os convertidos gentios, ou

---

48. Cf., p. ex., Tg 2 e Gl 5.

49. Exploramos algumas das tensões no cap. 5, item 3.

50. Observe o subtítulo do tratamento eirênico de Alan Segal na obra *Paul the Convert: the Apostolate and Apostasy of Saul the Pharisee* [Paulo o convertido: o apostolado e apostasia de Saulo o Fariseu (New Haven: Universidade de Yale, 1990).

pelo menos deveria governar a associação entre judeus e gentios nas novas Igrejas[51]. A evidência de Gl e Fl 3, em particular, seria difícil de explicar de outra forma. E o relato sombrio atribuído a Tiago irmão de Jesus em At 21 simplesmente confirma o que as cartas de Paulo significam: muitos milhares de judeus que haviam chegado a acreditar (em Jesus) eram "todos zelosos da lei", e foi dito que Paulo instruiu os judeus da diáspora a abandonar Moisés e a não circuncidar seus filhos ou observar os costumes (tradicionais judeus) (21,20-21). O ponto para a teologia bíblica, no entanto, é, como acabamos de notar, que essas tensões extremas são refletidas em termos mais suaves nos documentos do Novo Testamento – na visão mais conservadora e tradicionalista que Mateus e Tiago (e provavelmente devemos acrescentar Apocalipse)[52] mantêm dentro da diversidade do Novo Testamento.

Não há dúvida de que a teologia de Paulo contém um traço fortemente negativo em relação à lei[53], indicado em textos como Gl; 2Cor 3; Rm 5,20; 7,5.

Em Gálatas Paulo fala de ter morrido para a lei e assim poder viver para Deus (2,19). Ou seja, a lei deixou de ser o principal motivador e determinante de sua vida, de sua conduta e de seus relacionamentos. Evidentemente, ele tinha em mente o nítido contraste com seu zelo pré-conversão "exagerado" pela lei, que ele agora considerava como obsessivo e mal interpretado (1,13-14). Ele olhou para trás, para o seu modo de vida anterior na perspectiva um tanto parcial de convertido. Esse modo de vida anterior estava terminado para ele; havia morrido para isso. Da mesma forma, quando ele compara a vida sob a lei como escravidão (5,1); seu pensamento está ligado à sua descrição de Israel como herdeiros, mas menores, "não melhores do que escravos"[54]. Sua afirmação é de que o dom do Espírito, a primeira parcela da herança prometida[55], tinha trazido os crentes para além daquela fase, para uma filiação madura, não mais "sob a lei" (4,4-7). Essa passagem, por sua vez, leva adiante a exposição de Paulo sobre por que a lei foi dada em

---

51. São questões controversas: quando entrou em vigor o "decreto apostólico" (At 15,20.29; 21,25; cf. cap. 5, nota 90), e se é este que teve alguma força nas Igrejas paulinas. O próprio conselho de Paulo sobre o assunto (Rm 14,1–15,6; 1Cor 8-10) não parece levar isso em consideração.

52. Cf. esp. Ap 2,6.14-15.20.

53. "Sem dúvida, Paulo introduz uma polaridade entre lei e evangelho desconhecida no Antigo Testamento" (CHILDS, B.S. *Biblical Theology in Crisis*. Op. cit., p. 553).

54. Gl 4,1-2; 4,22-25.

55. Cf. acima, cap. 4, item 3E).

primeiro lugar (3,19-25). Sua principal resposta à pergunta "Qual, pois, a razão de ser da lei?" (3,19) é de que a lei "foi promulgada por meio de anjos"[56] para guardar e proteger Israel, para fornecer uma espécie de custódia protetora (3,23)[57] ou, alternativamente imaginado, para servir no papel de *paidagōgos*, o escravo que foi encarregado da responsabilidade de cuidar da criança, disciplinando-a e corrigindo quando necessário (3,24)[58]. Com a vinda da fé esse papel se tornou desnecessário (3,25). Deve-se notar que essa linha de pensamento está relacionada à função da lei, como também é percebida dentro do judaísmo primitivo: *a lei como um muro protetor em torno de Israel*[59]. Agora Paulo via isso como um regime demasiadamente restritivo, um regime de custódia, e não de libertação. Paulo, podemos dizer, violou a lei na medida em que afirmou que essa função dela havia terminado. A vinda da fé e do Espírito, tanto para os gentios quanto para os judeus, mudou completamente a situação[60].

Essa linha de interpretação é consistente com o que é evidente nos relatos anteriores ao Concílio de Jerusalém (Gl 2,1-10) e no incidente em Antioquia (2,11-14). Isso porque a lei que estava sendo exigida nessas ocasiões era a que definia Israel (circuncisão) e exigia a separação (sobre a questão das refeições partilhadas) entre Israel e as nações (Lv 20,22-26). No incidente de Antioquia a acusação feroz de Paulo contra Cefas/Pedro foi no sentido de que este estava "obrigando os crentes gentios a viverem de maneira judaica, a viverem como judeus" (2,14). Foi esse caráter distintamente judeu da lei que Paulo insistiu que não era apropriado nem necessário aos crentes gentios observarem; insistir nisso era colocar "a verdade do evangelho" em risco (2,5-14). Então, em uma de suas mais famosas declarações Paulo continua a extrair o princípio mais geral da questão particular de Antioquia para insistir que *nenhuma obra da lei* deve ser exigida de crente algum, além da fé

---

56. Como observa Stuhlmacher, "Nenhum dos paralelos do Antigo Testamento, do judaísmo primitivo ou do Novo Testamento com Gl 3,19 vê o dom da Torá através dos anjos [e Moisés] como algo negativo (cf. Dt 33,2 LXX; Jo 1,29; FÍLON, *Som.* 1,140-143; JOSEFO, *Ant.* 15,136; At 7,53; Hb 2,2). Paulo também não o faz. Em Gl 3,20 ele não deprecia a lei, mas subordina Moisés ao único verdadeiro mediador de Deus, Cristo" (*Biblische Theologie*. Op. cit., vol. 1, p. 265).

57. O verbo usado é *phroureō*, que abrange: (1) "manter a guarda vigilante"; (2) "manter em custódia, deter, confinar"; (3) "fornecer segurança, proteger, manter" (*BDAG*, p. 1.066-1.067).

58. Para mais detalhes e bibliografia cf. o meu *Galatians*. Op. cit., p. 198-199.

59. Cf. item item 2C), acima.

60. Cf. mais nos itens 3C), abaixo e no cap. 6, item 3C).

em Cristo (2,16)[61]. A atitude agora rejeitada completamente por ele – muito diferente antes de sua conversão –, pois a lei era (no imaginário de Ef 2) um muro separando judeus e gentios (Ef 2,14) e exigia que aqueles que não a observassem com a precisão necessária[62] fossem rotulados como "pecadores" e "transgressores", sendo considerados excluídos da graça da aliança (Gl 2,15, 17-18).

Em 2Cor 3 Paulo desenvolve um contraste entre o seu próprio ministério e o de (ou que recorreu a) Moisés. "O ministério da morte" e "condenação" (3,7-9) é caracterizado pela antiga aliança com seus mandamentos gravados em pedra. O ministério vivificante do Espírito, afirma Paulo, opera mais no coração e produz vidas transformadas (3,3, 6-18). No entanto, o contraste, deve-se notar, é entre o externo e o superficial (a glória refletida no rosto de Moisés desaparece – 3,7) e o interno e duradouro. Esse contraste é com um aspecto da lei, sua aparência exterior. Paulo não emprega o termo *lei* em tudo, mas também *gramma* ("letra"), a documentação visível (cf. Rm 2,28-29). As alusões em 2Cor 3,3.6 a Jr 31,31 ("nova aliança") e Ez 11,19; 36,26 (a promessa de substituir o "coração de pedra" de Israel por "um coração de carne") implica claramente que Paulo estava reivindicando o cumprimento do que os profetas haviam desejado[63]. O que é facilmente esquecido, no entanto, é que esses profetas viram essa nova aliança de coração e carne, a circuncisão do coração, como *uma maneira mais eficaz de conhecer e fazer a vontade de Deus*[64]. É presumivelmente esse imediatismo do conhecimento da vontade de Deus (como em Rm 12,2), ao invés de ter de depender do texto escrito (*gramma*), como em Rm 2,18[65], que Paulo contrasta tão acentuadamente aqui. Todavia, o fato de que Paulo poderia se referir ao seu próprio passado em termos de morte e condenação continua sendo surpreendente.

---

61. Para esclarecer minha compreensão de "obras da lei" (algumas de minhas formulações anteriores se mostraram enganosas), cf. *The New Perspective on Paul*, 2005), p. 22-26; 2008, p. 23-28.

62. Como observado acima (cap. 5, nota 39), *akribeia*, "exatidão, precisão", era um termo que caracterizava uma prioridade farisaica (e anteriormente paulina) (At 22,3; 26,5).

63. Cf., no cap. 4, item 3B) e a nota 67.

64. Jr 31,34; Ez 11,20; 36,27. Seguindo H. Gese e K. Koch, Stuhlmacher fala deles como a *"Zion Torah"* e observa que "de acordo com seu conteúdo, a *"Zion Torah"* corresponderia à lei do Sinai" (*Biblische Theologie*. Op. cit., vol. 1, p. 257).

65. O contraste de Rm 12,2 (discernimento da vontade de Deus tornada possível pela renovação da mentalidade) com o que Paulo já havia caracterizado como a vanglória do interlocutor judeu em 2,18 (conhecimento da vontade de Deus e capacidade de discernir o que realmente importava em relação à lei) não deve ser esquecido.

Em Romanos Paulo aborda a lei em termos duros, como pecado multiplicador: "sobreveio a lei para que avultasse a ofensa" (5,20); "as paixões pecaminosas postas em realce pela lei" (7,5). De fato, Paulo "se coloca" contra a lei tão densamente, que convida ao corolário de que "a própria lei é pecado"! (7,7). O que precisa ser notado aqui, no entanto, é que *Paulo levanta um caso contra a lei precisamente para esclarecer sua posição em relação a elai.* O resto de Rm 7 é, de fato, uma *defesa* ou uma desculpa pela lei[66]. Paulo explica como ela "aumenta a transgressão": é realmente o pecado tirando vantagem da lei e despertando o pecado que a lei condena (7,7-12); ao fazê-lo, traz o pecado à consciência como algo a ser condenado (7,13)[67]. E o descumprimento da lei não é culpa da lei enquanto tal; a culpa é do pecado e da fraqueza humana (a fraqueza da carne)[68]. Então, quando Paulo fala "da lei do pecado e da morte"[69], evidentemente tinha em mente a lei como manipulada e abusada pelo pecado (7,8-11)[70].

Em resumo, parece que a antipatia de Paulo para com a lei era muito mais específica e direcionada do que tem sido mantido particularmente dentro da exposição protestante[71]. Era a lei que separava os judeus dos gregos/gentios e exigia a separação deles, a lei na medida que encorajava uma

---

66. Assim, p. ex., HAHN, F. *Theologie des Neuen Testaments.* Op. cit., vol. 1, p. 238-241.

67. Nessa passagem Paulo fala de "pecado", tanto como um poder experimentado na vida humana que opera provocando excesso de apetite humano (desejo por luxúria) como o pensamento e ato pecaminoso que infringe a lei (transgressão).

68. Rm 7,14-25

69. Rm 7,23.25; 8,2.

70. Entendo por que muitos comentaristas acham difícil ver na "lei [*nomos*] do Espírito da vida" (Rm 8,2) uma referência à lei; mas que "a lei do pecado e da morte" seria uma referência resumida ao que Paulo descreveu em 7,7-13 me parece óbvio, além de uma disputa razoável. Cf. DUNN, J.D.G. *The Theology of Paul the Apostle.* Op. cit., p. 642-649. • MARTYN, J.L. "Nomos plus Genitive Noun in Paul: The History of God's Law". In: FITZGERALD, J.T. et al. (orgs.). *Early Christianity and Classical Culture.* Leiden: Brill, 2003, p. 575-587. • LOHSE, E. *Römer.* Göttingen: Vandenhoeck & Ruprecht, 2003, p. 230 [KEK]. • JEWETT, R. *Romans.* Mineápolis: Fortress, 2007 [Hermeneia]: "sob o poder do pecado e da carne a lei foi distorcida e tornou-se um instrumento relativo à honra para si e para o grupo. Mas em Cristo a lei recupera sua função espiritual apropriada, que leva à vida genuína (7,10-14; 8,4)" (p. 481).

71. Stuhlmacher se referiu repetidamente a Rm 10,4 e argumentou que "a partir de sua experiência em Damasco Paulo aprendeu a ver no Cristo crucificado e ressuscitado 'o fim da lei' (como um caminho de salvação)" (aqui, *Biblische Theologie.* Op. cit., vol. 1, p. 248, 299-300). Cf. p. ex., HAHN, F. *Theologie des Neuen Testaments.* Op. cit., vol. 2, p. 348-349. Mas deve-se notar que Rm 10,4 continua: "o meio para a justificação [ou caminho para a salvação] de todo aquele que crê". O "todo aquele que crê" carrega a principal preocupação de Paulo de que o evangelho se destina a todo aquele que crê: "primeiro o judeu e também o grego" (1,16; 3,22; 4,11.16; 10,11-13).

superficialidade na observância, a lei que era manipulada e abusada pelo poder do pecado. Esses foram os alvos de sua polêmica antilei.

O outro lado da moeda é *a atitude positiva que Paulo exibe para com a lei.* Por exemplo, ele insistiu que a fé não invalidava a lei; pelo contrário, a lei foi estabelecida através da fé (Rm 3,31). Ele introduz a reivindicação falando da "lei da fé" (3,27). Para Paulo, a maneira de viver obedientemente à vontade de Deus expressa na lei era viver "da fé"[72]. Da mesma forma, ele contrasta "a lei do pecado e da morte" com "a lei do Espírito da vida" (8,2)[73]. A lógica é clara a partir do capítulo anterior: a lei é incapacitada por causa da fraqueza da carne e do poder do pecado, mas sob o poder do Espírito e da nova vida do Espírito o cumprimento da lei não é apenas reafirmado como uma meta a atingir, mas como uma meta que pode ser alcançada (8,4). Em outra parte Paulo insiste sobre isso, retomando o ensinamento de Jesus de que o amor gerado pelo Espírito[74] é a soma e o cumprimento da lei[75], "a lei de Cristo" (Gl 6,2)[76]. Paulo está lutando uma batalha diferente daquela de Tiago, que muito provavelmente achou necessário qualificar ou corrigir o que ele sabia do ensinamento de Paulo[77]. Mas quando Paulo insiste que a única coisa importante é "trabalhar pela fé [operar efetivamente] através do amor" (Gl 5,6), ele e Tiago estão "cantando da mesma folha"[78].

---

72. É de se duvidar que Paulo tenha usado *pistis* no sentido de "fidelidade" humana; ele sempre entende *pistis* como "fé", como confiança em Deus para conhecer sua vontade, como podemos ver mais claramente em Rm 14,22-23. Cf. DUNN, J.D.G. *Romans*. Op. cit., p. 827-829. • DUNN, J.D.G. *The Theology of Paul the Apostle*. Op. cit., p. 635-636.

73. "Toda a expressão 'a lei do Espírito da vida em [através de] Jesus Cristo' retoma a linguagem de *nomos pneumatikos* de Rm 7,12 e ressoa Jr 31,31-34 (cf. tb. *1Enoc* 61,7.11; *Jub.* 1,15.23; *T. Levi* 18,11-14)" (STUHLMACHER, P. *Biblische Theologie des Neuen Testaments*. Op. cit., vol. 1, p. 266).

74. Rm 5,5; Gl 5,22.

75. Rm 13,8-10; Gl 5,14.

76. Para esse entendimento de "lei da fé", "a lei do Espírito", "a lei de Cristo", cf. mais adiante minha discussão com ulterior bibliografia em DUNN, J.D.G. *The Theology of Paul the Apostle*. Op. cit., item 23. • DUNN, J.D.G. *The New Perspective on Paul*. Op. cit., cap. 11 e 21. Cf. esp. HAHN, F. *Theologie des Neuen Testaments*. Op. cit., vol. 1, p. 234-242, 289-290.

77. Os estágios paralelos nos argumentos de Rm 3,27–4,22 e Tg 2,18-24 podem ser mais bem explicados se Tiago estava respondendo ao que entendia ser o ensinamento paulino nos círculos judeu-cristãos tradicionais.

78. "A fórmula de Paulo de 'fé ativa no amor' (Gl 5,6) poderia ser usada como um epítome da ética de Tiago" (RÄISÄNEN, H. "Towards an Alternative to New Testament Theology". Op. cit., p. 183). "A fé viva necessariamente tem expressão concreta nas ações do amor" (HAHN, F. *Theologie des Neuen Testaments*. Op. cit., vol 1, p. 289-290).

A tensão que o ensinamento de Paulo sobre a lei levanta e nos deixa no vazio é mais claramente indicada em 1Cor 7,19: "Circuncisão em si não é nada; a incircuncisão também nada é, mas o que vale é guardar as ordenanças de Deus". Para qualquer judeu essa declaração deve ter causado espanto quanto era lida em assembleia. Como Paulo poderia dizer que a questão da circuncisão era indiferente, enquanto no mesmo fôlego insistia que o importante era guardar os mandamentos de Deus? Pois, evidentemente, a obrigação de circuncidar todos os homens judeus era um desses mandamentos! (Gn 17,9-14). A única maneira de dar sentido ao versículo é reconhecer que, ao falar assim, *Paulo deve ter diferenciado entre os requisitos da lei*. 1Cor 7,19, em outras palavras, demonstra tanto o negativo quanto o positivo na atitude de Paulo em relação à lei e confirma que a *atitude negativa foi focada apenas em certos aspectos ou mandamentos da lei*[79]. Nesse caso – e ele fala similarmente em Gl 5,6 e 6,15 – somos forçados a deduzir que foi o papel da (e a importância atribuída à) *circuncisão* que a reduziu (para Paulo) a algo indiferente (*adiapheron*) dentre os mandamentos da Escritura. A atitude de Paulo em relação à lei era muito mais diferenciada do que a ele tem sido creditado.

C) Os cristãos cumprem a lei (espera-se isso deles)?

O fato de Paulo falar positivamente da "lei da justiça" como algo a ser perseguido e alcançado (Rm 9,30-31), da fé como estabelecendo a lei (3,31) e do amor como cumprimento da lei (13,8-10) levanta a óbvia questão corolária: Paulo esperava que seus convertidos cumprissem a lei? Continuo a focar a questão em Paulo, uma vez que é ele quem faz a pergunta tão claramente, embora valha a pena notar novamente que Mateus e Tiago tinham uma atitude globalmente mais positiva em relação à lei e seu cumprimento.

A resposta dada em Rm 8,4 é que Paulo acreditava que "aqueles que vivem de acordo com o Espírito" "cumprem o justo preceito da lei". E essa resposta foi suficiente para muitos: o Espírito possibilita uma obediência antes impossível. Por exemplo, em Tom Schreiner lemos: "Aqueles que têm

---

79. A maneira pela qual 1Cor 7,19 é interpretado por diferentes comentaristas é muito instrutiva. Cf. as referências do índice ao versículo em *The New Perspective on Paul*.

o Espírito realmente guardam a lei"[80]. Igualmente em Simon Gathercole: "O Espírito oferece poder para cumprir a Torá sob a nova aliança"[81]. E certamente a ênfase de Paulo em "andar pelo Espírito" e "ser guiado pelo Espírito"[82] não deve ser negada ou ignorada. Para Paulo isso implica que é conduta diferente observar a letra da lei e andar segundo a carne[83]. Ele evidentemente distinguiu a "fé que trabalha através do amor" como uma ordem diferente de fazer "tudo o que a lei exige" (Gl 5,3-6). Paulo viu claramente um papel fundamental para o Espírito na ética cristã.

O que é "viver de acordo com o Espírito"? O que isso significa na prática? A resposta não é tão clara como aparenta ser. Presumivelmente o pensamento está ligado à afirmação de Paulo sobre a renovação da mente, que permite o discernimento (*dokimazein*) da vontade de Deus (Rm 12,2), à caracterização daqueles que receberam o Espírito como sendo capazes de "julgar ou discernir (*anakrinein*) todas as coisas" e "ter a mente de Cristo" (1Cor 2,15-16); também com sua oração pelos filipenses para que pudessem ter conhecimento e "toda percepção para aprovardes as coisas excelentes" (*dokimazein ta diapheronta*)" (Fl 1,9-10). Ligado também estaria o pensamento de que os cristãos experimentaram no Espírito a circuncisão do coração[84], a lei escrita no coração como prometida na nova aliança[85], o coração de carne no lugar do coração de pedra, implicando uma maior sensibilidade para a vontade de Deus. Ligada também estaria a convicção de que deixar que o amor a Deus e o amor ao próximo motivem e conduzam diretamente a conduta resultaria na lei sendo cumprida[86]. Em resumo, o que Paulo parece ter imaginado poderia ser descrito como uma forma de "ética carismática".

Evidentemente, isso não significa que Paulo vislumbrou sempre a existência de uma conduta ética por ocasião da concepção da lei; "os mandamentos

---

80. SCHREINER, T.R. *Romans*. Grand Rapids: Baker, 1998, p. 404-407. • SCHREINER, T.R. *The Law and its Fulfilment*: A Pauline Theology of Law. Grand Rapids: Baker, 1993 – "O Espírito, não o esforço próprio, produz obediência"; "A obra do Espírito na pessoa produz obediência à lei (Rm 2,26-29) [...]. As obras necessárias para a salvação [...] são evidências de uma salvação já concedida" (p. 187-188, 203, cap. 6).

81. GATHERCOLE, S.J. *Where Is Boasting?* Op. cit., p. 132, 223, 264. Cf. *The New Perspective on Paul*, 2005, p. 74-75; 2008, p. 82-83.

82. Rm 8,4.14; Gl 5,16.18.25.

83. Rm 7,6; 8,5-8; Gl 5,16-23.

84. Rm 2,28-29; Fl 3,3.

85. 2Cor 3,3.6; Jr 31,34.

86. Rm 13,8-10; Gl 5,14.

de Deus" existiam como uma norma, um guia e uma medida. Sua hostilidade tanto à idolatria quanto à *porneia* (licenciosidade sexual) é a indicação mais clara sobre a dádiva da lei para ele. Sua dependência da tradição de Jesus para a direção de vários assuntos é igualmente clara a partir das referências e alusões que apimentam sua parênese; Cl 2,6 pega bem no ponto – "Ora, como recebestes Cristo Jesus, o Senhor, assim andai nele"[87]. Paulo também não pensava no discernimento como um presente dado a todos; o dom era para ser exercido na assembleia reunida, na qual o teste e a avaliação (*diakrinein, dokimazein*) poderiam ocorrer[88]. Em 1Cor 12–14 ele oferece testes claros pelos quais uma inspirada revelação ou exortação poderia ser avaliada: que está de acordo com o senhorio de Cristo (12,3), que é genuinamente expressiva de amor (cap. 13) e é eficaz para a edificação (*oikodomē*; "construção") da comunidade[89]. Os conselhos cuidadosos que ele dá em passagens como 1Cor 7 (sobre o casamento) e 10,23-30 (sobre manter relações sociais com os não crentes)[90] presumivelmente ilustram o tipo de sensibilidade que encorajou. Supostamente Paulo teria compreendido o seu próprio discernimento entre os mandamentos da lei – a circuncisão e as leis do puro e do impuro como irrelevantes para os crentes gentios, mas os mandamentos contra a idolatria e a *porneia* como aplicáveis tanto aos crentes gentios quanto aos judeus – como exemplos adicionais do realinhamento em relação ao código da lei escrita que o dom do Espírito implicava.

No entanto, o ponto que não pode ser ignorado é que Paulo via o cumprimento da lei – guardar os mandamentos de Deus – *ainda como uma obrigação por parte dos cristãos*. A fé e a obediência não eram, de modo algum, alternativas mútuas; pelo contrário, Paulo viu sua missão como levar seus convertidos à "obediência pela fé" (Rm 1,5). A extensão que os convertidos de Paulo fizeram do evento "andar segundo o Espírito" – na verdade, "guardar os mandamentos" – está longe de ser clara. Eles foram mais bem-sucedidos no cumprimento da lei do que as gerações anteriores de israe-

---

87. Cf. a nota 41 do cap. 2, acima. Sobre Cl 2,6 cf. o meu *Colossians and Philemon*, p. 138-141. Creio que Rm 6,17 deveria ser compreendido da mesma maneira (*Romans*. Op. cit., p. 343-344).

88. 1Cor 14,29; 1Ts 5,21.

89. *Oikodome* é o termo-chave em 1Cor 14,3-5.12.17.26.

90. Um precedente intrigante para uma estratégia do tipo "Não pergunte, não conte" ao lidar com um problema altamente sensível com obras controversas na prática. • Dunn parece aludir, com a expressão *"Don't ask, don't tell"* ("Não pergunte, não conte"), à política de encobrimento da homossexualidade presente nas forças armadas estadunidenses [N.T.].

litas, do que os mais devotos dos seus contemporâneos judeus? – uma pergunta intrigante que uma teologia bíblica não deve ignorar, mesmo que não possa ser respondida! O fato de que a típica segunda metade das cartas de Paulo é dedicada à exortação ética – e advertências! – claramente implica que tal conduta não foi de modo algum assegurada ou dada nas primeiras Igrejas. A justificação pela graça através da fé não isenta de modo algum os crentes da obrigação religiosa e ética da lei. Paulo esperava que seus convertidos vivessem do "modo digno de Deus" (1Ts 2,12) para produzirem "boa obra" (Cl 1,10). Tais exortações e advertências em Paulo – como Rm 8,13 ("Porque, se viverdes segundo a carne caminhais para a morte; mas se, pelo Espírito, mortificardes os feitos do corpo certamente vivereis") e Gl 6,8 ("Porque o que semeia para a sua própria carne, da carne colherá corrupção; mas o que semeia para o Espírito, do Espírito colherá vida eterna") – precisam receber a mesma ênfase do que os indicativos da salvação[91]. Isso nos leva ao ponto-final.

D) Julgamento de acordo com as obras

Em muitas ocasiões, tanto no passado distante quanto no passado recente, o contraste entre evangelho e lei e entre judaísmo e cristianismo resultou em uma minimização das exortações de Paulo ao foco e esforço morais[92]. A linha de raciocínio está em vigor: o evangelho de Paulo deve ser tão diferente da ênfase judaica na Torá, que qualquer pensamento de esforço humano, sendo parte do processo de salvação e sua realização final, deve ser considerado como anátema. Somente como um pecador, como um ímpio o ser humano poderia esperar a justificação individual, a absolvição final no tribunal de julgamento[93]. E certamente nos termos de Paulo a justificação é somente pela fé, pela pura graça de Deus[94]. No entanto, há uma outra dimensão para a questão, e pelo menos dois esclarecimentos são necessários.

---

91. Cf. mais em DUNN, J.D.G. *New Perspective on Paul*. Op. cit., 2005, p. 63-80; 2008, p. 71-89.

92. P. ex., Rm 6,12-23; Cl 3,5-17.

93. Para uma declaração sincera recente, cf. STUHLMACHER, P. "Christus Jesus ist hier, dergestorben ist, ja vielmehr, der auch auferweckt ist, der zur Rechten Gottes ist und uns vertritt". In: AVEMARIE, F. & LICHTENBERGER, H. (orgs.). *Auferstehung - Resurrection*. Tübingen: Mohr Siebeck, 2001, p. 351-361 [WUNT 135].

94. Como em Rm 4,5; 8,31-39.

Um deles é a observação feita acima, no item 2, de que a condicionalidade da soteriologia de Israel (item 2D)) não deve obscurecer a prioridade da graça sobre a lei (item 2A)), que é o ponto de partida da soteriologia de Israel. Sanders pode ter superestimado o aspecto da aliança de seu "nomismo pactual", caracterização da compreensão da salvação no judaísmo do Segundo Templo[95]. No entanto, a resposta adequada a tal desequilíbrio não é negar o primeiro elemento (aliança), mas dar corpo ao equilíbrio adequado e implícito em ambas as: nomismo *e* pactual.

O segundo é que é difícil evitar a conclusão de que a *soteriologia de Paulo tem em si mesma uma tensão semelhante entre a graça dada e a obediência exigida.* Para Paulo, como em muitas passagens do Novo Testamento, o julgamento final será "segundo as obras"[96]. Paulo, como Jesus, resguarda a perspectiva de recompensa por realizações ou boas obras[97]. As advertências de Paulo contra os perigos do fracasso moral certamente implicam que ele não assumiu que os cristãos viveriam sem culpa[98]. Como Morna Hooker observou em sua revisão de Sanders: "De muitas maneiras o padrão que Sanders insiste ser a base do judaísmo palestino se encaixa exatamente no padrão paulino da experiência cristã: a graça salvadora de Deus evoca a resposta do homem à obediência"[99].

O que parece ter sido muitas vezes esquecido em tudo isso é que a salvação nunca foi concebida por Paulo como um evento único, seja em termos de cruz e ressurreição de Jesus, seja no pronunciamento do crente como "justificado" (Rm 5,1), um evento único que não exigiu nada mais para que esse evento atingisse seu pleno efeito. Como já observado (cap. 4, item 3E)), Paulo também considerava a salvação como um *processo* de "ser salvo"[100], um processo com um início claro, mas também com um fim ainda a ser alcançado[101]; um processo de perda da "pessoa exterior" e da renovação da

---

95. O criticismo feito particularmente por Avemarie e Carson; cf. nota 6, acima.

96. Rm 2,6-11; 1Cor 3,8; 2Cor 5,10; 11,15; Cl 3,25; cf. Mt 16,27; Jo 5,28-29; Ap 20,11-15.

97. P. ex., 1Cor 3,14; 9,24-25; Fl 3,14; Cl 3,24; 2Tm 4,8; cf. Mt 5,12; 6,16; 10,41-42; 19,21; 25,34-40.

98. 1Cor 3,17; 10,6-12; 11,27-29; 2Cor 12,21; 13,5; Gl 5,4; 6,7-8; Cl 1,22-23. Cf. tb. Hb 2,1-3; 3,7–4,11; 6,4-6; 10,26-31; 12,14-17.

99. HOOKER, M.D. "Paul and 'Covenantal Nomism'" (1982). In: *From Adam to Christ*: Essays on Paul. Cambridge: Cambridge University, 1990, p. 157.

100. 1Cor 1,18; 15,2; 2Cor 2,15.

101. Gl 3,3; Fl 1,6.

"pessoa interior" (2Cor 4,16)[102]. Ele esperava que o processo produzisse um personagem testado e aprovado (*dokimē*)[103], uma metamorfose na imagem do Criador[104] como resultado final. Ele queria poder apresentar os seus convertidos e os destinatários das suas cartas como "puros", "inculpáveis", "impecáveis", "irrepreensíveis" e "maduros/perfeitos" na vinda de Cristo[105]. O corolário inevitável é que a *soteriologia de Paulo tinha um caráter condicional não diferente da condicionalidade na soteriologia atestada no judaísmo do Segundo Templo*[106]. A salvação (vida eterna) para Paulo também foi em algum grau condicional à obediência ou perseverança[107]; os crentes podiam ser desqualificados na corrida e ser "cortados"[108]. Fazer esse ponto não é questionar a centralidade e a condição *sine qua non* da graça divina ou que o crente é totalmente dependente dela como um dom puro e da sua capacitação, que são características consistentes do ensino de Paulo sobre o assunto em outros lugares[109]. Mas, pela mesma razão, o resultado do julgamento final para o qual Paulo olhou claramente não era simplesmente para ser expresso como a absolvição de pecadores individuais, não diferente de quando eles creram pela primeira vez; pelo contrário, na perspectiva de Paulo, a ressurreição do corpo seria a conclusão de *um processo de transformação pessoal* já em curso durante uma vida de discipulado.

O que também parece ter sido esquecido muito rapidamente é que o imaginário legal da justificação/absolvição não é de modo algum a única linguagem e imagem usada por Paulo para expor a sua teologia e o seu funcionamento[110]. Mais proeminente em suas cartas é o pensamento dos crentes como sendo "em Cristo", uma frase que ocorre oitenta e três vezes no *corpus*

---

102. Cf. mais em minha *Theology of Paul*. Op. cit., item 18. É necessário um novo estudo da compreensão de Paulo sobre "perfeição/maturidade" em comparação com o mesmo conceito no judaísmo do Segundo Templo.

103. Rm 5,4; 2Cor 2,9.

104. Rm 12,2; 2Cor 3,18; Cl 3,10.

105. 1Cor 1,8; 2Cor 11,2; Fl 1,6, 10; Cl 1,22.28; 1Ts 3,13; 5,23.

106. "A doutrina de Paulo da justificação pela fé, além das obras da lei, não remove o sentido da contínua responsabilidade do cristão diante de Deus, muito de acordo com a pregação profética e a parênese de Mateus" (CHILDS, B.S. *Biblical Theology in Crisis*. Op. cit., p. 546).

107. Rm 8,13; 1Cor 15,2; Gl 6,8; Cl 1,23. Cf. tb. Mc 13,13.

108. Rm 11,21-22; 1Cor 9,24-27; cf. tb. 1Cor 3,16-17; 10,9-12; 2Cor 13,5; Gl 5,4; 6,7-8; Cl 1,23; 1Jo 2,19.

109. Rm 6,22-23; 1Cor 15,10; Gl 2,20; Fl 2,13; 4,13.

110. Aqui desenvolvo mais os pontos já citados no item no cap. 4, item 3D).

paulino. É o caráter "em Cristo" da soteriologia de Paulo que mais facilmente se correlaciona ao seu discurso de transformação, incluindo transformação moral – transformação como o processo de se tornar como Cristo, de ser conformado à sua morte na esperança de ser conformado também à sua ressurreição[111]. Também mais proeminente do que o imaginário legal é o discurso de Paulo sobre o dom do Espírito e sua realização em um padrão cristão de conduta: andar de acordo com o Espírito e a fé operando através do amor, como já foi indicado.

O fato é simples: a teologia de Paulo sobre a salvação e seu desenvolvimento usa *todos esses motivos* (imaginário legal, "em Cristo", Espírito). Não só isso – embora seja difícil àqueles que querem entender imagens como dados logísticos para serem processados em um esquema puro e consistente – Paulo usa os três sem qualquer sentido (até onde podemos dizer), em desconfortável atrito e irreconciliavelmente unidos[112]. Todas estas foram maneiras de expressar a realidade da justiça salvadora de Deus, da presença transformadora de Cristo, do poder motivador e energizante do Espírito – a mesma realidade, não realidades diferentes. Tenho fortes suspeitas de que Paulo tenha ficado espantado e profundamente desapontado com a insistência de alguns de que um motivo deve ser colocado contra o outro ou que um deles deve ter domínio sobre outros e estes devem ser colocados de acordo com aquele, e que onde eles não se encaixarem devem ser ignorados ou descartados[113]. *Uma teologia bíblica do Novo Testamento deve lidar com a totalidade de Paulo*, e não apenas com aquelas passagens que se encaixam em uma grade formada a partir da seleção de textos paulinos.

Também esse tratamento deve ser completado por um foco muito intenso em Paulo, quando ele coloca os problemas da teologia bíblica mais profundamente. A tendência dominante no passado foi tomar Paulo como o início de uma trajetória que leva infalivelmente ao antijudaísmo ou antissemitismo, à rejeição do judaísmo ou mesmo à rejeição ao Antigo Testamento (Marcião). Mas se a exposição acima percorreu linhas corretas, a conclusão mais justificada é que tal trajetória aponta em uma direção bastante errada.

---

111. Esp. Rm 8,17-23 e Fl 3,10-11.

112. Considere-se, p. ex., 2Cor 5,21 e Fl 3,7-11.

113. A questão é colocada classicamente pela caracterização de justificação de Schweitzer como "uma cratera subsidiária" (cap. 4, nota 114), que foi em si uma reação compreensível à maneira pela qual se permitiu que as imagens forenses de Paulo suplantassem suas outras imagens.

O ponto de partida, conforme localizado nas próprias cartas de Paulo, foi deslocado e desalinhado. Em Paulo *há contraste e descontinuidade* com o que veio antes na história e na teologia do judaísmo do Segundo Templo; em particular, o "em Cristo" substituído por "dentro da lei" como o ponto inicial para a obediência. Mas também *há confirmação e continuidade*: o dom do Espírito, que Paulo teria reivindicado, permitiu o discernimento mais sensível da vontade de Deus, a qual os profetas almejavam[114]. E há uma tentativa semelhante ou equivalente de casar a experiência da graça preveniente com a resposta de obediência grata. Um dos principais desafios para uma teologia bíblica do Novo Testamento é explorar as ramificações e corolários, as consistências e inconsistências, os pontos de apoio e paradoxos dessas tentativas de falar coerentemente da "obediência da fé".

4 Conclusão

Eu tenho insistido que a teologia não deve se limitar a declarações e discussões sobre crença e nem a teologização deve se limitar ao processo de pensamento e reflexão. Esse é um erro no qual os cristãos podem cair muitas vezes: teologia e teologização como o que se faz com a mente e num contexto eclesial. Mas a religião do Antigo Testamento e do judaísmo é mais bem entendida em termos de prática, de fazer ao invés de (simplesmente) crer. E a religião inculcada no Antigo e no Novo Testamentos abrange toda a vida – não a vida separada dos outros; não a vida no lugar santo, fechado do mundo exterior; não privada como distinta da vida pública. Então, a ética é parte da teologia e esta fornece os princípios e a motivação para aquela. Para adaptar a linguagem do capítulo 3, a teologia é o *logos* do pensamento e a ética é o *logos* do discurso; o pensamento vindo à expressão na ação. Sem os dois juntos, o primeiro se torna uma espécie de narcisismo e o segundo uma espécie de equívoco no escuro.

Assim, mais uma vez, e a título de resumo, vários desses pontos devem ser destacados.

1) A continuidade é clara entre, por um lado, uma religião de Israel que começou com a eleição e exigiu uma consequente obediência e, por outro,

---

114. Hübner aponta com razão para a correspondência entre Ez 36–37 e Rm 8,1-17 (*Biblische Theologie*. Op. cit., p. 301-306).

uma fé em Jesus Cristo que começa com a graça e espera a obediência da fé como consequência. O chamado por amor ao próximo, que resumiu a lei tanto para Jesus quanto para os seus primeiros seguidores, é tirado diretamente da Torá. A preocupação com os pobres é assumida como uma obrigação no Novo Testamento por nenhuma outra razão senão a de que o Deus do qual a Escritura dá testemunho é o Deus dos pobres. O cumprimento da lei (embora de forma diferente) é esperado dos cristãos tanto quanto dos judeus. As discordâncias entre os primeiros crentes (e em menor grau entre os escritores do Novo Testamento) sobre o modo de aplicação da lei são um pouco parecidas com as disputas entre as facções do judaísmo do Segundo Templo. E há até mesmo uma condicionalidade semelhante na esperança da vida eterna e de um prêmio no ao final.

2) É na questão da prática e da ética que a importância contínua do ensinamento de Jesus em relação à determinação da conduta – e assim, o papel do ensinamento de Jesus dentro da teologia do Novo Testamento – é mais clara. Sua ética escatológica (melhor do que a ética interina) incorporava uma vida à luz do reino (vindouro) de Deus como um modelo de como a vida deveria ser vivida no agora. Esse modelo foi evidentemente querido na tradição de Jesus, como ocorria nas primeiras comunidades cristãs; o fato de que ele forma a maior parte do material do evangelho, em grande parte como ele o havia dado primeiro, certamente atesta o efeito contínuo do ensinamento de Jesus em moldar a vida dos primeiros cristãos. E a maneira pela qual a tradição influenciou e foi absorvida na parênese das cartas do Novo Testamento confirma a forte linha de continuidade que vai de Jesus a Paulo, e além. Uma ética do Novo Testamento não é mais imaginável sem a entrada de Jesus como também sem a herança do Antigo Testamento.

3) Quanto à diversidade dentro da ética do Novo Testamento o quadro não é menos claro. As discordâncias dentro do cristianismo primitivo são uma extensão das discordâncias entre Jesus e os líderes religiosos de seu tempo, que, por sua vez são uma extensão das discordâncias entre as facções do judaísmo do Segundo Templo. A centralidade de Jesus para os cristãos e a abertura aos gentios introduziram novos fatores determinantes, mas a diversidade em torno dos novos fatores unificadores não foi menos intensa. Paulo deixou claro que os elementos da lei que poderiam ser caracterizados como "vivendo como judeus" não deveriam ser impostos aos crentes gentios,

211

mas os seus companheiros judeus crentes mais tradicionalistas não concordavam. Pelo menos parte desse desacordo se reflete nas diferenças entre os retratos de Marcos e Mateus e entre Paulo e Tiago. Uma vida vivida sob a bandeira de Jesus o Cristo e baseada em seus ensinamentos era o ponto de partida comum, mas em questões particulares, sobretudo sobre o envolvimento social na sociedade em geral, o desacordo prosperou. O fato de ter sido assim durante a maior parte da existência do cristianismo não deve nos cegar para o fato de que foi assim desde o início.

4) Essa ênfase no comando do amor como princípio fundamental acordado na ética cristã serve para unir os grandes temas da teologia do Novo Testamento examinada acima: Deus como caracterizado por amor e misericórdia inabaláveis – "Deus é amor" (1Jo 4,8); Deus demonstrando seu amor por, "de Cristo ter morrido por nós" (Rm 5,8); O *Shemá* de Israel como chamado ao amor de Deus com todo o seu ser (Dt 6,4-5); e Jesus complementando isso, ordenando seus seguidores que amem ao próximo como a si mesmos (Mc 12,29-31). *Ubi caritas, ibi Deus est.* Que tensões seriam resolvidas, que disputas faccionais colocariam em sua própria perspectiva, que reconhecimento e respeito aprenderíamos a ter por visões e práticas diferentes das nossas, o que unir e trabalhar harmoniosamente como um só poderiam ser possíveis se simplesmente vivêssemos de acordo com a mais fundamental das intuições![115]

---

115. A variedade de responsabilidade ética pessoal e social que pode ser coberta por "ame o seu próximo como a si mesmo" é bem ilustrada em SCOBIE, C.H.H. *The Ways of Our God*. Op. cit., cap. 19.

CONCLUSÃO

Nesta obra tentei apresentar alguns dos principais problemas, os fatores determinantes e os principais temas de uma teologia bíblica do Novo Testamento. Como um volume introdutório, a intenção não era fornecer uma teologia do Novo Testamento[1], mas apenas trazer ao foco mais nítido as questões principais e o material relevante para o tratamento dessas questões em uma teologia bíblica do Novo Testamento.

1 As principais conclusões

A) Espero que tenha se tornado evidente que escrever uma teologia bíblica do Novo Testamento é um empreendimento inteiramente viável. Não só isso, deveria ter ficado claro que uma teologia do *Novo Testamento* não pode deixar de ser uma teologia *bíblica* do Novo Testamento. Estudei apenas quatro temas, é verdade; mas esses temas estão no âmago de qualquer teologia do Novo Testamento. E em cada caso ficou óbvio (e não simplesmente pela forma como a discussão foi estabelecida) que *os temas do Novo Testamento não poderiam começar a ser compreendidos e entendidos sem uma plena consciência dos dados que os escritores do Novo Testamento evidentemente haviam tomado da herança nas escrituras,* isto é, a Escritura de Israel – a Bíblia Hebraica ou a LXX. É precisamente na maneira como os escritores do Novo Testamento recorreram e desenvolveram a linguagem e os temas das suas escrituras que reside o fascínio (e os problemas) de uma teologia bíblica do Novo Testamento. Segue-se também que, quer os estudiosos judeus desejem ou não falar em termos de uma teologia bíblica, uma teologia bíblica do Novo

---

1. Por exemplo, não consegui entrar profundamente nos detalhes do Evangelho de João, na eclesiologia das epístolas pastorais, no caráter distintivo da Carta aos Hebreus ou no Apocalipse de João o Vidente.

Testamento inevitavelmente incluirá pelo menos algum diálogo com eles em relação à legitimidade das maneiras pelas quais os escritores do Novo Testamento têm lidado com os dados que eles herdaram. Se e até que ponto os escritos do Novo Testamento formam um contínuo com os escritos do Antigo Testamento é uma pergunta que os próprios escritores do Novo Testamento gostariam de responder positivamente.

B) *Os textos canônicos do Antigo e do Novo Testamentos se mostram como os provedores naturais do assunto para tal teologia do Novo Testamento.* Isso não é porque o cânon do Antigo Testamento foi finalizado no século I d.C., muito menos o cânon do Novo Testamento! A variabilidade da tradição textual do Antigo Testamento invocada pelos escritores do Novo Testamento é em si mesma um lembrete disso. Falar de um cânon do Antigo Testamento para o primeiro século inclui o reconhecimento tanto de um grau de ambiguidade em toda a extensão do que foi considerado Escritura quanto de certa fluidez na redação dos próprios textos do Antigo Testamento. Nem o reconhecimento da dependência dos escritores do Novo Testamento, do que se tornou o cânon do Antigo Testamento, exclui o uso da literatura pós-bíblica do período do Segundo Templo. Pelo contrário, ficou evidente nos capítulos acima que muitos aspectos das reivindicações e afirmações teológicas dos escritores do Novo Testamento não poderiam ser apreciados sem que tivéssemos consciência de que eles estavam interagindo com questões do judaísmo do Segundo Templo, das quais estamos cientes apenas através da literatura pós-bíblica (intertestamentária). Mesmo assim, o ponto canônico permanece firme, uma vez que há diferença entre *dependência* das escrituras e *interação* com questões e temas do judaísmo do Segundo Templo.

Quanto à questão de limitar uma teologia do Novo Testamento ao cânon do Novo Testamento, dois pontos devem ser reafirmados. Um deles é que a questão da autenticidade das obras apócrifas, como o Evangelho de Tomé, certamente deve ser discutida em uma teologia plena do Novo Testamento, já que esses evangelhos levantam a questão de quão adaptável era a tradição de Jesus a interpretações diversas e divergentes – assim como o Evangelho de João, evidentemente. Ao mesmo tempo, porém, é preciso repetir que os documentos canônicos se mostraram dignos de ser os principais, se não os únicos colaboradores de uma teologia do Novo Testamento, pelo fato de que sua crescente aceitação e uso (como demonstrado em sua canonização) provaram sua autoridade como base documental para a teologia cristã. O cânon do Novo Testamento foi o resultado da teologização com os escritos que se tornaram o Novo Testamento.

C) Que *uma teologia do Novo Testamento deve adotar uma abordagem crítico-histórica do material* que apresenta também se tornou mais claro. Uma descrição direta do que os escritores do Novo Testamento dizem sobre a maioria dos assuntos simplesmente não é suficiente. Uma abordagem crítico-histórica que pergunta como esses textos teriam sido ouvidos por aqueles para quem foram escritos e por que eles foram enquadrados da maneira que foram (que é, em si, uma definição de tal abordagem) é essencial por uma razão óbvia: os próprios textos têm uma *particularidade histórica* inescapável; eles foram escritos em e para situações particulares. Essas situações determinaram inevitavelmente a linguagem e os temas que compõem esses escritos; há muito foi reconhecido que a língua empregada no Novo Testamento é o grego do Mediterrâneo oriental do primeiro século. Assim, ela não pode ser compreendida sem o conhecimento do vocabulário, da gramática e do idioma grego do primeiro século. Mas segue-se também que, sem alguma apreciação das situações históricas que suscitaram esses escritos e para as quais eles foram endereçados, não podemos começar a apreciar a retórica dos escritos porque narrativas e ensinamentos, argumentos e exortações foram enquadrados dessa forma. Sem tal apreciação o teólogo do Novo Testamento pode ser tentado a generalizar o que foi direcionado apenas a uma situação particular e aplicável apenas a essa situação. *A canonização desses documentos não generaliza todas as particularidades em universais.* O ponto não é mais claro em nenhum outro lugar do que nas várias referências antagônicas aos "judeus", que nos séculos seguintes foram permitidos a justificar o antijudaísmo e o antissemitismo cristão. Somente quando se apreciam as denúncias proféticas dos fracassos de Israel a polêmica vitriólica do faccionismo do judaísmo do Segundo Templo (incluindo a facção/seita dos cristãos), as suspeitas e as hostilidades entre as diferentes facções do próprio cristianismo primitivo e também os antagonismos entre o cristianismo e o judaísmo rabínico embrionários é que tal linguagem pode ser historicamente compreendida e adequadamente tratada.

A questão aqui para uma teologia do Novo Testamento que deseja ter relevância para os dias atuais é *se o que uma vez foi ouvido como palavra de Deus é, por conseguinte, a Palavra de Deus para todos os tempos e gerações.* Os estudantes do Novo Testamento estão (em sua maior parte) bastante confortáveis com o reconhecimento de que muitas escrituras do Antigo Testamento já não têm força para os cristãos (circuncisão, sacrifício de animais e muitas características da legislação da pureza, p. ex.). A lógica seria a da particularidade histórica – convenções e regulamentos apropriados a circunstâncias e períodos históricos particulares, já não considerados adequados para as diferentes circunstâncias e condições das gerações posteriores. Muitos se sentem menos confortáveis com a aplicação da mesma lógica a convenções e regras particulares do Novo Testamento: a aceitação da escravidão pelo Novo Testamento seria considerada inaceitável por todos; as atitudes de uma sociedade patriarcal (refletidas no Novo Testamento) seriam inaceitáveis para a maioria; a hostilidade da Bíblia (incluindo a do Novo Testamento) a um estilo de vida homossexual continua sendo uma questão de divisão. Uma teologia bíblica do Novo Testamento não pode ignorar ou evitar tais questões hermenêuticas. Mesmo que a teologia do Novo Testamento seja concebida apenas como historicamente descritiva, *continua cabendo a ela explicitar as particularidades históricas dos diferentes aspectos da teologia teórica e aplicada que ela examina.*

D) Destacar as questões de unidade e diversidade na teologia do Novo Testamento não era uma prioridade para este volume; eu já havia dito o suficiente sobre o assunto na minha obra *Unity and Diversity in the New Testament* [Unidade e diversidade no Novo Testamento]. A baixa prioridade dada à questão aqui, no entanto, não deve ser tomada como questionando sobre a importância da questão para a teologia do Novo Testamento. É novamente o resultado de uma abordagem crítico-histórica que leva em conta o mais plenamente possível as características *distintivas* de *cada* um dos escritos do Novo Testamento para destacar a diversidade que vai compor a pequena coleção de escritos que chamamos de Novo Testamento. A unidade do Novo Testamento não pode ser contemplada sem que seu caráter de *unidade na diversidade* seja plenamente apreciado. Nos capítulos precedentes dei vários exemplos da *diversidade*: as diferentes apresentações de Jesus em quatro evangelhos, incluindo as variações mais sutis entre os evangelhos sinóticos e as grandes diferenças entre os evangelhos sinóticos e o Evangelho de João; os diferentes títulos e maneiras de expressar o significado de Jesus e de sua morte; as diferentes metáforas da salvação que não podem ser expressas numa única metáfora sem perda substancial; as diferentes atitudes para com os crentes gentios entre as primeiras Igrejas; e as diferentes atitudes para com a Torá e diferentes códigos de conduta para os crentes envolvidos com os não crentes. Ao mesmo tempo, o fato de que *Jesus Cristo fornece o foco e o vínculo únicos para todos os documentos do Novo Testamento* (incluindo Tg e 3Jo) garante a *unidade* que permite que esses documentos permaneçam juntos como o Novo Testamento.

E) Sobre a questão de saber *se a missão e a mensagem do próprio Jesus fazem parte da teologia do Novo Testamento* a resposta teve de ser *um sim inequívoco.* A perspectiva escatológica do Novo Testamento começou com Jesus. A tensão já/ainda não existente da soteriologia cristã está enraizada no ensinamento de Jesus sobre o Reino de Deus, já ativo através de sua missão, mas ainda é preciso rezar por sua vinda. A tensão entre judeus e gentios, e a identificação de Israel, está enraizada na própria missão de Jesus em Israel e na abertura aos não judeus que procuravam sua ajuda. As disputas quanto à aplicabilidade contínua da lei começaram com as disputas de Jesus com os fariseus sobre o sábado e no ritual de pureza. E mesmo as reivindicações feitas para Jesus e o significado do que Ele havia feito podem estar substancialmente enraizadas nas próprias atitudes de Jesus e na autoridade com a qual Ele agiu em sua missão. Sua ressurreição e as suas consequências imediatas (exaltação, efusão do Espírito) envolveram naturalmente um aumento significativo e uma transformação da apreensão que os seus discípulos tinham sobre ele. Mas o fato de a grande maioria da tradição sinótica conservar o ensinamento que Ele deu (sem modificações significativas) e ter a clara impressão do impacto que Ele fez certamente confirma *o contínuo substancial desde a cristologia implícita de Jesus até as cristologias explícitas dos escritores do Novo Testamento.* O fato é que nenhum caso de substância importante pode ser feito para a tese de que o significado reivindicado por Jesus, pelos escritores do Novo Testamento em imagem e metáfora, teria sido negado por Jesus, no todo ou em grande parte. *O próprio ensinamento de Jesus, tanto falado quanto vivido, é o começo da teologia do Novo Testamento.*

2 Teologia como teologização

A característica mais distintiva deste volume é a *minha tentativa de reunir tanto a descrição crítica histórica quanto a reflexão teológica,* ambas entrando nas situações sobre as quais a teologia do Novo Testamento cresceu, e continuando o processo, destacando as questões ainda colocadas pelo que está no Novo Testamento – a tentativa de definir a teologia do Novo Testamento mais em termos de teologização; teologia como uma corrente de reflexão que fluiu mais ou menos ininterruptamente das primeiras apreensões de Deus como revelando sua vontade a Moisés e aos profetas de Israel. Os corolários hermenêuticos dessa perspectiva da teologia do Novo Testamento merecem uma palavra final[2].

Assim, ver o fluxo de teologização do Novo Testamento como ininterrupto, atravessando e ultrapassando o Novo Testamento, evidentemente significa que deveremos reformular a clássica antítese entre escritura e tradição. Isto porque a tradição permanente da Igreja/Igrejas é, de fato, a continuação da mesma corrente de teologização que chegou à expressão definitiva no Novo Testamento, o(s) momento(s) congelado(s) da canonicidade. Embora a tradição da Igreja deva ser vista, de maneira inteiramente apropriada, como uma interpretação efetiva das escrituras, o contraste não é entre fixidez e fluidez, uma finalmente autoritária e a outra enganosa e sempre sujeita à corrupção (na perspectiva protestante). Pelo contrário, se o meu argumento até agora tem algum peso, o próprio Novo Testamento é mais bem-visto como *teologia em movimento,* como teologização, como a própria expressão e interação com a tradição, *como tradição viva,* como revelação contínua do Espírito de Deus. Em consequência, a tradição da Igreja/Igrejas é mais bem-vista como uma continuação desse processo. Assim como a *Sache* do Novo Testamento chega até nós de modo diverso – como a tradição de Jesus chega até nós na diversidade dos vários evangelhos canônicos e como o texto do Novo Testamento vem para nós nas diferentes formas e versões que funcionaram como escritura para diferentes grupos e Igrejas –, *o Novo Testamento, que é eficaz em cada denominação, é o Novo Testamento apropriado*

---

2. Tomo estas reflexões finais do meu ensaio "New Testament Theologizing". In: BREYTENBACH, C. & FREY, J. (orgs.). *Aufgabe und Durchführung einer Theologie des Neuen Testaments.* Op. cit., p. 245-246.

e compreendido pela tradição dessa denominação, e não algum ideal do Novo Testamento intocado pela diversidade denominacional.

Esse ponto pode ser colocado assim: a antiga dicotomia nítida entre escritura e tradição era possível devido à dicotomia igualmente nítida entre texto e interpretação do texto. Mas é precisamente esta última dicotomia que a hermenêutica contemporânea destrói. Como o "fato" histórico não são os dados históricos em si, mas a *interpretação* deles, o texto realmente em vista é o texto *interpretado*. Uma fase anterior dos estudos de Qumran cunhou o termo "texto *pesher*" para indicar textos que já tinham a interpretação incorporada na forma textual que estava sendo comentada. Assim, muitas das passagens do Antigo Testamento citadas no Novo Testamento têm sua forma textual já incorporada à interpretação dada[3]. *Quais são as diferentes versões dos elementos da tradição de Jesus a não ser a própria tradição, uma vez que esta foi diversamente apropriada e funcionou normativamente como autoridade?* As formas de texto frequentemente multitudinárias que confrontam o crítico textual são as escrituras tal qual foram recebidas, compreendidas e usadas em diferentes Igrejas e comunidades. As versões antigas não são simplesmente testemunhos mais ou menos valiosos de um texto original primordial do Novo Testamento; elas *eram* o Novo Testamento para os interessados. Em resumo, o texto não é fixo e não é estático; os fenômenos com os quais somos confrontados na interpretação da Escritura, como caracteriza meu antigo colega David Brown, são o "texto em movimento"[4]; ou, em meus próprios termos, o texto como "tradição viva".

Talvez nada exemplifique isso no nível cotidiano mais do que a *incrível variedade de traduções da Bíblia* (ou partes dela) que atualmente competem pela atenção e pelo uso da Igreja/indivíduo. Simplesmente comparar algumas dessas traduções é ou deveria ser suficiente para trazer à tona a questão, como vemos *quão diferente* o *mesmo* texto hebraico ou grego (incluindo variações) pode ser fornecido – por vezes tão diversamente que o leitor deve

---

3. Podemos pensar, p. ex., em Is 7,14, conforme apresentado em Mt 1,23 (LXX), em Mq 5,2 em Mt 2,6, em Zc 11,13 em Mt 27,9-10 ou em Hab 2,4 em Rm 1,17, para não mencionar os quebra-cabeças de textos como Mt 2,23, 1Cor 2,9 e Tg 4,5. Cf., p. ex., DUNN, J.D.G. *Unity and Diversity in the New Testament*: An Inquiry into the Character of Earliest Christianity. Op. cit., item 23.

4. BROWN, D. *Tradition and Imagination*: Revelation and Change. Oxford: University Press, 1999. • BROWN, D. *Discipleship and Imagination*: Christian Tradition and Truth. Oxford: University Press, 2000.

se perguntar se é o mesmo texto. Evidentemente, o estudioso do Novo Testamento lida principalmente, se não exclusivamente, com o texto grego. Mas o grau de fluidez (variantes textuais) é vastamente composto pelos diversos entendimentos do texto com os quais o comentarista do Novo Testamento realmente trabalha. As traduções frequentemente fornecidas dentro dos comentários simplesmente aumentam a já esmagadora gama de traduções "no mercado".

Obviamente, a questão não deve ser exagerada, pois a relativa estabilidade do texto ainda funciona como uma norma para a forma como ele é apropriado, compreendido e interpretado. Como pode haver traduções ruins e até mesmo claramente erradas do hebraico ou do grego, também pode e deve haver inaceitáveis apropriações, interpretações e usos das escrituras. A Escritura canônica pode e ainda deve funcionar como *norma normans* dentro do fluxo ininterrupto da tradição viva. Mas não como algo fixo e final – cujo significado é, em princípio, evidente e vai além de uma disputa razoável –, e sim como um ponto de referência ao qual se recorre repetidamente no decurso do nosso envolvimento no processo teológico.

Assim, *teologização do Novo Testamento*, ao invés de *teologia do Novo Testamento*, parece ser o termo mais apropriado. E a teologia/teologização do Novo Testamento não deve ser vista simplesmente como algo que observamos e descrevemos, mas sim como algo que fazemos. Estudantes e também acadêmicos do Novo Testamento teologizam "novo testamentalmente" (provavelmente essa ideia se expresse melhor em alemão!). Nós não produzimos simplesmente *teologias* do Novo Testamento, mas *teologia* do Novo Testamento. Não foram Paulo e João que escrevem a teologia do Novo Testamento, mas somos nós que a escrevemos! Teologizamos *nos*, *com* e *através* dos escritos do Novo Testamento – uma busca muito mais envolvente e excitante do que simplesmente descrever os processos de pensamento de alguns dos primeiros cristãos na Antiguidade.

BIBLIOGRAFIA SELECIONADA

ADAM, A.K.M. *Making Sense of New Testament Theology*: "Modern" Problems and Prospects. Macon: Mercer University, 1995.

ALEXANDER, T.D. & ROSNER, B.S. (orgs.). *New Dictionary of Biblical Theology*. Downers Grove: InterVarsity, 2000.

BALLA, P. *Challenges to New Testament Theology*: An Attempt to Justify the Enterprise. Tübingen: Mohr Siebeck, 1997 [WUNT 2.95].

BARR, J. *The Concept of Biblical Theology*: An Old Testament Perspective. Mineápolis: Fortress, 1999.

BARTHOLOMEW, C. et al. (orgs.). *Out of Egypt*: Biblical Theology and Biblical Interpretation. Milton Keynes: Paternoster, 2004.

BARTON, J. & WOLTER, M. (orgs.). *Die Einheit der Schrift und die Vielfalt des Kanons*. Berlim: De Gruyter, 2003 [BZNW, 118].

BERGER, K. *Theologiegeschichte des Urchristentums*: Theologie des Neuen Testaments. Tübingen: Francke, 1994.

BOERS, H. *What is New Testament Theology?* Filadélfia: Fortress, 1979.

BRAUN, H. "The Problem of a Theology of the New Testament". In: *Journal for Theology and Church*, 1, 1965, p. 169-183.

BULTMANN, R. *The Theology of the New Testament*. 2 vols. Londres: SCM, 1952, 1955.

CAIRD, G.B. *New Testament Theology*. Oxford: Clarendon Press, 1994.

CHILDS, B.S. *Biblical Theology of the Old and New Testaments*. Londres/Mineápolis: SCM/Fortress, 1992.

_____. *Biblical Theology in Crisis*. Filadélfia: Westminster Press, 1970.

COLLINS, J.J. *The Bible after Babel*: Historical Criticism in a Postmodern Age. Grand Rapids: Eerdmans, 2005.

CONZELMANN, H. *An Outline of the Theology of the New Testament*. Londres: SCM, 1969.

DOHMEN, C. & SÖDING, T. (orgs.). *Eine Bibel* – Zwei Testamente: Positionen Biblischer Theologie. Paderborn: Ferdinand Schöningh, 1995.

DUNN, J.D.G. *Unity and Diversity in the New Testament*: An Inquiry into the Character of Earliest Christianity. Londres: SCM, 1977, 1990, 2006.

DUNN, J.D.G. & MACKEY, J.P. "The Task of New Testament Theology". In: *New Testament Theology in Dialogue*. Londres: SPCK, 1987, p. 1-26.

EBELING, G. The Meaning of "Biblical Theology". *The Journal of Theological Studies*, 6, 1955, p. 210-225.

ESLER, P.F. *New Testament Theology*: Communion and Community. Mineápolis: Fortress, 2005.

FULLER, R.H. "New Testament Theology". In: EPP, E.J. & MacRAE, G.W. (orgs.). *The New Testament and its Modern Interpreters*. Atlanta: Scholars Press, 1989, p. 565-584.

GNILKA, J. *Theologie des Neuen Testaments*. Friburgo: Herder, 1994.

GRÄSSER, E. "Offene Fragen im Umkreis einer Biblischen Theologie". In: *ZTK* 77, 1980, p. 200-221.

GUTHRIE, D. *New Testament Theology*. Leicester: InterVarsity, 1981.

HAHN, F. *Theologie des Neuen Testaments* – Vol. 1: Die Vielfalt des Neuen Testaments – Theologiegeschichte des Urchristentums; Vol. 2: Die Einheit des Neuen Testaments – Thematische Darstellung. Tübingen: Mohr Siebeck, 2002.

HARRINGTON, W.J. *The Path of Biblical Theology*. Dublin: Gill & Macmillan, 1973.

HASEL, G. *New Testament Theology*: Basic Issues in the Current Debate. Grand Rapids: Eerdmans, 1978.

HÜBNER, H. *Biblische Theologie des Neuen Testaments*. 3 vols. Göttingen: Vandenhoeck & Ruprecht, 1990, 1993, 1995.

JANOWSKI, B. "The One God of the Two Testaments: Basic Questions of a Biblical Theology". In: *Theology Today*, 57, 2000, p. 291-324.

JEREMIAS, J. *New Testament Theology* – Vol. 1: The Proclamation of Jesus. Londres: SCM, 1971.

KÄSEMANN, E. "The Problem of a New Testament Theology". In: *NTS*, 19, 1972-1973, p. 235-245.

KRAFTCHICK, S.J., et al. (orgs.). *Biblical Theology: Problems and Perspectives* – In Honor of J. Christiaan Beker. Nashville: Abingdon, 1995.

KRAUS, H.-J. *Die biblische Theologie*: Ihre Geschichte und Problematik. Neukirchen/Vluyn: Neukirchener, 1970.

KÜMMEL, W.G. *The Theology of the New Testament*. Londres: SCM, 1974.

LADD, G.E.A. *Theology of the New Testament*. Grand Rapids: Eerdmans, 1974, 1993.

LOHSE, E. *Grundriss der neutestamentlichen Theologie*. Stuttgart: Kohlhammer, 1974.

MARSHALL, I.H. *New Testament Theology*: Many Witnesses, One Gospel. Downers Grove: InterVarsity, 2004.

MATERA, F.J. *New Testament Theology*: Exploring Diversity and Unity. Louisville: Westminster John Knox Press, 2007.

MEAD, J.K. *Biblical Theology*: Issues, Methods, and Themes. Louisville: Westminster John Knox Press, 2007.

MERK, O. "Gesamtbiblische Theologie: Zum Fortgang der Diskussion in den 80er Jahren". In: *VF* 33, 1988, p. 19-40.

_____. "Biblische Theologie II". In: *TRE* 6, 1980, p. 455-477.

_____. *Biblische Theologie des Neuen Testaments in ihrer Anfangszeit*. Marburgo: N.G. Elwert, 1972.

MORGAN, R. "Theology (NT)". In: FREEDMAN, D. N. et al. (orgs.). *The Anchor Bible Dictionary*. Vol. 6. Nova York: Doubleday, 1992, p. 473-483.

_____. *The Nature of New Testament Theology*. Londres: SCM, 1973.

MÜLLER, M. "Neutestamentliche Theologie als biblische Theologie: Einige grundsätzliche Überlegungen". In: *NTS* 43, 1997, p. 475-490.

OLSON, D.T. "Biblical Theology". In: *NIDB*, 1, 2006, p. 461-465.

PENNER, T. & VAN DER STICHELE, C. (orgs.). *Moving Beyond New Testament Theology?* – Essays in Conversation with Heikki Räisänen. Helsinki/ Göttingen: Finnish Exegetical Society/Vandenhoeck & Ruprecht, 2005.

POKORNY, P. "The Problem of Biblical Theology". In: *HBT*, 15, 1993, p. 83-94.

RÄISÄNEN, H. *Beyond New Testament Theology*. Londres: SCM, 1990.

REVENTLOW, H.G. "Theology (Biblical), History of". In: FREEDMAN, D. N. et al. (orgs.). *The Anchor Bible Dictionary*. Vol. 6. Nova York: Doubleday, 1992, p. 483-505.

_____. *Problems of Biblical Theology in the Twentieth Century*. Londres: SCM, 1986.

RICHARDSON, A. *An Introduction to the Theology of the New Testament*. Londres: SCM, 1958.

ROWLAND, C. & TUCKETT, C. (orgs.). *The Nature of New Testament Theology*: Essays in Honour of Robert Morgan. Oxford: Blackwell, 2006.

SCHELKLE, K.H. *Theology of the New Testament*. 4 vols. Collegeville: Liturgical Press, 1971, 1973, 1976, 1978.

SCHMITHALS, W. *The Theology of the First Christians*. Louisville: Westminster John Knox Press, 1997.

SCHNELLE, U. *Theologie des Neuen Testaments*. Göttingen: Vandenhoeck & Ruprecht, 2007.

SCOBIE, C.H.H. *The Ways of Our God*: An Approach to Biblical Theology. Grand Rapids: Eerdmans, 2003.

STENDAHL, K. "Biblical Theology: Contemporary". In: *IDB*, 1962, p. 1.418-1.432.

STRECKER, G. *Theology of the New Testament*. Berlim: De Gruyter, 2000.

STRECKER, G. (org.). *Das Problem der Theologie des Neuen Testaments*. Darmstadt: Wissenschaftliche Buchgesellschaft, 1975.

STUHLMACHER, P. *Biblische Theologie und Evangelium*: Gesammelte Aufsätze. Tübingen: Mohr Siebeck, 2002 [WUNT 146].

_____. *How to Do Biblical Theology*. Allison Park: Pickwick, 1995.

_____. *Biblische Theologie des Neuen Testaments*. 2 vols. Göttingen: Vandenhoeck & Ruprecht, 1992, 1999.

THIELMAN, F. *Theology of the New Testament*: A Canonical and Synthetic Approach. Grand Rapids: Zondervan, 2005.

VANHOOZER, K.J. (org.). *Dictionary for Theological Interpretation of the Bible*. Grand Rapids/Londres: Baker/SPCK, 2005.

VIA, D.O. *What Is New Testament Theology?* Mineápolis: Fortress, 2002.

WATSON, F. *Text and Truth*: Redefining Biblical Theology. Edimburgo: T & T Clark, 1997.

WILCKENS, U. *Theologie des Neuen Testaments* – Vol. 1: Geschichte der urchristlichen Theologie. Neukirchen/Vluyn: Neukirchener, 2005 [4 vols.].

WREDE, W. "Über Aufgabe und Methode der sogenannten Neutestamentlichen Theology (1897)". In: STRECKER, G. *Theology of the New Testament*. Berlim: De Gruyter, 2000, p. 81-154

_____. "The Task and Methods of 'New Testament Theology'". In: MORGAN, R. *The Nature of New Testament Theology*. Londres: SCM, 1973, p. 68-116.

ÍNDICE DE CITAÇÕES DA ESCRITURA E DE OUTROS ESCRITOS ANTIGOS

Antigo Testamento

Gênesis
1,2   78n. 53
1,10   72n. 16
1,11   112n. 12
1,12   72n. 16
1,14   111n. 12
1,18   72n. 16
1,20   111n. 12
1,21.25   72n. 16
1,24.26   111n. 12
1,27   80
1,31   72n. 16
1–2   71
2,7   60, 60n. 66, 72, 78, 136n. 116
3   72
6,3   78n. 54
6,9   152
6,17   78n. 54
6–9   111
7,15.22   78n. 54
9,8-17   115
9,9-17   181n. 6
10–11   111
12,1-2   112
12,1-3   112n. 13
12,3   151n. 31
14,14-15   147n. 13
13,14-17   112n. 13
14,16   147n. 12
15,5   147n. 12
15,5-6   112n. 13
15,6   151

15,12-20   112n. 13
15,17-21   147n. 13
15,18   148n. 18, 181n. 6
16,7-12   81n. 70
16,13   81
16–17   145
17,1-8   112n. 13
17,2-8   181n. 6
17,8   147n. 13
17,9-14   203
18   80, 80n. 68
18,17-19   112n. 13
18,18   151n. 31
18,22-23   152
18,24-26   120
21   145
22,15-18   112n. 13
22,17   147n. 12
22,17-18   151n. 31
24,27   115n. 25
26,2-5   112n. 13
26,4   151n. 31
27   145
28,3-4   112n. 13
28,13-15   112n. 13
28,14   151n. 31
31,11-13   81
32,10   113, 115n. 25
34   149n. 23
45,7   152
49,24   157n. 61

Êxodo
2,24   112, 181n. 6
3   78n. 51
3,2   81n. 70
3,13-16   80
4,16   85n. 84, 102
4,22   94n. 121
6,3   80
6,4-5   112, 181n. 6
7,1   85n. 84, 102
10,13.19   61n. 70
14,21   61n. 70
15, 21-23   44n. 18
19,5-6   152
19,12-13.21-24   78n. 51
20,2   180
20,3   74
20,4   75
20,5   149n. 22
21–23   182
23,7   134n. 107
23,21   81, 82
32,32   120
33,20   75
34   60
34,6   115n. 25
34,6-7   113, 120, 174
34,12-16   149n. 22

Levítico
1   118
2   118
3   118
4,10.26.31.35   119n. 39
4–5   119
5,6.10.13.16.18   119n. 39
8,15   119n. 38
10,1-3   78n. 51
10,10   164n. 81
11,4-8   164n. 81
11,44-45   185n. 16
16   119
16,16.18-20   119n. 39
17,8-9.10-14   150n. 29, 167n. 90
18,5   121n. 46, 190
18,26   150n. 29, 167n. 90

19   195
19,2   185n. 16
19,18   42, 184, 195, 195n. 40, 197
19,34   184
20,3   78n. 49
20,16   185n. 16
20,22-26   164, 199
20,24-26   188
21,8   185n. 16
21,17-24   194
26,40-45   112

Números
6,9-12   132n. 92
14,18   113n. 20
23,9   188
25,1-13   149n. 24
25,11-13   149n. 22

Deuteronômio
1,7-8   148n. 18
2,4–3,18   189n. 23
4,1   179n. 2, 189
4,3   189n. 23
4,5.8   179n. 2
4,12   75n. 36
4,14   179n. 2
4,23-24   149n. 22
4,25-31   189m. 23
4,37   112n. 14
4,37-38   189n. 23
4,40   179n. 2, 189n. 23
4,45   179n. 2
5,1   179n. 2
5,9   149n. 22
5,31   179n. 2
5,32-33   189n. 23
6,1.2   179n. 2
6,4   74, 98
6,4-5   212
6,7   74
6,10   112n. 14
6,13   74n. 33
6,17.20   179n. 2
6,23   112n. 14
6,24   189n. 23

7,1-2   189n. 23
7,1-7   148, 187
7,7-8   112n. 14
7,9-10   113n. 20
7,11   179n. 2
7,12-14   189n. 23
7,28   133n. 96
8,1   112n. 14, 189n. 23
8,11   179n. 2
8,17-18   112n. 14
8,19-20   189n. 23
9,4-7.26-29   112n. 14
9,26   133n. 96
10,10   74n. 33
10,14-15   112n. 14
10,16   121n. 47
10,17   73n. 28
11,1   179n. 2
11,24   148n. 18
11,32   179n. 2
14,7-10   164n. 81
15,7-11   158n. 64
15,15   133n. 96
18,15-18   88
24,10-15.19-22   158n. 64
24,10-22   184
26,5-9   44n. 18
27–29   154
28.30   189
30,1-10   154
30,7   155
30,11-14   154
30,12-14   44n. 22
30,15-20   189-190
30,19-20   121n. 46
32,8-9   76, 145
33,2   199n. 56

Josué
1,4   148n. 18
7   78n. 51

Juízes
2,1   81
2,16.18   110n. 3
3,9   110n. 3

3,10   61n. 71
3,15.31   110n. 3
6,34   61n. 71, 79n. 57
6,36-37   110
8,22   110n. 3
9,17   110n. 3
9,23   79n. 58
11,29   61n. 71
13,4   164n. 81
13,5   110n. 3
14,6.19   61n. 71, 79n. 57
15,14-15   61n. 71, 79n. 57

1Samuel
9,16   110n. 3
10,6   61n. 71
11,6   79n. 57
11,9   110n. 3
16,14-16   79n. 58
23,5   110n. 3

2Samuel
2,6   115n. 25
3,18   110n. 3
6,6-7   78n. 51
7,12-16   88
7,14   88, 94n. 122
9,19   110n. 3
14,4   110n. 4
15,20   115n. 25

1Reis
2,3.5.7.15   91n. 105
4,1.38   91n. 105
5,22   91n. 105
6,1   91n. 105
8,30.34.36.39.50   120n. 43
8,51.53   145n. 7
9,1   91n. 105
18,36-40   150n. 25
19,11   61n. 70
19,18   152
20,35   91n. 105
22,19-23   79n. 58

2Reis
6,26   110n. 4
13,23   113n. 20
16,7   110n. 4

1Crônicas
16,13   146n. 8
16,14-22   112n. 14
16,35   78n. 49
17,13   94n. 122
22,10   94n. 122

2Crônicas
6,21.25.27.30.39   120n. 43
19,7   73n. 28
30,9   113n. 20

Esdras
9–10   149, 187

Neemias
9,17   113n. 20
9,20   79n. 59
9,29   191n. 27
9,30   79n. 59
9,31   113n. 20

Jó
1,2   81
26,13   78n. 53
34,11   73n. 27

Salmos
1,1.5   160n. 71
2   96n. 134
2,7   94n. 122
2,8-9   155n. 50
5,7   113n. 17
6,4   113n. 17
8,4   92n. 112
9,17   160n. 72
10,3   160n. 71
13,5   113n. 17
17,7   113n. 17
21,7   113n. 17
22   40

22,12   145n. 7
22,27-28   155n. 52
25,6   113n. 19
25,10   115n. 25, 115n. 26
25,11.18   120n. 44
25,22   133n. 96
27,1   110
28,3   160n. 71
28,9   157n. 61
31,1   116
31,5   115, 133n. 96
32,1.5   120n. 44
33,4   115n. 26
33,6   78n. 53, 84n. 82
33,18   138n. 127
33,21   78n. 49
33,22   138n. 127
35,24   116
37,32   160n. 71
40,7   21n. 32
40,10.11   115n. 25, 115n. 26
42,5.11   138n. 127
50,16-18   160n. 71
51,11   78n. 52, 79n. 64
51,14   117n. 31
57,3   115n. 25
57,10   115n. 26
61,7   115n. 25
62,2.6   110
62,12   73n. 27
65,3   120n. 44
65,5   117n. 31
68,18   44n. 22
69,6   138n. 127
71,4   160n. 71
71,15   117n. 31
71,22   115n. 26
72,4   110n. 4
74,2   145n. 7
79,9   120n. 44
82,4   160n. 71
82,6   102
85,2   120n. 44
85,9   110
85,10   115n. 25
85,10-11   84n. 80, 116

86,5   120n. 44
86,9   155n. 52
86,15   113n. 20, 115n. 25
89,1-5   115n. 26
89,3   146n. 8
89,14   115n. 25
89,26-27   94n. 122
98,2   117n. 31
98,3   115, 115n. 25
99,8   120n. 44
103,1   78n. 49
103,3   120n. 44
103,8   113n. 20
104,29-30   78n. 54
105,6   146n. 8
105,7-15   112n. 14
106,1   113n. 18
106,45   113n. 19
107,1   113n. 18
107,20   85
108,4   115n. 26
110   96n. 134
110,1   97-98, 99n. 144
110,4   49
111,4   113n. 20
112,4   113n. 20
115,1   115n. 25
117,2   113n. 18, 115
119,90   115n. 26
119,53.155   160n. 71
130,4   120n. 44
130,5.7   138n. 127
138,2   115n. 25
139,7   78
143,1   116
143,10   78n. 52, 79n. 64
145,8   113n. 20
146,6   115
147,18   84n. 82

Provérbios
1–9   83
1,20   83n. 76
2,16-19   83n. 76
3,1-2   191n. 27
3,13-17   83n. 76

3,19   100n. 154
5,7-10   83n. 76
6,23   191n. 27
6,34   73n. 24
7,4-5   83n. 76
8,12-31   83
8,22.25   100n. 153
8,30-31   83
17,15   134n. 107
24,12   73n. 27
24,24   134n. 107

Eclesiastes
3,19.21   78n. 54

Isaías
1,27-28   117n. 31
2,2   122n. 51
4,4   121n. 50
5,16   117n. 31
5,23   134n. 107
6,1-3   95n. 132
6,11-13   152n. 36
6,17   145n. 7
7,2   61n. 70
7,3   152n. 36
7,14   95, 219n. 3
10,22   117n. 31
11,1-2   88n. 96
11,6-8   121n. 48
11,10   138n. 128
13,6-16   73n. 23
17,1-6   152
18,7   155n. 51
22,2-4   155n. 52
25,7-8   121n. 48
26,19   124n. 59
27,9   121n. 50
29,13   121
29,18   121n. 48, 124n. 59
30,18   113n. 20
32,14-20   121n. 48
32,15   121n. 49
34,8   73n. 23
35,1-2   121n. 48
35,5-6   121n. 48, 124n. 59

229

40,11 157n. 61
41,4 95n. 133
41,10 166n. 85
42,1 146n. 8
42,6 151
42,7 121n. 48, 166n. 85
42,18 121n. 48, 124n. 59
43,1 133n. 96
43,3 110
43,5 166n. 85
43,10 95n. 133
43,11 110
43,13 95n. 133
43,14 133n. 96
43,20 146n. 8
44,3 63n. 81, 121n. 48, 121n. 49
44,9-20 75
44,22 157n. 58
44,22-24 133n. 96
45,4 146n. 8
45,8 116n. 30
45,14 155n. 51
45,20 110n. 5
45,20-23 155n. 52
45,21 116n. 30
45,21-23 98
45,23 98
46,4 95n. 133
46,7 110n. 5
46,13 116n. 30, 117n. 31
48,12 95n. 133
49,1 165
49,3 165
49,4 165n. 84
49,5-6 121n. 48, 154n. 46
49,6 151, 165, 166n. 85
49,8 165n. 84
49,22-26 121n. 48, 154n. 46
51,3 121n. 48
51,5-8 117n. 31
51,5.6.8 116n. 30
51,9 84n. 80
51,11 133n. 96
52,3 133n. 96
52,5 189n. 22
52,7-10 133

52,15 165n. 84
53 47, 130n. 86, 131n. 91
54,8 113n. 18
54,10 113n. 19
55,7 157n. 58
55,10-11 84n. 82
56,6-8 155n. 52
56,7 127, 159
56,8 121n. 48, 154n. 46
58,3-7 183n. 11
59,21 79n. 59
60,3-16 155n. 51
60,4.9 121n. 48, 154n. 46
61,1 124n. 59
61,1-2 60, 60n. 67, 123n. 56
61,5-6 155n. 51
62,1-2 116n. 30, 117n. 31
63,1 116n. 30
63,7 113n. 19
63,10-11 79n. 64
63,11-14 79n. 59
65,9.15.22 146n. 8
66,19-20 155n. 52
66,20 121n. 48, 154n. 46, 168
66,23 155n. 52

Jeremias
1,5 151, 165
2,27-28 110n. 5
3,12.14 157
3,17 155n. 52
3,18 155n. 17
3,22 157
3,23 110n. 5
4,4 121n. 47
9,25-26 121n. 47
10,14 78n. 55
10,16 145n. 7
11,12 110n. 5
13,17.20 157n. 61
16,5 113n. 19
17,10 73n. 27
18,1-6 72n. 10
23,5 88n. 96
31,7 152
31,9 94n. 121

31,10   155n. 47
31,20   94n. 121
31,31   126n. 67, 200
31,31-34   121, 202n. 73
31,34   121n. 50, 200n. 64, 204n. 85
32,18   113n. 20
33,15   88n. 96
51,17   78n. 55

Lamentações
3,22.32   113n. 19

Ezequiel
1,26   81n. 72
2,2   79n. 59
3,1-4   79n. 59
8,2   81n. 72
11,19   60n. 65, 200
11,20   200n. 64
18,30   157n. 58
20,5-26   191
20,11   191
20,14   189n. 22
20,21   191
20,22   189n. 22
20,25   191
22,20   60n. 66
22,26   164n. 81
27,26   61n. 70
34   157n. 61
34,12-16   155n. 47
34,24   88n. 96
36,17-23   189n. 22
36,20-23   78n. 49
36,24-28   155n. 47
36,26   60n. 65, 200
36,26-27   121
36,27   200n. 64
36–37   210n. 114
37,5-10   60
37,6   60n. 65
37,9   60n. 66
37,9-10   136n. 116
37,14   60n. 65
37,21-23   155n. 47
37,25   88n. 96

38,16   122n. 51
39,27   155n. 47
39,29   121n. 49
44,9   121n. 47
44,23   164n. 81

Daniel
2,28   122n. 51
4,27   184n. 13
7   91, 92
7,9-11   73n. 23
7,13   92n. 112
7,13-14   91, 91n. 109, 106
7,27   122
8,16   81n. 71
8,17   122n. 52
8,19   122
9,21   81n. 71
10,5-6   81n. 72
10,13   81n. 71
10,14   122n. 51
11,27   122
11,35.40   122n. 52
12,1-2   47
12,2   122n. 55
12,4.9   122n. 52
12,13   122

Oseias
2,19   113
2,20   115
3,5   122n. 51, 157n. 58
6,1   157n. 58
9,3   164n. 81
11,1   94n. 121, 95
12,2   73n. 27
13,10   110n. 4
13,15   61n. 70
14,2   157n. 58
14,3   110n. 5

Joel
2,1-2   73n. 23
2,12-13   157n. 58
2,13   113n. 20
2,28   60n. 63, 63n. 81

2,28–3,1 121n. 49
2,32 98

Amós
3,7-8 79n. 59
3,12 152n. 34
5,3.14-15 152n. 34
5,21-24 183n. 11
5,25-27 148
7,14 91n. 105
9,1-4 152n. 34
9,7-8 150
9,11-12 167

Jonas
4,2 113n. 20

Miqueias
2,12-13 152n. 35
3 183n. 11
4,1 122n. 51
4,1-3 155n. 52
4,6-7 152n. 35
5,2 219n. 3
5,7-8 152n. 35
7,18 145n. 7
7,18-20 152n. 35
7,20 115

Naum
1,3 113n. 20

Habacuc
2,4 219n. 3
3,3 84n. 79

Sofonias
1,14-23 73n. 23
1,15.18 73n. 25
2,2-3 73n. 25
2,9-11 155n. 50
3,8 73n. 23, 73n. 25
3,9-10 155n. 52
3,20 155n. 47

Ageu
1,12.14 152n. 37
2,2 152n. 37
2,5 78n. 52
2,7-9 155n. 51
2,23 88n. 96

Zacarias
1,3 157n. 58
2,11-12 155n. 52
3,8 88n. 96
4,6 78n. 52
6,12 88n. 96
7,9-10 183
7,12 79n. 59
8,6 152n. 37
8,7-8 155n. 47
8,8 116
8,11.12 152n. 37
8,20-23 155n. 52
11,13 219n. 3
14,16-19 155n. 52

Malaquias
3,1 128
3,7 157n. 58
4,1 73n. 23

Novo Testamento

Mateus
1,22 40n. 4
1,23 95, 219n. 3
2,6 219n. 3
2,15 40n. 4, 95, 170n. 100
2,17 40n. 4
2,23 40n. 4, 49, 219n. 3
3,9 151

4,1 62n. 75
4,10 74n. 33
4,14 40n. 4
5,3 157n. 63
5,3-4 60n. 67
5,5 147, 157
5,11 91n. 108
5,12 207n. 97

232

5,17-20   195n. 39, 197
5,21-30   194
5,23-24   128n. 73
5,29-30   140n. 141
5,31-48   193n. 35
5,47   160n. 72
6,1-6   207n. 97
6,10   123n. 57, 136
8,5-13   159n. 67
8,11   159
8,11-12   196n. 45
8,17   40n. 4
10,5   159
10,6   157n. 60
10,15   73n. 26
10,32-33   91n. 108
10,41-42   207n. 97
11,2-6   124n. 59
11,5   60n. 67, 133n. 98, 157n. 63, 184n. 12
11,7-19   124n. 59
11,19   101n. 158, 124n. 61, 161
11,27   95n. 129
12,17-21   170n. 100
12,18   79n. 61
12,21   138
12,27-28   62, 124n. 60
12,28   59
12,36   73n. 26
12,41   159n. 69
12,41-42   123n. 58
13,16-17   123n. 58
13,42   140n. 141
13,44-46   123n. 58
13,50   140n. 141
15   52
15,17   197
15,21-28   159n. 67
15,24   157n. 60, 159
16,3   91n. 108
16,27   207n. 96
17,24-27   128n. 73
18,12   157n. 60
18,20   95n. 129
18,26   103n. 166
19,21   207n. 97
19,28   92n. 113, 99, 157n. 59

21,42   170n. 100
22,36.40   195
23,15   163n. 79
23,34   101n. 158
23,37-39   101n. 158
25,31   92n. 113
25,34-40   207n. 97
25,41   140n. 141
26,28   196n. 46
26,31   157n. 60, 170n. 100
27,9-10   219n. 3
27,25   171
27,53   47n. 31
28,18-20   95n. 129
28,19   107
28,19-20   160n. 70

Marcos
1,2   40n. 3
1,8   99
1,10-11   59, 62, 79n. 61
1,12   62n. 75
1,14-15   123
1,15   157
2,5-9   124n. 62
2,15-16   124n. 61
2,15-19   196n. 45
2,17   161
2,18-22   123n. 58
2,23–3,5   44n. 19, 194n. 36
3,4   110n. 6, 194
3,16-19   157
3,22-27   124n. 60
3,22-29   124n. 60
4,11   73
5,28.34   110n. 6
6,4   87
6,15   87n. 93
6,56   110n. 6
7   52
7,1-8   194
7,1-23   194n. 36
7,2   164n. 81
7,5   164n. 81, 193
7,8   162, 164
7,14-23   194

233

7,18-19   197
7,24-30   159n. 67
7,24.31   159
8,27   91n. 108
8,28   87n. 93
8,34-35   139
8,38   136n. 119
9,43-47   140n. 141
10,45   91n. 108, 131n. 87
10,52   110n. 6
11,1-19   158
11,15-17   127
11,17   127, 159
12,1-9   130n. 84
12,18-27   124
12,25   140
12,28   195
12,28-30   74
12,29-31   212
12,30.31   212
12,36   97n. 139
13,2   127
13,5-37   136n. 118
13,7-8   136n. 120
13,10   160n. 70
13,13   208n. 107
13,20.22   146n. 9
13,26   91n. 109
13,26-30   128n. 74
13,27   146n. 9
14,24   125n. 66, 196n. 46
14,27   157n. 60
14,36   93
14,41   160n. 72
14,49   40n. 4
14,58   127, 157
14,62   91n. 109, 92, 97n. 139, 136n. 119

Lucas
1,72-73   125
2,38   133n. 96
3,8   151
4,1   62n. 75
4,8   74n. 33
4,14   79n. 61
4,16-21   196n. 44

4,17-21   60n. 67
4,17   21
4,18   79n. 61
4,18-21   123n. 56
4,20   21
5,12   96n. 135
6,20   157n. 63, 196n. 44
6,20-22   60n. 67
6,22   91n. 108, 184n. 12
6,33   160n. 72
7,1-10   159n. 67
7,6   96n. 135
7,13   96n. 136
7,18-23   124n. 59
7,22   60n. 67, 133n. 98, 157n. 63,
   196n. 44
7,24-35   124n. 59
7,34   124n. 61, 161
7,35   101n. 158
7,48-49   124n. 62
9,54.59.61   96n. 135
10,1   96n. 136
10,14   159n. 69
10,21-22   101n. 158
10,23-24   123n. 58
10,30-37   161
10,40   96n. 135
10,41   96n. 136
11,2   123n. 57, 136
11,15-26   124n. 60
11,19-20   124n. 60
11,31-32   123n. 58
11,32   159n. 69
11,49-51   130n, 84
12,5   140n. 141
12,8-9   91n. 108
12,32   157n. 60
12,42   96n. 136
13,8.23.25   96n. 135
13,28-29   196n. 45
13,29   159
13,34-35   101n. 158
14   194
14,1-24   196n. 45
14,13.21   194
14,22   96n. 135

15,1-2   124n. 61, 196n. 45
15,1-7   161
15,4   157n. 60
15,23.32   196n. 45
16,16   124n. 59
16,22-26   140n. 141
18,9-14   161
18,14   134, 162
19,8   96n. 135
19,10   124n. 61
19,11   136n. 120
19,16.18.20.25   96n. 135
21,28   138n. 133
21,34   96
22,20   196n. 46
22,27   91n. 108
22,30   99, 157, 157n. 59
23,43   140
24,19   87n. 93
24,21   158
24,25-27   40n. 4, 89n. 100
24,27   47
24,44   40, 40n. 4
24,46   89n. 100
24,47   166n. 70

João
1,1   101, 102n. 162
1,1-3   100
1,1-4   71
1,1-18   101n. 159
1,3   111
1,4   101
1,10-11   101
1,14   102, 132, 132n. 95
1,17   170n. 101
1,18   49, 75, 95, 101, 102n. 162
1,29   131n. 91
2,6-11   170
2,19-21   170
2,21   128
3,3.5   133n. 102
3,8   61, 136
3,13   92
3,16   131n. 91
3,34   62n. 75, 79n. 61

4,10   63
4,10-14   63
4,14   58, 63
4,20-24   118n. 35
4,21-24   128
4,24   77
4,34   95n. 131
5,24   95n. 131
5,25-29   137
5,27   92n. 114
5,28-29   137n. 121, 207n. 96
5,30.37   95n. 131
5,39-47   170n. 101
5,44   103n. 163
6,14.26   88
6,25-28   170
6,31-35   88
6,38-39.44   95n. 131
6,56   134n. 109
6,63   62n. 73
7,37-39   63, 79n. 63, 170
7,39   58
8,24.28   95n. 133
8,44   171, 172
8,58   95n. 133
9,22   90n. 102
10,33-36   102
12,14   40n. 3
12,23   132n. 95
12,32   131n. 89
12,41   95n. 132
12,45   95
13,18   40n. 4
13,19   95n. 133
13,31   132n. 95
14,9   95
14,17   134n. 109
14,25-28   80n. 67
15,1-11   169
15,4-7   134n. 109
15,25   40n. 4
15,26   80n. 67
16,5-15   80n. 67
17,21   169
19,30   58n. 54
20,17   103

20,22 58n. 54, 60, 61, 72n. 11
20,23 133n. 100
20,28 102, 102n. 162
20,30 21

Atos
1,5 99n. 149
1,6 140, 158
1,7 158
1,9-11 97n. 140
1,16 40n. 4
2 58, 60, 79
2,1-11 58
2,4 62n. 76
2,16-17 60n. 63
2,16-21 126
2,17-18 79
2,18 58n. 57
2,23 73n. 22, 171n. 102
2,32-35 97
2,33 60n. 64, 99
2,34-35 97n. 139
2,36 89, 94n. 127
3,1 128n. 73
3,11 89n. 100
3,13 130n. 86
3,14-15 171n. 102
3,19-21 128, 128n. 74, 137
3,22 88
3,25 125, 166
3,26 130n. 86
4,12 111
4,27.30 130n. 86
4,31 62n. 76
5,30 130n. 86
6,7 90
7,16 42
7,37 88
7,42-43 149
7,44 128n. 75
7,48 128, 128n. 75
7,52 130n. 84
7,53 199n. 56
7,56 92
8,14-17 59n. 58
8,17-19 62n. 76

8,30-35 130n. 86
8,32-35 89n. 100
10,14 164
10,15 164
10,25 103n. 166
10,28 164
10,38 60n. 67, 79n. 61
10,39 130n. 86, 171n. 102
10,44-48 62n. 76, 164
10,45 60n. 64
10–11 164
11,15-17 99n. 149
11,16-17 79n. 62
13,33 94, 94n. 127
13,47 166n. 85
14,15-17 69n. 4
15 164, 166
15,5 90
15,7-11 164
15,14-18 167
15,14-21 176
15,15 40n. 3
15,20 167, 198n. 51
15,28-29 164
15,29 198n. 51
16,7 80
16,31 111
17,2-3.11 89n. 100
17,16 75
17,22-31 69n. 4
17,29 75
18,9-10 166n. 85
19,1-7 59n. 58
19,2 62
19,6 62n. 76
20,32 133n. 97
21,20 90, 128n. 73
21,20-21 165n. 83, 198
21,20-26 132, 132n. 92
21,21 176
21,25 198n. 51
22,3 152n. 39, 200n. 62
22,3-4 150n. 27
23,6 91, 138
24,17 168
26,5 152n. 39, 200n. 62

236

26,16-18 166n. 85
28,20 138, 144, 158, 166
28,31 158

Romanos
1,4 47n. 31, 94, 94n. 127
1,5 205
1,7 98n. 142
1,8 105n. 174
1,16 174n. 110, 201n. 71
1,16-17 117
1,17 40n. 3, 219n. 3
1,19-20 71n. 9
1,19-25 72n. 19
1,20 75n. 39
1,21 127
1,23 75
1,25 68n. 1
2,1-16 73
2,4 133n. 100
2,5 73n. 26
2,6 73
2,6-11 207n. 96
2,9-10 173n. 106, 174n. 110
2,11 73
2,16 73n. 26
2,17 173n. 106
2,18 200, 200n. 65
2,24 173n. 106
2,26-29 204n. 80
2,28-29 126, 200, 204n. 84
3,3-4 77
3,3-7 117
3,9 173n. 106, 174n. 110
3,22 201n. 71
3,23 140n. 143
3,24 133n. 96, 138n. 132
3,25 131n. 91
3,27 202
3,27–4,22 202n. 77
3,29 173n. 106
3,29-30 75, 148
3,31 202, 203
4 147n. 14, 151, 169n. 94
4,1 69n. 3
4,3-12 127n. 68

4,5 134, 206n. 94
4,11 174n. 110, 201n. 71
4,13 147
4,17 40n. 3, 71
4,25 131n. 91
5,1 138n. 126, 207
5,2-5 138
5,4 208n. 103
5,5 60n. 64, 63, 99n. 148, 138n. 126, 202n. 74
5,6-8 130
5,8 212
5,9-11 138
5,10 131n. 88
5,12-21 72n. 19
5,20 198, 201
6,3-6 133n. 105
6,9 131n. 90
6,12-23 206n. 92
6,17 205n. 87
6,22-23 208n. 109
7,4 133n. 105
7,5 198, 201
7,6 63n. 79, 133n. 105, 204n. 83
7,7-12 201
7,7-13 201n. 70
7,7-14 72n. 19
7,7 201
7,8-11 201
7,10-14 201n. 70
7,12 202n. 73
7,13 201
7,14-25 201n. 68
7,23 201n. 69
7,25 105n. 174, 201n. 69
8,1 169n. 93
8,1-17 210n. 114
8,2 201n. 69, n. 70, 202
8,2-4 63n. 79
8,3 94, 131n. 91, 132n. 95
8,4 135n. 112, 203, 204n. 70, 204n. 82
8,5-8 204n. 83
8,9 79n. 62, 80n, 66
8,10-11 139n. 137
8,11 58n. 55, 62n. 73
8,13 206, 208n. 107

237

8,14   204n. 82
8,15   133n. 103, 138
8,15-16   58, 63n. 80, 93n. 120, 135n. 113
8,17-23   139n. 137, 209n. 111
8,18   140n. 143
8,19-22   72n. 19
8,21   140n. 143
8,23   58n. 56, 133, 138, 138n. 133, 139n. 134
8,24-25   138
8,29   139n. 136
8,30   140n. 143
8,31-39   206n. 94
8,32   131n. 91
8,33   146
8,33-34   139
8,34   97, 97n. 139, 106
8,35-38   131n. 89
9   40, 77, 169, 173, 173n. 105, 174
9,1-3   174
9,3-5   89n. 101
9,4-5   173, 175
9,5   102n. 162
9,6   77, 173
9,6-12   173, 173n. 106
9,6-13   145n. 6
9,7   174n. 110
9,10   69n. 3
9,11-12   174
9,19-22   72
9,23-24   173
9,24   173, 173n. 106
9,27   173n. 106
9,30-31   203
9,31   173n. 106
10,4   174n. 110, 201n. 71
10,5   190n. 24
10,6-8   44n. 22
10,6-10   102, 154
10,6-18   174
10,9   97
10,9-13   98
10,11-13   201n. 71
10,12   173n. 106
10,12-13   174n. 110
10,15   133n. 98

10,19.21   173n. 106
11,2.7   173n. 106
11,11   173n. 106
11,11-16   77
11,13   77, 165
11,14   110n. 7
11,15   131n. 88
11,17-24   173
11,21-22   208n. 108
11,23   173n. 106
11,25   173, 173n. 106
11,25-26   77
11,25-27   73n. 22
11,25-32   144
11,26   173n. 106
11,27   125
11,28-32   114, 174
11,29   77, 173
11,30-32   174
11,32   174
11,36   71
12,1   129
12,1-2   135n. 112
12,2   61n. 68, 139, 200, 200n. 65, 204
12,4-5   169n. 95
12,9–13,7   159
13,8   40n. 4
13,8-10   195n. 41, 202n. 75, 203, 204n. 86
13,9   195n. 41
13,11.12   133
14,1–15,6   166n. 88, 198n. 51
14,5   197
14,14.20   129n. 80
14,22-23   202n. 72
15,2   195n. 41
15,2-3   195n. 41
15,3   89n. 101
15,6   98n. 143
15,8   156
15,8-9   117
15,11   174n. 110
15,12   138n. 128
15,16   129n. 79, 168
15,19   40n. 3, 63n. 79
15,20-21   165n. 84

15,25-32 168n. 91
16,25 75n. 35

1Coríntios
1,3 98n. 142
1,4-7 63n. 79, 165n. 82
1,8 208n. 105
1,18 138n. 131, 207n. 100
1,18-31 139
1,23 90n. 103
1,30 138n. 132
1,31 40n. 3
2,4 63n. 78
2,7 140n. 143
2,9 219n. 3
2,13 61n. 68
2,15 61n. 68
2,15-16 204
3,6 133
3,8 207n. 96
3,10-11 133
3,14 207n. 97
3,15 140
3,16-17 129n. 76, 208n. 108
3,17 207n. 98
4,15 133n. 102
5,5 73n. 26, 99n. 147, 140
5,7 131
5,10-11 75n. 38
6,2 99
6,9 75n. 38
6,11 129n. 80
6,19 129n. 76
6,19-20 131n. 87
7 205
7,10-16 56
7,16 110n. 7
7,19 203, 203n. 79
7,23 131n. 87
8,4 75n. 35, 98
8,6 71, 75n. 35, 98, 99n. 144, 100n. 151
8–10 166n. 88, 198n. 51
9,14-18 56
9,22 110n. 7
9,24-25 207n. 97
9,24-27 208n. 108

10,1 69n. 3
10,6-12 207n. 98
10,7 75n. 38
10,9-12 208n. 108
10,14 75
10,16 169n. 97
10,16-22 169n. 98
10,23-30 205
10,25-26 129n. 80
11,7 72
11,25 125n. 66, 157, 196n. 46
11,27-29 207n. 98
12 169n. 95
12,1-3 64n. 85
12,3 205
12,4-6 107
12,4-14 63n. 79
12,13 63, 79n. 62, 133, 135, 135n. 111
12,14-26 169n. 98
12,27 169n. 97
12–14 205
13 205
13,13 138n. 129
14,3-5 205n. 89
14,12 64n. 85, 205n. 89
14,17 205n. 89
14,23 64n. 85
14,25 105
14,26 205n. 89
14,29 205n. 88
15,1-19 125n. 64
15,2 138n. 131, 207n. 100, 208n. 107
15,3 89n. 100, 131n. 91
15,10 208n. 109
15,18 169n. 93
15,20.23 47n. 31
15,24-25 131n. 89
15,24-28 98, 99n. 144
15,25 97n. 139
15,28 99
15,44-46 72
15,45 62n. 73, 72n. 11, 80
15,54-57 131n. 90
16,1-4 168n. 91
16,22 104, 128n. 74

2Coríntios
1,2 68n. 1, 98n. 142
1,3 68n. 1, 98n. 143
1,10 138n. 130
1,22 58n. 56, 99n. 148, 133n. 101
2,9 208n. 103
2,15 138n. 131, 207n. 100
3 60, 125, 198
3,3 60, 126, 204n. 85
3,3-6 60, 79n. 63
3,6 62n. 73, 72n. 11, 126n. 67, 133
3,7.9 200
3,12-18 60
3,14 49, 126
3,18 139, 135n. 112, 200, 208n. 104
4,10-11 139n. 137
4,16 208
4,16–5,5 135n. 112, 139n. 137
4,17 140n. 143
5,5 58n. 56, 99n. 148, 139n. 134
5,10 99, 207n. 96
5,17 169n. 93
5,18-21 131n. 88
5,21 131n. 91, 209n. 112
6,1-2 165n. 84
7,9-10 133n. 100
8,15 40n. 3
9,9-10 184
11,2 113n. 104, 208n. 105
11,15 207n. 96
11,31 98n. 143
12,8 104
12,21 133n. 100, 207n. 98
13,5 207n. 98, 208n. 108
13,14 98n. 142, 107

Gálatas
1,3 98n. 142
1,12 39
1,13-14 150n. 27, 153n. 40, 198
1,15-16 165
1,22 169n. 93
2,1-10 199
2,5 199
2,7-9 59n. 61, 164
2,9 128, 165

2,11-14 199
2,11-17 176
2,14 199
2,15 200
2,16 200
2,17-18 200
2,19 133n. 105, 198
2,20 208n. 109
3 147n. 3
3,1-5 58, 165n. 82
3,2.5 62
3,2-5 59n. 61, 62, 79n. 62
3,3 58n. 55, 138, 207n. 101
3,6-9 127n. 68, 169n. 94
3,8 166
3,10 21n. 32
3,12 190n. 24, 191
3,13 90n. 103
3,14 169n. 94
3,15-29 147
3,16-18 40n. 7
3,17 125
3,18 133n. 97
3,19 199, 199n. 56
3,19-25 199
3,20 75n. 35, 199n. 56
3,21 191
3,23 199
3,24.25 199
3,27-29 169n. 94
3–4 49
4,1-2 198n. 54
4,4 94, 95n. 128
4,4-5 132n. 95
4,4-7 198
4,5 133n. 103
4,6 63n. 80, 80, 95n. 128
4,6-7 93n. 120, 135n. 113
4,21-31 145n. 6
4,22-25 198n. 54
4,22-31 40n. 7
4,25-26 128n. 75
5 197n. 48
5,1 178, 198
5,3 204
5,4 207n. 98, 208n. 108

240

5,6   202, 202n. 78, 203
5,14   41, 195n. 41, 202n. 75, 204n. 86
5,16.18   204n. 82
5,16-23   204n. 83
5,20   75n. 38
5,22   63, 202n. 74
5,25   204n. 82
6,2   195n. 41, 202
6,7-8   207n. 98, 208n. 108
6,8   206, 208n. 107
6,15   203
6,16   173n. 107

Efésios
1,2   98n. 142
1,3   68n. 1, 98n. 143
1,4-5   73n. 22
1,5   133n. 103
1,7   133n. 96, 133n. 100, 138n. 132
1,11   133n. 97
1,13   133n. 101
1,13-14   58n. 56, 139n. 134
1,14   133n. 96, 133n. 97, 138n. 133
1,17   98n. 143
1,18   133n. 97
1,20   97n. 139
2,14   187n. 20, 199
2,14-16   131n. 88
2,21   129
3,3-6   73n. 22
4,6   75n. 35
4,8   44n. 22
4,24   139n. 136
4,30   133n. 101, 138n. 133
5,5   75n. 38
5,25-26   133n. 104

Filipenses
1,1   169n. 93
1,2   98n. 142
1,6   138, 138n. 126, 207n. 101, 208n. 105
1,9-10   204
1,9-11   61n. 68, 135n. 112
1,10   73n. 26, 208n. 105
1,19   80n. 66
1,20   138n. 130

1,23   140
2,6-8   132n. 95
2,6-11   97, 101n. 159, 105
2,9-11   97
2,10   131n. 89
2,10-11   98
2,13   208n. 109
2,16   73n. 27, 165n. 84
2,25   129n. 79
3   198
3,2-16   176
3,3   126, 204n. 84
3,5-6   150n. 27, 153n. 40
3,7-11   209n. 112
3,10-11   139n. 137, 209n. 111
3,14   207n. 97
3,20-21   140
3,21   139n. 137
4,13   208n. 109

Colossenses
1,3   98n. 143
1,4-5   138n. 129
1,10   206
1,12   133n. 97
1,14   133n. 100, 138n. 132
1,15   49, 75n. 39
1,15-18   71
1,15-20   100, 100n. 151, 101n. 159, 105
1,16-17   71
1,20   131n. 88
1,22   208n. 105
1,22-23   207n. 98
1,23   138n. 130, 208n. 107, 208n. 108
1,26-27   73n. 22
1,27   138n. 130
1,28   208n. 105
2,6   205, 205n. 87
2,9   102
2,15   131n. 89
2,16   197
2,16-23   153
2,17   170
2,20   133n. 105
3,3   133n. 105
3,5   75n. 38

241

3,5-17   206n. 92
3,9-10   133
3,10   139n. 136, 208n. 104
3,12   146n. 10
3,16   65n. 89
3,17   105n. 174
3,24   207n. 97

1Tessalonicenses
1,3   138n. 129
1,5   63n. 78
1,6   63, 138n. 126
1,9   75
1,10   94, 128n. 74
2,12   140n. 143, 206
2,14   169n. 93
2,15   130n. 84
3,11-13   98n. 142
3,13   208n. 105
3,25   207n. 96
4,8   60, 99n. 148
4,13-16   140
4,13-18   128n. 74
5,2   99n. 147
5,8   138
5,21   205n. 88
5,23   208n. 105

2Tessalonicenses
1,2   98n. 142
2,2   99n. 147
2,14   140n. 143
2,16   98n. 142

1Timóteo
1,1   110n. 8, 138n. 130
1,5   129n. 80
1,17   75n. 35, 75n. 39
2,3   110n. 8
2,5   75n. 35
2,6   131n. 87
3,9   129n. 80
4,4   72
4,10   110n. 8, 138n. 130

4,16   110n. 7
5,5   138n. 130
6,15-16   75n. 35

2Timóteo
1,7   99n. 148
2,8   158n. 66
2,10   110n. 9, 140n. 143
2,25   133n. 100
4,8   207n. 97

Tito
1,1   146n. 10
1,3   110n. 8
1,4   110n. 9
2,10   110n. 8
2,13   95n. 132, 102n. 162, 110n. 9
2,14   131n. 87
3,4   110n. 8
3,6   60n. 64, 110n. 9

Filêmon
3   98n. 142

Hebreus
1,1   49
1,1-2   170n. 101
1,1-4   88
1,2-3   71, 95, 100
1,3   97n. 139, 100
1,8-9   102n. 162
1,13   97n. 139
2,1-3   207n. 98
2,2   199n. 56
2,2-4   79n. 63
2,4   58, 63n. 77, 165n. 82
2,5-8   140n. 143
2,6   92n. 112
2,10   140n. 143
2,10-18   139n. 138
2,14-15   131n. 90
2,14-17   132n. 95
3,1-6   170n. 101
3,2-6   88
3,7–4,11   147, 207n. 98
5,6   90

5,7-10   139n. 138
5–10   170
6,4   79n. 62
6,4-5   126, 135n. 112
6,4-6   207n. 98
6,5-6   59
6,11.19   138
7,9   129
8   40n. 7
8,1   97n. 139
8,6-13   126
8,13   171
8–10   128n. 75
9,11-14   131n. 91
9,12   133n. 96
9,15   133n. 97, 138n. 132
9,15-22   126
9,19   21n. 32
9,24   90
9–10   131
10,7   21n. 32
10,11-18   131n. 91
10,12   97n. 139
10,22   187
10,26-31   207n. 98
13,14   171n. 103
12,2   97n. 139
12,14-17   207n. 98

Tiago
1,1   144, 172
1,18   133n. 102
1,27   129n. 80
2   197n. 48
2,8   195n. 41
2,18-24   202n. 77
2,19   75
2,23   40n. 4, 127n. 69
4,5   219n. 3
5,1-6   184
5,20   110n. 7

1Pedro
1,1   144, 146n. 10
1,3   68n. 1, 98n. 143, 133n. 102, 138
1,4   133n. 97

1,7   140n. 143
1,10-12   68, 170
1,11   80n. 66
1,11-12   79n. 63
1,18   131n. 87
1,18-19   131n. 91
1,18-20   132n. 95
1,20   73n. 22
1,22   129n. 80
2,5   129n. 78
2,6-9   40
2,24   131n. 91
3,17-22   139n. 138
3,18   62n. 73
3,22   97n. 139
5,1.4   140n. 143

2Pedro
1,21   61
2,1   131n. 87
3,8-10   137
3,10   99n. 147
3,15   40n. 3

1João
1,9   133n. 100
2,2   131n. 91
2,6   134n. 109
2,12   133n. 100
2,19   208n. 108
2,24.27.28   134n. 109
3,6   134n. 109
3,8   131n. 90
3,9   134n. 109
3,16-18   195n. 41
3,24   59n. 59, 63n. 77, 79n. 62
4,7-12   195n. 41
4,8   212
4,10   131n. 91, 132n. 95
4,12   134n. 109
4,13   59n. 59, 63n. 77, 134n. 109
4,15   134n. 109
4,16   134n. 109
4,16-21   195n. 41
5,20   102n. 162

Apocalipse
1,5   129n. 78, 131n. 91
1,11   21n. 33
1,13   92n. 112
1,13-14   82
2,6.14-15.20   198n. 52
3,9   103n. 166
3,12   128
3,14   71n. 9
4,11   71n. 9
5   49, 103, 170
5,1-9   21n. 33
5,9   131n. 87, 131n. 91
5,13   103
5–6   73n. 22
6,9-11   140
6,17   73n. 26
7,4-8   144
7,4-14   139n. 138
7,10   103
7,15   128n. 75
7,17   103
10,1   82
10,6   71n. 9
10,8   21n. 33

11,1-2   128n. 75
11,17   125
11,19   128n. 75
12,7-12   131n. 89
13,8   21n. 33
14,14   92n. 112
15,5-8   128n. 75
16,14   73n. 26
17,8   21n. 33
17,14   146
19,10   103
19,17-21   155
19,20   140n. 141
20,5   140
20,7-15   140n. 141
20,11-15   207n. 96
20,12   21n. 33
21,1-2   140
21,22   128n. 75
21,27   21n. 33
22,1-2   140
22,1.3   103
22,7.9-10.18-19   21n. 33

Apócrifos do Antigo Testamento

Baruc
3,9   191n. 27
3,9-37   83
3,29-30   102
3,36–4,1   102
3–4   101
4,1   84, 191n. 27
4,25.31-35   155n. 50
4,37   155n. 47

Judite
8,26   151n. 33
9,2-4   149n. 23
16,17   73n. 24

1Macabeus
1,34   161n. 74
1,47   164n. 81

1,62   164n. 81
1,62-63   188
2,23-27   150n. 26
2,44.48   161n. 74
2,52   127n. 69, 151n. 33
2,54   149n. 24
2,58   150n. 25

2Macabeus
1,24-25   74n. 31
1,27   155n. 47
2,21   149n. 21
7,9-14.23.29   122n. 55
8,1   149n. 21
14,38   149n. 21

4Macabeus
17,21-22   130n. 85

Sirácida (Eclesiástico)
2,11   113n. 20
3,30   184n. 13
4,10   94n. 124
16,12-14   73n. 27
17,11   191n. 27
23,1.4   94n. 125
24,3-4   83n. 77
24,3-22   83
24,8   101, 145n. 7
24,9   100n. 153
24,23   84
24,30-31   83n. 77
29,12   184n. 13
35,12-13   73n. 28
36,1-9   155n. 50
36,13-16   155n. 47
40,24   184n. 13
42,2   134n. 107
43,26   100n. 155
43,31   75n. 36
44,19-21   151n. 33
44,21   147n. 17
45,23-24   149n. 24
46,1   146n. 8
47,22   146n. 8
48,2-3   150n. 25
51,10   94n. 124, 94n. 125

Tobias
4,10   184n. 13
12,9   184n. 13
12,15   81n. 71
13,6   160n. 72
13,11   155n. 52
14,5-6   155n. 47
14,6-7   155n. 52
14,11   184n. 13

Sabedoria de Salomão
2,13.16.18   94n. 124
3,9   113n. 20, 146n. 8
4,15   113n. 20, 146n. 8
5,5   94n. 124
7,26.29   100
8,4-6   100n. 154
9,1-2   84n. 82
9,10   95n. 128
9,17   84n. 82, 95n. 128
10–11   83
11,15   75
14,3   94n. 125
15,1   113n. 20
15,11   60n. 66
18,14-16   85

Pergaminhos do Mar Morto

CD
1,11-21   153n. 42
1,19   134n. 107
2,3   161n. 76
3,12–4,12   128n. 71
3,20   191
4,6-8   161n. 77
6,19   125n. 65
7,6   191
8,21   125n. 65
10,14–11,18   44n. 19
11,18-21   161n. 76
19,20-21   161n. 76
19,33-34   125n. 65
20,12   125n. 65

1QH
10,8-19   153n. 42
10,10-12   161n. 76
10,13   146n. 8
10,14-16   153n. 43
10,18   121n. 47
10,31-32   153n. 43
12,9-11   153n. 43
12,34   161n. 76
15,12   161n. 77
21,5   121n. 47

1QpHab
2,3-6   125n. 65
5,1-12   161n. 76

5,3-8   153n. 42
7,7.12   122n. 53
10,13   146n. 8
11,13   121n. 47

1QpNah
1,2.7   153n. 43
2,2.8   153n. 43
3,3-7   153n. 43

1QM
12,1   146n. 8
12,14   155n. 51

1QS
2,4-10   153n. 42
2,5-10   156
2,9   153n. 41
3,25   153n. 41
4,3-4   146n. 8
4,6-8   191
4,16-17   122n. 53
5,5   121n. 47
5,7-13   161n. 77
6–7   185
8,9   153n. 41
9,11   90
11,7   153n. 41
11,11-15   117

1QSa (1Q28a)
2,3-10   194n. 38
2,11-12   94n. 123

1QSb (1Q28b)
3,26   125n. 65
5,21-23   125n. 65

4QFlor (4Q174)
1,1-7   128, 71
1,7-9   153n. 42
1,10-12   88n. 97, 94n. 123
1,14   161n. 76

4QMMT
C7   153
C14   122n. 53
4Q504
4,9-12   155n. 51

4Q521
5Q16   122n. 53

11Q Melq
13–14   99n. 146

11Q19 (Templo)
55,9-13   155n. 47

Fílon

Abr.
83   85n. 84

Agr.
51   85

Cher.
36   85

Conf.
60–63   101n. 157

Cong.
86–87   191n. 27

Decal.
65   74n. 31

Det.
39–40   85n. 84
54   100n. 54
126–132   85n. 84

Ebr.
30–31   100n. 153
157   85n. 85

Fuga
112   100n. 155

Heres
2,5   85

Migr.
70–85   85n. 84
76–84   85n. 94

Mos.
1,155   147n. 17
1,278   188
2,127-129   85

Mut.
208   85n. 84

Opif.
33   101n. 157

Plant.
18   100n. 156

Post.
16–20   85n. 86
168–169   75n. 36

Prob.
43   102

Qu. Ex.
2,118   100n. 155

Qu. Gen.
2,62   85, 101
4,97   100n. 153

Sac.
9   102
80–83   85n. 85

Som.
1,65-69   85n. 86
1,75   101n. 157
1,102-114   85n. 85
1,140-143   199n. 56
1,175   147n. 17
1,227-230   101
1,239   100n. 156

Spec. Leg.
1,305   121n. 47

Flávio Josefo

Antiquitates Judaicae
3,91   74n. 31
5,112   74n. 31
12,271   150n. 26
13,65-73   118n. 35
13,257-258   156
13,297-298   193
13,318   156
15,136   199n. 56
17,41   152n. 39
20,38-46   163n. 79

Contra Apionem
2,148   75n. 37
2,190-191   75n. 37

Vita
191   152n. 39

De bello iudaico
1,110   152n. 39
2,162   152n. 39
7,346   75n. 36
7,426   118n. 35

Pseudepígrafos veterotestamentários

Apocalipse de Abraão
10   81
17   82
17,2   82

Apocalipse de Sofonias
6,15   82

2Baruc
13,8 73n. 28
40,1 155n. 50
44,4 73n. 28

1Enoc
1,1 153
1,3 146n. 8
1,7-9 153, 161n. 75
1,8 146n. 8
1–5 153
5,4 161n. 75
5,6-7 153, 161n. 75
5,7 147n. 17
5,7-8 146n. 8
9,1-2 81n. 71
10,12 122n. 53
10,21 155n. 52
16,1 122n. 53
20,1-8 81n. 71
22,4 122n. 53
22,9-13 161n. 75
25,5 146n. 8
37–71 91n. 111
40 81n. 71
42 101
46,1-3 91n. 110
61,7.11 202n. 73
63,8 73n. 28
69,27 92n. 114
82,4-7 153
90,19 155n. 50
90,20-27 73n. 23
90,30-36 155n. 52
90,31 99n. 146
90,33 155n. 47
93,2 146n. 8
94–104 161n. 75
100,7 73n. 27

Carta de Aristeias
127 191n. 27
132 74n. 31
139 187-188
142 187-188

4Esdras
7,21 191n. 27
7,33 113n. 20
12,33 155n. 50
13,1-3 91n. 110
13,38 155n. 50

José e Asenet
11,10 113n. 20
15,7-8 84n. 80
28,3 73n. 27

Jubileus
1,15-18 155n. 47
1,15.23 202n. 73
1,27 81n. 71
1,29 81n. 71, 146n. 8
2,2 81n. 71
2,17-33 44n. 19
5,10-16 73n. 23
5,16 73n. 28
15,26 155n. 50
15,31-32 145
17,3 147n. 17
17,15-18 151n. 33
18,16 151n. 33
19,8 151n. 33
21,4 73n. 28
22,14 147n. 17
22,14-15 121n. 50
22,16 187
23,23-24 160n. 72
30 149n. 23
30,16 73n. 28
32,19 147n. 17
33,18 73n. 28
50,8-12 44n. 19

Oração de Manassés
7 113n. 20

Salmos de Salomão
1,1 160n. 72
1,8 154n. 45
2,1-2 160n. 72
2,3 154n. 45

2,18 73n. 28
3,11-12 191n. 29
4,1-8 154n. 45
7,2 154n. 45
8,12-13 154n. 45
9,5 191n. 29
9,8-9 146
9,8-11 113n. 20
11,1-9 155n. 47
13,6-11 156
14,1-10 191
15,12 73n. 24
17,5-8 154n. 45
17,21-24 88
17,23 154n. 45
17,30-31 155n. 47
17,31.44 155n. 47
18,5 121n. 50

*Pseudo-Fílon. Liber Antiquitatum
Biblicarum*
3,10 73n. 27
13,10 113n. 20
20,4 73n. 28
23,10 191n. 27
35,3 113n. 20

Pseudo-Focílides
54 74n. 31

Oráculos sibilinos
3,69 146n. 8
3,629 74n. 31
3,715-719 155n. 52
3,772-776 155n. 51

Testamento de Abraão
11 99n. 146
13 99n. 146

Mishná
m. Abot
3,2 95n. 129
5,3 151n. 33

Testamento de Moisés
7,9-10 185
12,4 122n. 53
12,10 191n. 27

Testamento dos doze patriarcas
Testamento de Aser
7 155n. 48

Testamento de Benjamim
9,1-2 155n. 48
11,3 122n. 53

Testamento de Dã
5,4-9 155n. 48

Testamento de Issacar
6 155n. 48

Testamento de Judá
19,3 113n. 20
23 155n. 48

Testamento de Levi
10,2 122n. 53
14–16 155n. 48
18,11-14 202n. 73

Testamento de Neftali
4 155n. 48

Testamento de Zabulon
9,5-9 155n. 48
9,7 113n. 20
9,9 122n. 53

Literatura rabínica

Talmude Babilônico
b. Ber. 17b 94n. 126
b. Hul. 86a 94n. 126
b. Ta'an 24b 94n. 126

Sipra sobre o Levítico
19,18 195n. 40

Literatura do cristianismo das origens

Barnabé
19,5   195n. 41

2Clemente
14,2   21n. 32

Didaqué
1,2   195n. 41
2,7   195n. 41

Justino Mártir. Diálogo com Trifão
11,5   171
49   90
135,3.6   171

Melitão. Peri Pascha
39–45   171

Tertuliano. De Pudicitia
6,3-5   182n. 8

Literatura grega e romana

Juvenal. Sátiras
14,97   75n. 37

Marco Aurélio. Meditações
4,23   71n. 8

Pseudo-Aristóteles. De Mundo
6   71n. 8

Sêneca. Epístolas
65,8   71n. 8

Tácito. Hist.
5,5.2   188
5,5.4   75n. 37

ÍNDICE GERAL

Sumário, 5

Introdução, 7

1 O que é a teologia do Novo Testamento?, 11
    1 Introdução, 11
    2 Qual "Bíblia"? A Bíblia de quem?, 14
    3 A questão do cânon, 16
    4 Teologia ou teologias?, 20
    5 Teologia ou teologização?, 27
    6 Paulo, o teólogo do Novo Testamento por excelência, 34

2 Os fatores determinantes, 39
    1 Introdução, 39
    2 Teologia do Novo Testamento e o Antigo Testamento, 39
        A) O Antigo Testamento como autoridade divina, 39
        B) O Antigo Testamento como revelação contínua, 42
    3 A revelação de Jesus Cristo, 47
        A) O impacto da sexta-feira Santa e da Páscoa, 47
        B) A própria missão e a mensagem de Jesus são parte da teologia do Novo Testamento?, 49
    4 A experiência do Espírito, 57
        A) O impacto de Pentecostes, 58
        B) A importância da experiência, 61
    5 O objeto central de uma teologia bíblica do Novo Testamento, 65

3 A teologia de Deus, 68
    1 Introdução, 68
    2 A teo-logia herdada, 71
        A) Deus como criador e juiz, 71
        B) Deus como um só, 74

C) O Deus de Israel, 76

D) Deus como transcendente e imanente (Espírito), 77

E) Intermediários angélicos, 80

F) Sabedoria/palavra de Deus, 82

3 O sentido de Jesus (Cristologia) em relação à teo-logia, 86

A) Mestre e Profeta, 86

B) Messias, 88

C) Filho do Homem, 91

D) Filho de Deus, 93

E) Senhor, 96

F) Sabedoria/palavra de Deus, 99

G) A adoração de Jesus, 102

4 Conclusão, 105

4 A teologia da salvação, 108

1 Introdução, 108

2 A Teologia herdada, 109

A) Deus como Salvador, 109

B) A iniciativa de Deus, 111

C) A fidelidade de Deus, 114

D) Os meios de expiação, 118

E) Esperança para a era vindoura, 120

3 A teologia do Novo Testamento da salvação, 123

A) Escatologia realizada, 123

B) A nova aliança, 125

C) Espaço sagrado e expiação, 127

D) Diversas imagens de salvação, 132

E) A esperança da salvação, 136

4 Conclusão, 141

5 A Igreja de Deus, 143

1 Introdução, 143

2 A teologia herdada, 145

A) A eleição de Israel, 145

B) Separação, zelo e bênção, 148

C) O facciosismo judeu, 151

D) A esperança escatológica de Israel, 154

3 Israel redefinido?, 156

A) A restauração de Israel, 157

B) Jesus, gentios, e "pecadores", 159

C) "Até mesmo nos gentios", 162
D) O cumprimento da missão de Israel, 165
E) O corpo de Cristo, 168
F) A substituição ou redefinição de Israel?, 171
G) Uma ou duas alianças?, 173

4 Conclusão, 175

6 As saídas éticas, 178

1 Introdução, 178

2 A teologia herdada, 180
A) A prioridade da graça sobre a lei, 180
B) A lei de Israel, 182
C) O muro de separação, 187
D) O caminho de vida e o caminho para a vida, 189

3 A lei e o Novo Testamento, 192
A) Jesus e as halakhôt, 192
B) Paulo violou a lei?, 197
C) Os cristãos cumprem a lei (espera-se isso deles)?, 203
D) Julgamento de acordo com as obras, 206

4 Conclusão, 213

Conclusão, 213

1 As principais conclusões, 213

2 Teologia como teologização, 213

Bibliografia selecionada, 221

Índice de citações da Escritura e de outros escritos antigos, 225

CULTURAL

Administração
Antropologia
Biografias
Comunicação
Dinâmicas e Jogos
Ecologia e Meio Ambiente
Educação e Pedagogia
Filosofia
História
Letras e Literatura
Obras de referência
Política
Psicologia
Saúde e Nutrição
Serviço Social e Trabalho
Sociologia

CATEQUÉTICO PASTORAL

Catequese
  Geral
  Crisma
  Primeira Eucaristia

Pastoral
  Geral
  Sacramental
  Familiar
  Social
  Ensino Religioso Escolar

TEOLÓGICO ESPIRITUAL

Biografias
Devocionários
Espiritualidade e Mística
Espiritualidade Mariana
Franciscanismo
Autoconhecimento
Liturgia
Obras de referência
Sagrada Escritura e Livros Apócrifos

Teologia
  Bíblica
  Histórica
  Prática
  Sistemática

VOZES NOBILIS

Uma linha editorial especial, com importantes autores, alto valor agregado e qualidade superior.

REVISTAS

Concilium
Estudos Bíblicos
Grande Sinal
REB (Revista Eclesiástica Brasileira)

VOZES DE BOLSO

Obras clássicas de Ciências Humanas em formato de bolso.

PRODUTOS SAZONAIS

Folhinha do Sagrado Coração de Jesus
Calendário de mesa do Sagrado Coração de Jesus
Agenda do Sagrado Coração de Jesus
Almanaque Santo Antônio
Agendinha
Diário Vozes
Meditações para o dia a dia
Encontro diário com Deus
Guia Litúrgico

CADASTRE-SE
www.vozes.com.br

EDITORA VOZES LTDA.
Rua Frei Luís, 100 – Centro – Cep 25689-900 – Petrópolis, RJ
Tel.: (24) 2233-9000 – Fax: (24) 2231-4676 – E-mail: vendas@vozes.com.br

UNIDADES NO BRASIL: Belo Horizonte, MG – Brasília, DF – Campinas, SP – Cuiabá, MT
Curitiba, PR – Fortaleza, CE – Goiânia, GO – Juiz de Fora, MG
Manaus, AM – Petrópolis, RJ – Porto Alegre, RS – Recife, PE – Rio de Janeiro, RJ
Salvador, BA – São Paulo, SP